U0637863

权威·前沿·原创

皮书系列为
"十二五""十三五""十四五"国家重点图书出版规划项目

BLUE BOOK

智 库 成 果 出 版 与 传 播 平 台

河南文化蓝皮书

BLUE BOOK OF HENAN CULTURE

河南公共文化服务发展报告
（2021~2022）

ANNUAL REPORT ON PUBLIC CULTURE SERVICE OF HENAN (2021-2022)

主　编／时明德

社会科学文献出版社
SOCIAL SCIENCES ACADEMIC PRESS（CHINA）

图书在版编目（CIP）数据

河南公共文化服务发展报告 . 2021~2022 / 时明德
主编 . －－北京：社会科学文献出版社，2022.4
（河南文化蓝皮书）
ISBN 978－7－5201－9915－5

Ⅰ.①河… Ⅱ.①时… Ⅲ.①公共管理－文化工作－
研究报告－河南－2021－2022 Ⅳ.①G127.61

中国版本图书馆 CIP 数据核字（2022）第 047143 号

河南文化蓝皮书
河南公共文化服务发展报告（2021~2022）

主　　编 / 时明德

出 版 人 / 王利民
组稿编辑 / 任文武
责任编辑 / 王玉霞
责任印制 / 王京美

出　　版 / 社会科学文献出版社 · 城市和绿色发展分社（010）59367143
　　　　　　地址：北京市北三环中路甲 29 号院华龙大厦　邮编：100029
　　　　　　网址：www. ssap. com. cn
发　　行 / 社会科学文献出版社（010）59367028
印　　装 / 天津千鹤文化传播有限公司

规　　格 / 开 本：787mm × 1092mm　1/16
　　　　　　印 张：18.5　字 数：276 千字
版　　次 / 2022 年 4 月第 1 版　2022 年 4 月第 1 次印刷
书　　号 / ISBN 978－7－5201－9915－5
定　　价 / 128.00 元

读者服务电话：4008918866

"河南文化蓝皮书"编辑委员会

主要编撰者简介

时明德 博士，二级教授，华中师范大学兼职博士生导师，原洛阳师范学院党委书记，现任河南省公共文化研究中心主任、河南省政府督学、河南省文化和旅游公共服务专家委员会副主任、河南省高等学校马克思主义学科专业教学指导委员会主任委员。主要研究方向为公共文化服务与管理。主持设计了河南省现代公共文化服务体系建设绩效考核指标体系，开发了河南省现代公共文化服务体系建设绩效考核系统，形成了《河南省现代公共文化服务体系建设绩效考核办法》，考核办法和指标体系经由河南省现代公共文化服务体系建设协调领导小组批准，以豫政办〔2018〕42号文正式下发全省执行。主持完成国家教育科学规划项目、国家艺术基金项目、文化和旅游部委托项目等省部级以上科研项目14项，主持河南省教育厅高等教育改革研究重要课题2项；在《光明日报》《教育研究》《中国高等教育》等报刊发表论文20余篇，出版《普通逻辑概论》《河南省现代公共文化服务体系建设发展报告2016》等教材和学术研究著作9部。2018年成功申请国家艺术基金资助项目"洛阳唐代墓志拓片巡展"，项目资金100万元。获得河南省优秀教学成果奖一等奖、二等奖各1项，河南省社会科学优秀成果一等奖、二等奖各1项，地厅级奖励多项。

高慎涛 博士，洛阳师范学院教授，河南省公共文化研究中心研究室主任，河南省文化传播与社会发展研究中心研究人员。

马艳霞 博士，洛阳师范学院教授，洛阳师范学院图书馆副馆长，河南省公共文化研究中心副主任。

李华伟 博士，洛阳师范学院副教授，洛阳师范学院法学与社会学院副院长，河南省公共文化研究中心副主任。

摘　要

推动公共文化服务高质量发展，是进一步深化文化体制改革、发展社会主义先进文化的重要任务，也是让人民享有更加充实、更为丰富、更高质量的精神文化生活，保障人民群众基本文化权益，满足对美好生活新期待的必然要求。习近平总书记指出，要完善公共文化服务体系，深入实施文化惠民工程，丰富群众性文化活动。2020 年 10 月 29 日召开的党的十九届五中全会提出要建设社会主义文化强国，繁荣发展文化事业和文化产业，提高国家文化软实力。

《河南公共文化服务发展报告（2021～2022）》由洛阳师范学院河南省公共文化研究中心主持策划，全书包括总报告、分报告、专题篇、案例篇、借鉴篇五个部分，通过详细跟踪调查，运用数据分析、案例对比等形式，呈现当前河南省现代公共文化服务体系建设发展的总体情况。

总报告从公共文化制度保障、设施网络、服务活动、示范工程、重点工作、数字化建设、社会化发展、智库研究等方面详细介绍了"十三五"时期河南省公共文化发展成就，并以高质量发展为主题，提出了河南省公共文化服务高质量发展的方向和态势。

分报告由公共文化服务体系建设绩效考核、公共文化场馆建设与管理、公共文化与社会治理、公共文化和旅游服务融合四个报告组成，从四个层面梳理了当前河南省公共文化建设的现状和成就。

专题篇从乡村振兴战略下农村文化发展战略着手，提出要坚持物质文明和精神文明一起抓，提升农民精神风貌、培育文明乡风等，不断提高乡村社

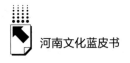

会文明程度。

案例篇聚焦农村文化能人在乡村文化振兴中所发挥的作用,总结了河南省"寻找村宝"文化志愿服务和登封市埚头村"文化合作社"的乡村文化建设新模式的典型案例经验。

借鉴篇从各地公共文化发展实际出发,立足当地,总结了山东省、山西省、广西壮族自治区和贵州省公共文化发展的典型经验。

关键词: 公共文化 高质量发展 文化事业 河南

目 录 ⚐

Ⅰ 总报告

Ⅱ 分报告

Ⅲ 专题篇

Ⅳ 案例篇

Ⅴ 借鉴篇

皮书数据库阅读**使用指南**

总 报 告

General Report

B.1

"十三五"时期河南省现代公共文化服务
体系建设成就与当前发展态势分析

摘　要： 加快构建覆盖城乡、便捷高效、保基本、促公平的现代公共文化
服务体系是"十三五"时期公共文化服务体系建设的主要任务。
"十三五"时期河南省围绕这一目标，以满足人民文化需求为着
力点，大力推动公共文化建设，公共文化政策体系逐步完善，公
共文化服务活动丰富多彩，公共文化示范工程卓有成效，公共文
化服务重点工作有序推进，形成了覆盖城乡的省、市、县、乡、
村五级公共文化服务网络体系，公共文化服务水平显著提升。
"十四五"时期，河南省公共文化服务要实现高质量发展，就要
从深入推进公共文化服务标准化建设、创新拓展城乡公共文化空
间、加快推进公共文化服务数字化、促进公共文化社会化建设、

---

* 时明德，博士，教授，河南省公共文化研究中心主任，主要研究方向为公共文化服务与管
理；朱晓航，河南省公共文化研究中心研究人员，主要研究方向为公共文化服务与管理。

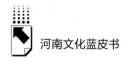

健全公共文化保障机制等方面来推进，推动公共文化服务实现品质发展、均衡发展、精准发展、多元发展和高效发展。

关键词： 公共文化　高质量发展　河南

构建现代公共文化服务体系是保障人民群众基本文化权益、建设社会主义文化强国的重要制度设计，是中国特色社会主义文化发展道路的重要内容，也是弘扬社会主义核心价值观、建设社会主义文化强国的重大任务，对提高全民族文化素质、增强民族凝聚力、实现中华民族伟大复兴的中国梦有着重要意义。党的十八届三中全会将"构建现代公共文化服务体系"作为全面深化改革的重要任务之一，明确提出要"促进基本公共文化服务标准化、均等化"。党的十九届五中全会明确了 2035 年基本实现社会主义现代化的远景目标，其中包括"建成文化强国、教育强国、人才强国、体育强国、健康中国，国民素质和社会文明程度达到新高度，国家文化软实力显著增强"①。近年来，在党中央、国务院的高度重视下，我国公共文化服务呈现整体推进、重点突破、全面提升的良好发展态势。

"十三五"时期河南省坚持"以人民为中心"的工作方针，以满足人民群众美好生活需要为重点，不断完善全省公共文化供给渠道，丰富公共文化产品总量，积累了许多满足人民群众基本文化需求的特色经验，公共文化服务体系建设取得显著成效。未来河南省将立足新发展阶段、坚持新发展理念，以推动高质量发展为主题，以满足人民文化需求和增强人民精神力量为着力点，努力推动河南省公共文化服务工作开创新局面，加快构筑全国重要的文化高地，让中原更加出彩，用文化民生打造厚重河南，建设"心灵故乡，老家河南"。

---

① 《中国共产党第十九届中央委员会第五次全体会议公报》，中央人民政府网，http：//www. gov. cn/xinwen/2020 – 10/29/content_ 5555877. htm。

一 "十三五"时期河南省现代公共文化服务体系建设成就

2015年以来河南省坚持以全面建成覆盖城乡、便捷高效的现代公共文化服务体系为目标,加快推进各项任务落实,公共文化建设投入稳步增长,覆盖城乡的公共文化服务设施网络基本建立,人民群众精神文化生活不断改善。

截至2020年末,河南省共拥有公共图书馆165个、公有制艺术表演团体167个、文化馆205个、博物馆357个。全年图书出版总印数3.87亿册,期刊出版总印数0.70亿册,报纸出版总印数12.31亿份。文化机构总量达20159个,相比2014年末增加4691个,涨幅为30.3%;从业人员为173627人,相比2014年末增加66711人,涨幅为62.4%。公共文化服务标准化和法人治理结构改革任务全部完成。基层综合性文化服务中心建成率达到全覆盖。文化馆、图书馆总分馆制建设任务顺利完成;2020年旅游厕所计划建设794座,完工873座,完工率110%。①

(一)公共文化制度保障体系基本建立

1. 公共文化政策法规日益完善

河南省近年来深入贯彻落实《中华人民共和国公共文化服务保障法》,出台了《关于加快构建现代公共文化服务体系的实施意见》,颁布了基本公共文化服务实施标准,对河南公共文化服务体系建设目标、任务及标准都做了明确的规定。出台了《河南省县级文化馆图书馆总分馆制建设基本标准》和《河南省村(社区)综合性文化服务中心建设和服务标准》,制定建设标准、运营管理标准和服务标准,在公共文化标准化建设上下功夫。出台了

---

① 如无特别说明,总报告中数据均来源于2016~2020年《中国文化文物和旅游统计年鉴》及河南省文化和旅游厅。

《关于开展乡村文化合作社建设试点工作的通知》，培养扶持基层文化志愿者队伍，发挥群众自办文化积极性，推动实现农村公共文化服务的自我组织、自我管理、自我发展，助力乡村文化振兴。通过一系列政策文件，逐步构建起系统完善的公共文化政策体系，为扎实推进基层公共文化服务建设、保障民众的基本文化权益提供有力的政策支撑，为河南公共文化服务体系建设指明方向（见表1）。

表1　2015～2020年河南省公共文化服务体系建设相关政策文件

年份	发文部门	政策文件
2015	中共河南省委办公厅、省政府办公厅	《关于加快构建现代公共文化服务体系的实施意见》（豫办〔2015〕48号）
2015	河南省文化体制改革和发展工作领导小组	《关于印发河南省公共文化服务体系建设协调领导小组成员名单及职责分工的通知》（豫文改发〔2015〕3号）
2015	河南省文化体制改革和发展工作领导小组	《关于印发河南省公共文化服务体系建设领导小组议事规则的通知》（豫文改发〔2015〕4号）
2016	河南省人民政府办公厅	《关于做好政府向社会力量购买公共文化服务工作实施意见的通知》（豫政办〔2016〕68号）
2016	河南省人民政府办公厅	《关于印发河南省推进基层综合性文化服务中心建设实施方案的通知》（豫政办〔2016〕113号）
2016	河南省文化厅、省发改委、省民族事务委员会、省财政厅、省新闻出版广电局、省体育局、省扶贫开发办公室	《关于印发河南省"十三五"时期贫困地区公共文化服务体系建设实施方案的通知》（豫文公共〔2016〕50号）
2017	河南省文化厅、省新闻出版广电局、省体育局、省发改委、省财政厅	《关于推进县级文化馆图书馆总分馆制建设的实施意见》（豫文公共〔2017〕30号）
2017	河南省文化厅	《关于印发河南省"十三五"时期繁荣群众文艺发展规划的通知》（豫文公共〔2017〕56号）
2018	河南省人民政府办公厅	《河南省现代公共文化服务体系建设绩效考核办法（试行）》
2019	河南省文化和旅游厅	《河南省县级文化馆图书馆总分馆制建设基本标准》
2019	河南省文化和旅游厅	《河南省村(社区)综合性文化服务中心建设和服务标准》

年份	发文部门	政策文件
2019	河南省文化和旅游厅	《关于做好脱贫攻坚工作开展"千戏送千村"活动的通知》(豫文旅艺〔2019〕4 号)
2020	河南省文化和旅游厅	《关于印发河南省公共数字文化工程实施方案的通知》(豫文旅公共〔2020〕1 号)
2020	河南省文化和旅游厅	《关于开展乡村文化合作社建设试点工作的通知》

2. 公共文化协调领导机制逐步建立

中共中央办公厅、国务院办公厅《关于加快构建现代公共文化服务体系的实施意见》(中办发〔2015〕2 号)提出"建立公共文化服务体系建设协调机制","由文化部门牵头,充分发挥各部门职能作用和资源优势,在规划编制、政策衔接、标准制定和实施等方面加强统筹、整体设计、协调推进",《中华人民共和国公共文化服务保障法》也提出"国务院建立公共文化服务综合协调机制,指导、协调、推动全国公共文化服务工作。地方各级人民政府应当加强对公共文化服务的统筹协调,推动实现共建共享"。为了认真贯彻落实国家政策和相关意见,河南省在省委省政府的领导下相继出台了《关于印发河南省公共文化服务体系建设协调领导小组成员名单及职责分工的通知》和《关于印发河南省公共文化服务体系建设领导小组议事规则的通知》,成立了以省委常委、宣传部部长为组长,省政府办公厅、省委宣传部等 21 家单位分管领导为成员的河南省公共文化服务体系建设协调领导小组。

此后,河南省自省级到市、县级均建立了公共文化服务体系建设协调机制,成立了协调领导小组,协调部门定期召开联合协调会,协调文化、教育、体育等相关部门,形成公共文化建设管理合力,有力地推动了各地公共文化建设。

3. 公共文化绩效考核工作持续开展

河南省现代公共文化服务体系建设绩效考核工作是河南省"十三五"时期公共文化领域创新性制度设计成果,是全省现代公共文化服务体系建设的有力举措,是推动各地政府落实公共文化建设主体责任的总抓手。为加快推进河南省现代公共文化服务体系建设，河南省文化和旅游厅联合河南省公共文化研究中心研制了河南省现代公共文化服务体系建设绩效考核指标体系，形成了《河南省现代公共文化服务体系建设绩效考核办法（试行）》，开发了河南省现代公共文化服务体系建设绩效考核系统，考核办法由河南省人民政府办公厅印发实施，明确了全省现代公共文化服务体系建设绩效考核工作应在省政府领导下，由省公共文化服务体系建设协调领导小组具体组织实施，并确定了考核原则、考核目的、考核内容、考核步骤、评分办法和奖惩办法。绩效考核办法以省政府名义下发，重点突出，内容全面，目标明确，成为河南省现代公共文化服务体系建设绩效考核的重要指导性文件。

河南省通过建立协调领导机制、出台绩效考核办法、制定绩效考核指标、细化考核内容、规范考核过程、重视考核结果运用等，强化了相关部门在公共文化建设上的主体责任，使河南省现代公共文化服务体系得以逐步建立起来。河南省现代公共文化服务体系建设绩效考核体系如图1所示。

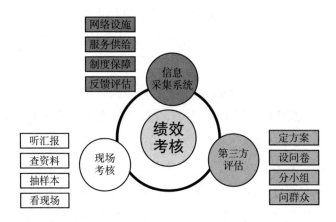

图1 河南省现代公共文化服务体系建设绩效考核体系

自2018年起，经河南省委批准并报中央备案，河南省公共文化服务体系建设协调领导小组已成功组织3次全省公共文化服务体系建设绩效考核工作，省委宣传部、省财政厅、省扶贫办、省文物局、省体育局、团省委、省妇联、省总工会、省科协等十多个部门积极参与，政府统筹推进公共文化服务体系建设绩效考核工作的格局已在全省建立。连续三年考核结果优秀的地市获得相应资金奖励支持,三年累计奖励近 1 亿元,有力推动了全省现代公共文化服务体系建设迈向新的征程。

4. 公共文化财政保障不断增强

2019 年 3 月,河南省财政厅、河南省文化和旅游厅印发《河南省省级公共文化服务体系建设专项资金管理办法》,明确了专项资金分为省直补助资金、市县补助资金和奖励资金,在管理和使用专项资金的过程中,坚持省级引导、市县统筹、突出重点、绩效导向、专款专用的原则。2021 年 2 月,河南省财政厅制定了《河南省公共文化领域省与市县财政事权和支出责任划分改革实施方案》,该方案依据《公共文化服务保障法》,遵循中央改革方案的框架体系,按照"系统完整、合理划分、统筹现状、考虑长远"的原则和"谁组织实施的事项,谁承担主要支出责任"的思路,对省与市县的财政权和支出责任进行明确的划分,并确定了主体职责。该方案分为总体要求、主要内容、配套措施三个部分,把政府收支科目"207 文化体育与传媒支出"反映的公共文化事项全部纳入划分范围,实现公共文化领域财政事权和支出责任的全面覆盖,将其划分为基本公共文化服务、文化艺术创作扶持、文化遗产保护传承、文化交流、能力建设 5 个方面 8 项具体事权,形成完整的划分体系。

全省各级宣传文化部门和财政部门高度重视文化事业发展,不断加大支持力度。"十三五"期间,全省财政一般公共预算文化旅游体育与传媒支出累计安排 566.87 亿元,比"十二五"期间增加 162.41 亿元,从 2015 年的 105.38 亿元增加至 2020 年的 140.56 亿元。

据统计,2019 年全省文化和旅游事业费 31.81 亿元,占财政支出的 0.31%,全国排第 29 位,相比 2015 年提升了 2 位;人均文化和旅游事业费 33.00 元,全国排第 31 位,相比 2015 年保持不变(见图 2)。

2019 年,从中部六省的文化和旅游事业费水平来看,河南位居第 3(见图 3),从人均文化和旅游事业费水平来看,河南位居第 6(见图 4),在文化和旅游事业费占财政支出的比重上,河南位居第 5。

各公共文化机构获得的财政拨款情况如下:艺术表演团体 66175 万元,艺术表演场馆 5955 万元,公共图书馆 55535 万元,文化馆 45944 万元,文

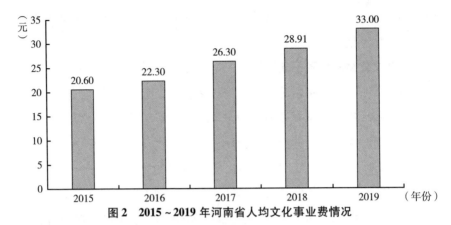

图2　2015～2019年河南省人均文化事业费情况

注：2019年为人均文化和旅游事业费。

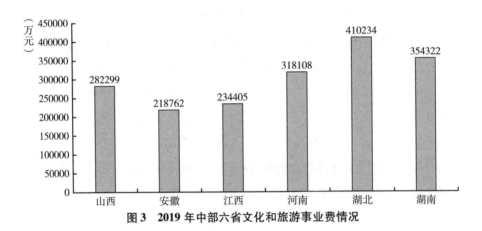

图3　2019年中部六省文化和旅游事业费情况

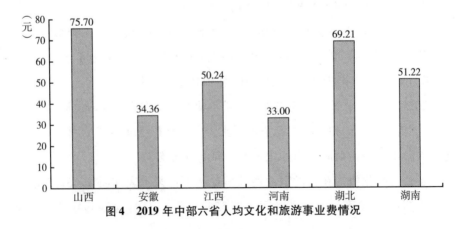

图4　2019年中部六省人均文化和旅游事业费情况

化站 37386 万元，艺术展览创作机构 2025 万元，博物馆 87233 万元。再看各个公共文化机构总支出情况，艺术表演团体 78694 万元，艺术表演场馆 17234 万元，公共图书馆 57976 万元，文化馆 46974 万元，文化站 38821 万元，艺术展览创作机构 2462 万元，博物馆 94980 万元。

（二）公共文化设施网络体系逐步形成

近年来河南省加快公共文化建设，公共文化设施建设不断推进，目前已初步形成了省、市、县、乡、村五级公共文化设施网络体系。截至 2019 年底，全省共有公共图书馆 164 个，从业人员 2910 人；公共文化馆（群众艺术馆）205 个，从业人员 3194 人；乡镇（街道）文化站 2458 个，从业人员 8031 人。

1. 公共图书馆事业稳步发展

截至 2019 年底，河南省共有公共图书馆 164 个，阅览座席数 6.2 万个，每万人图书馆建筑面积 75.3 平方米，公共图书馆总藏量 3409 万册件，人均藏量 0.35 册件。2019 年，河南省公共图书馆总流通人次达到 4295 万人次，图书外借册次 2465 万册次。公共图书馆获得财政拨款 55535 万元，总支出 57976 万元，人均购书费 0.628 元，购书费支出占总支出的比重为 10.4%（见表 2）。

表 2　2015～2019 年河南省公共图书馆发展的基本情况

项目	2015 年	2016 年	2017 年	2018 年	2019 年
机构数（个）	158	158	158	160	164
从业人员（人）	2949	2955	2911	2914	2910
座席数（万个）	4.2	4.9	5.0	5.4	6.2
每万人图书馆建筑面积（平方米）	57.9	64.1	64.2	70.2	75.3
总藏量（万册件）	2472	2646	2874	3169	3409
人均拥有公共图书馆藏量（册件）	0.26	0.28	0.30	0.33	0.35
总流通人次（万人次）	2233	2539	2951	3360	4295
图书外借册次（万册次）	1676	1862	2097	2271	2465

项目	2015 年	2016 年	2017 年	2018 年	2019 年
财政拨款(万元)	33275	34813	41625	51314	55535
总支出(万元)	32060	35681	42322	52348	57976
人均购书费(元)	0.439	0.456	0.608	0.573	0.628
购书费支出占总支出的比重(%)	13.0	12.2	13.7	10.5	10.4
新购图书册数(万册)	124	160	202	251	230

2015～2019 年,河南省公共图书馆的机构数量、人均拥有公共图书馆藏量等指标总体保持着相对稳定、缓慢增长的状态,与之相比,财政拨款、总支出、新购图书册数、总流通人次、图书外借册次等指标保持着较高的增长态势。2015～2019 年,公共图书馆财政拨款从 33275 万元增长到了 55535万元,增加了 22260 万元,增幅达 66.9%(见图 5);图书外借册次从 1676万册次增长到 2465 万册次,增幅为 47.1%;总流通人次从 2233 万人次增长到 4295 万人次,增幅达 92.3%(见图 6)。从购书情况来看,虽然购书费支出占总支出比重从 13%下降到 10.4%,呈轻微下降趋势,但是人均购书费从 0.439 元增长为 0.628 元(见图 7),新购图书册数也增长了 85.48%,从124 万册增加到 230 万册。

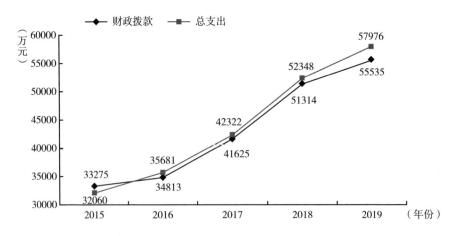

图5　2015～2019 年河南省公共图书馆财政拨款与总支出情况

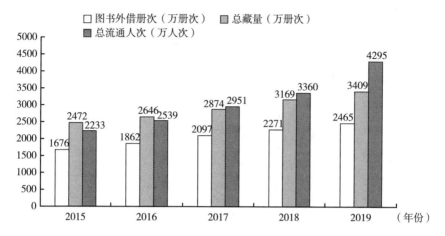

图6 2015～2019年河南省公共图书馆图书外借册次、总流通人次与总藏量情况

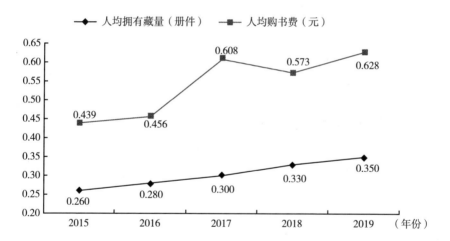

图7 2015～2019年河南省人均拥有公共图书馆藏量与人均购书费情况

　　截至2019年底，河南省公共图书馆从业人员2910人，其中专业技术人才1662人，相比2015年增加了81人。专业技术人才中，正高级、副高级、中级、初级职称所占比重分别为1.4%、11.0%、42.6%、45%，高级专业技术人才所占比重不足1.5%，占比较小，难以满足当前河南省图书馆事业发展的需要（见图8）。

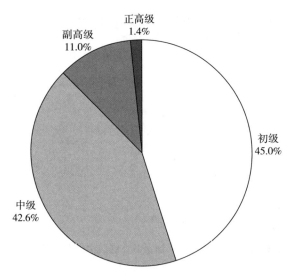

图8 2019 年河南省公共图书馆专业技术人才内部比例

2. 群众文化机构快速发展

截至 2019 年底,河南省共有群众文化机构 2663 个,其中文化馆 205 个、文化站 2458 个,群众文化机构从业人员 11225 人,群众文化机构组织文艺活动 68620 次,举办训练班次 29049 次,组织培训 199.0 万人次,财政拨款 83330 万元,总支出 85795 万元,每万人拥有群众文化设施建筑面积 167.0 平方米(见表3)。

表3 2015～2019 年河南省群众文化机构发展的基本情况

项目	2015 年	2016 年	2017 年	2018 年	2019 年
群众文化机构数(个)	2533	2546	2603	2616	2663
文化馆机构数(个)	205	206	205	204	205
文化站数(个)	2328	2340	2398	2412	2458
从业人员(人)	10967	10996	11013	10933	11225
组织文艺活动次数(次)	48646	51515	56714	60063	68620
举办训练班次(次)	24281	25148	28147	25021	29049
培训人次(万人次)	171.4	171.2	195.1	176.4	199.0
财政拨款(万元)	57791	61125	71404	79304	83330
总支出(万元)	58814	62903	71573	82263	85795
每万人拥有群众文化设施建筑面积(平方米)	142.4	142.9	151.5	163.6	167.0

　　2015～2019 年，河南省群众文化机构的数量、从业人员数量保持着稳步增长的态势，组织文艺活动次数、举办训练班次、培训人次呈现大幅增长的趋势，特别是组织文艺活动次数从 48646 次增长到 68620 次，增幅达41%，这说明"十三五"期间河南省群众文化设施已经基本健全，服务效能开始发挥，各地依托公共文化阵地开展了丰富多彩的群众文化活动（见图 9）。2015～2019 年，各地对公共文化机构的投入也呈较大增幅，其中财政拨款从 2015 年的 57791 万元增加到 2019 年的 83330 万元，增幅为44.19%。总支出从 2015 年的 58814 万元增加到 2019 年的 85795 万元，增幅为 45.87%（见图 10）。每万人拥有群众文化设施建筑面积从 2015 年的142.4 平方米增加到 2019 年的 167.0 平方米（见图 11）。

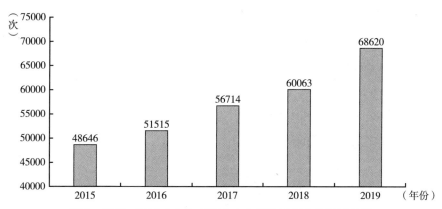

图 9　2015～2019 年河南省群众文化机构组织文艺活动情况

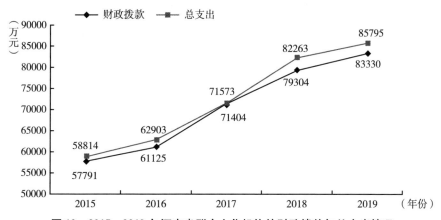

图 10　2015～2019 年河南省群众文化机构的财政拨款与总支出情况

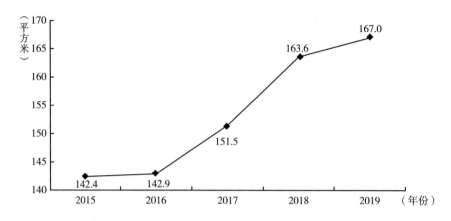

图11 2015～2019年河南省每万人拥有群众文化设施建筑面积

截至2019年底，群众文化机构从业人员11225人，其中专业技术人才2800人，相比2015年增加了353人，增幅为14.43%。专业技术人才中，正高级、副高级、中级、初级职称所占比重分别为0.80%、5.64%、28.25%、65.31%，这说明河南省群众文化机构中级职称以上专业人才较为缺乏，特别是正高级专业技术人才极为缺少，所占比例不足1%，难以满足当前群众文化事业发展的需要（见图12）。

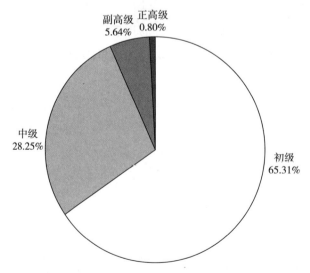

图12 2019年河南省群众文化机构专业技术人才内部比例

3. 基层综合性文化服务中心基本建成

河南省是农业大省,也是人口大省,全省有5000多万农业人口。在乡村振兴战略背景下,不断满足农村人口公共文化需要是全省公共文化供给侧最大的命题。根据中央和国家有关精神,近年来,河南省积极推动农村地区和贫困地区公共文化设施建设,持续推动基层综合性文化服务中心建设,填补乡村文化建设"洼地"。

2016年,河南省政府办公厅下发了《河南省推进基层综合性文化服务中心建设实施方案》,全省各地根据该实施方案制定了本地的实施办法,明确了时间表、路线图,以县(市、区)为单位加快推进建设。2017年以来,河南省公共文化服务体系建设协调领导小组连续在平顶山市、洛阳市和安阳市召开三次现场会,推进此项工作,会议均有省委常委、宣传部部长和副省长出席并部署相关工作。各县(市、区)公共文化服务体系建设协调领导小组充分发挥职能作用,各地文广新局组织指导组深入一线开展指导工作。自2017年起,设立1亿元的基层综合性文化服务中心建设奖补资金,大大加快村级综合性文化服务中心建设。2019年河南省文化和旅游厅又印发了《河南省村(社区)综合性文化服务中心建设和服务标准》,对河南省村(社区)综合性文化服务中心的规划和建设、设施和设备、服务和运营、人员和经费做了明确规定。

2017年底,全省建成村级综合性文化服务中心约2.6万个,建成率只有53.00%;2018年底,已建成4.1万个村级综合性文化服务中心,建成率提高到了85.31%。2019年底,基层综合性文化服务中心建成率达到99.70%,基本达到全覆盖(见图13)。各地纷纷利用基层综合性文化服务中心的图书室、戏台、文化活动室、体育设施等开展文体活动。全年全省村级组织开展各类文化活动近50万场次,基层公共文化供给总量明显提升,基层文化主阵地作用发挥明显。

4. 其他公共文化场馆数量不断增长

多维一体的博物馆体系基本形成。截至2020年底,河南省各级各类博物馆数量已达357家,其中:国有博物馆229家,国有博物馆中文物系统

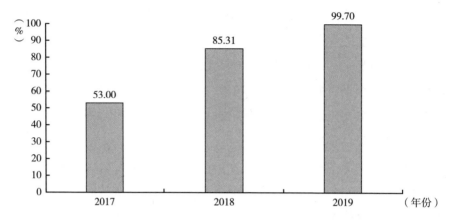

图13 2017~2019年河南省基层综合性文化服务中心建成率

191家、行业博物馆38家；非国有博物馆128家，名列全国第3。国家三级以上博物馆72家，其中，一级馆9家、二级馆32家、三级馆31家，位居全国第4。全省各级博物馆共举办各种展览1660场，年参观人数达到3881.4万人次，开展教育活动9438次。

科普投入持续增强，场馆数量不断扩大，科普活动精彩纷呈。2019年河南省科普统计主要数据显示，全省科普经费投入规模达到10.86亿元，占全国的5.87%；全省现有科普场馆57个，全年接待参观648万人次，科普图书出版量达319.99万册，全省共建设科普网站201个，创办科普类微博151个，开通科普类微信公众号606个。

（三）公共文化服务活动丰富多彩

党的十九大指出，当前社会的主要矛盾已经转变为人民群众日益增长的美好生活需要和不平衡不充分的发展之间的矛盾，并明确提出要深入实施文化惠民工程，丰富群众性文化生活。"十三五"时期，河南以全省性文化活动品牌为龙头，开展了丰富多彩的文化活动。

1. 以广场舞比赛为引领，带动全民健身活动

河南省作为人口大省、体育大省，以集体展示为主要表演形式、以娱乐身心为主要目的的广场舞,有着广泛的群众基础。不管春夏秋冬,在城市街区、公园步道,在乡村广场、田间村头,到处洋溢着欢乐的笑脸,到处活跃着舞者的身影,极大地丰富了全民健身活动内容。河南着眼于广场舞浓厚的群众性和普及性,深入挖掘广场舞文化内涵,自2016年起,积极筹办全民广场舞大赛,打造全民健身品牌赛事,推动体育和文化的深度融合。4年来,锻炼培育了1000余个广场舞队伍,300余个广场舞团队参加赛事活动,推动全省每年举办各类广场舞活动100余场,并通过网络平台传播优秀队伍的精彩节目,极大地增强了活动的吸引力,进一步激发了全民的参与热情,有效地推动了全民健身活动的开展。

2020年河南省举办了"群星耀中原 美丽新乡村"——河南省第四届艺术广场舞展演,在5~9月组织全省15600个广场舞团队进行比赛,46个作品最终入选全省进行总展演。2021年3月,河南省启动"群星耀中原 舞动新时代"——庆祝中国共产党成立100周年河南省第五届艺术广场舞展演活动,并相继在郑州、周口、洛阳等地开展,极大地丰富了群众的精神文化生活,满足了群众的健身运动需求。

2. 以戏曲进乡村活动为载体,实现"送""种"结合

近年来,河南在文化惠民品牌项目"舞台艺术送农民"工作的基础上,以基层文化馆站为阵地,调动国有专业、民间业余戏曲队伍力量,开展丰富的"戏曲进乡村"活动,走出了一条"送""种"结合、"育""融"并重的戏曲惠民道路,连续多年被列为省委省政府惠民"十项民生工程"之一。2017年,中宣部、文化部、财政部联合印发《关于戏曲进乡村的实施方案》,提出到2020年,在全国范围实现戏曲进乡村制度化、常态化、普及化。《关于戏曲进乡村的实施方案》印发后,河南省把"戏曲进乡村"摆上更加重要的位置,按照省、市、县、乡、村五级联动,政府买单、院团演出、群众受益的运行模式,把戏曲进乡村列为公共文化服务内容,各级财政每年投入资金近1亿元支持戏曲演出和创作,分别按照省、市、县三级院团每场演出2万元、1万元、6000元的标准进行政府采购。同时在精准配送上下功夫,按照"自下而上、以需定供"的原则,通过线下问卷调查、线上

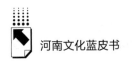

依托"百姓文化云"数字公共文化服务平台"点单"相结合的方式,精准满足农民群众的戏曲文化需求。

截至2019年底,省、市、县(市、区)三级财政共投入3亿元,在全省1860个乡镇演出3万多场,受益群众7000多万人。近年全省积极组织开展"百家院团进百县、千名名家进千乡、万名演员进万村"结对帮扶活动,为农村培育了众多热爱戏曲的文艺人才。目前全省共有5万多支群众自发组织的戏曲班社活跃在广大农村,基本形成了县有团、乡有社、村有队,天天锣鼓响、村村有活动、家家有戏迷、人人会唱曲的生动局面。2018年10月,中宣部、文化和旅游部在新郑市召开戏曲进乡村工作经验交流会,对此项工作给予了充分肯定。

3. 以全民阅读活动为抓手,推动建设"书香河南"

河南省以全民阅读活动为抓手,在各地广泛建设城市书房,构建"十五分钟阅读圈",并开展了丰富多彩的全民阅读活动。2019年4月,"2019全民阅读"系列活动在全省各级图书馆启动,各级公共图书馆共举办各类专题读书活动500余场,活动紧扣"庆祝新中国成立70周年"主题,开展了"'绘美家乡'儿童画暨专题图书巡展进景区(试点)活动",探索"文旅融合"发展模式,将景区建成宣传精神文明的窗口和提升文化自信、传播科学知识的重要阵地。2020年,河南省图书馆发布了弘扬黄河文化、培训推广阅读品牌、文旅融合、文化扶贫、古籍保护传承与展示、中原阅读榜评选6大项目100余场阅读活动。其中,弘扬黄河文化方面,省图书馆联合省社科联、高校的专家学者等组成专家团,举办线上与线下的专题讲座和日常讲座;依托该馆品牌活动"趣缘读书会""七色花少儿读书会",以"走出去"或线上直播、阅读打卡等形式,引领全省读者参与黄河文化经典诵读;开展线上线下黄河主题书展、书画展、摄影展等活动。此外还举行了河南省"2020全民阅读"系列活动发布暨"书香满屏"云上阅读推广活动并进行线上直播,启动了"2020全民阅读"系列活动,全年开展近3000场阅读推广活动,直播活动参与观看人数达到了200多万人。

少儿阅读活动是全民阅读活动中的重要组成部分。据统计,2020年河南省少儿纸质文献藏量占总纸质文献藏量的 34.32%，较 2019 年增加 14.6%，呈上升趋势，这离不开河南省各地图书馆开展的丰富多彩的少儿阅读工作。河南省少儿图书馆 2020 年重点开展"阅读播种计划"，包括"童眼看非遗"、"黄河边·我的家"少儿征文活动以及依托未成年人阅读服务联盟，70 多家成员馆联合开展"书香战'疫'"线上活动等，并在全省开展十大（百佳）"阅读播种人"评选，表彰十大最美（百佳）"阅读播种人"，"阅读播种计划"带领成员馆从线下到线上、从城市到乡村，为小读者打造美好的阅读体验，让每一个小读者的童年都有书香陪伴。

4. 以群众文化活动品牌为龙头，推动活动常态化

近年来，河南省文化和旅游厅在全省开展"春满中原·老家河南"、"群星耀中原"、"出彩河南人"、"百城万场"、"书香中原"（"百年豫图传承计划""阅读播种计划"等）建设等，推动各类活动和资源进一步下沉。重点打造了以下全省性群众文化品牌："春满中原"春节系列文化活动，"百城万场"系列广场文化活动，"群星耀中原""出彩河南人"群众文艺精品展演活动。其中，"春满中原"活动已经连续举办 13 年，主要在每年腊月二十三到次年正月十六期间举行各类节日主题文化活动，2020 年全省开展活动 7 万余场；"百城万场"广场文化活动在每年的 4～10 月举行，组织全省各级公共文化机构利用各地广场开展公益性文艺演出，每年开展活动 2 万余场；"群星耀中原"活动组织各地具有地方特色的民间文艺精品在全省展演和巡演，2020 年"群星耀中原，美丽新乡村"——河南省第四届艺术广场舞展演共有 15600 个团队进行了参选，46 个作品最终入选全省进行总展演；"出彩河南人"活动组织全省群众文化精品在剧场演出，在线观众超过 100 万人次。此外，还相继开展了"大河上下"——第十二届黄河流域九省（区）艺术摄影展、第十一届河南省农村摄影大展、"黄河谣、华夏源"——第十届河南省少儿文化艺术展演等群众文化展演，丰富了基层群众文化生活。公共文化品牌活动每年惠及基层群众达 8000 万人次。

5. 以非遗文化活动为重点，推动传统文化创新发展

截至 2020 年底，河南省共拥有国家级非物质文化遗产代表性项目 125

项，国家级非遗传承人 127 人，省级非物质文化遗产代表性项目 728 项，省级非遗传承人 832 人。2020 年全省各地非遗工作进展良好，许多保护单位、传承人通过现场展演、互动体验、展览展示等多种形式，举办各具特色的专题活动，充分展示了河南非遗保护工作所取得的优秀成果。比如，郑州市举办的首届"河南省非遗曲艺展演周"，近 20 个曲艺品种约 400 名演员通过专题演出、传统大书专场、曲艺轻骑兵演出等形式，向广大观众展示河南曲艺保护传承的最新成果。洛阳市举办沿黄九省区暨第四届晋冀鲁豫传统戏剧展演活动，邀请青海、四川、甘肃、宁夏、内蒙古、山西、陕西、山东、河北 9 个省区的 11 个省级以上传统戏剧类非遗代表性项目参演。2021 年 6 月"文化和自然遗产日"期间，河南各地举办 230 多场"红色展览"，活动集中表彰推介了 69 项河南省"庆祝中国共产党成立 100 周年精品展览"和 35 名河南省革命文物优秀讲述人，同时，以"讲好红色故事　赓续精神血脉"为主题，组织开展河南"红色文物说"讲述宣传活动。

河南各地还组织当地非遗项目进校园、进社区、进基层、进军营等，通过非遗图片展、现场体验、专场演出、公益讲座等多种形式开展非遗宣传活动。河南是中华民族和华夏文明的重要发源地，拥有众多丰富多彩的文化遗产。为让孩子们走近非遗、了解非遗，让中华优秀传统文化浸润青少年的心田，在教育中推动非物质文化遗产的活态传承，在河南省文化和旅游厅的指导下，河南省非物质文化遗产保护中心自 2015 年起与学校联合开展非遗进校园活动，取得了显著成效，收到了良好的社会反响。"弘扬优秀传统文化·河南省非物质文化遗产进校园"活动走进河南省文旅厅艺术幼儿园、河南省实验小学，郑州市金水区经三路小学、南阳路第三小学、艺术小学、中方园双语学校、文化绿城双语小学，郑州龙门实验学校，郑州市管城区创新街小学、花溪路小学，郑东新区外国语学校、昆丽河小学，尉氏县大营镇枣朱小学，河南省实验中学，郑州市第四十七中学，河南省盲人学校（郑州市盲聋哑学校），以课堂授课、非遗巡展等形式，为师生们带去独特的非遗体验。

（四）公共文化示范工程卓有成效

1.创建国家公共文化服务体系示范区（项目）

国家公共文化服务体系示范区（项目）是原文化部、财政部在"十二五"期间共同开展的一项战略性文化惠民项目。通过公共文化服务体系示范区（项目）建设，各地逐步探索出一批具有地方特色的公共文化创新做法和经验，并通过以点带面、示范引领，带动了整个区域的公共文化服务体系建设，为国家制定相关政策提供了科学依据和实践经验。

自2011年起，河南各地积极创建国家公共文化服务体系示范区（项目），目前全省共有郑州市、洛阳市、济源市、许昌市4个国家级公共文化服务体系示范区（见表4），以及邓州市创建文化茶馆、周口市周末公益性剧场演出活动、信阳市"关爱留守儿童：信阳市平桥区农村公共图书馆一体化建设"、漯河市"幸福漯河健康舞"项目、平顶山市"文化客厅"公益课堂、安阳市政府—高校—社区"321"公共文化共建项目、焦作市百姓文化超市、鹤壁市淇水亲子故事乐园8个国家级公共文化服务体系示范项目（见表5）。

表4　河南省创建国家公共文化服务体系示范区名单

第一批(2011年)	第二批(2013年)	第三批(2015年)	第四批(2018年)
郑州市	洛阳市	济源市	许昌市

表5　河南省创建国家公共文化服务体系示范项目名单

第一批(2011年)	第二批(2013年)	第三批(2015年)	第四批(2018年)
邓州市创建文化茶馆	信阳市"关爱留守儿童：信阳市平桥区农村公共图书馆一体化建设"	平顶山市"文化客厅"公益课堂	焦作市百姓文化超市
周口市周末公益性剧场演出活动	漯河市"幸福漯河健康舞"项目	安阳市政府—高校—社区"321"公共文化共建项目	鹤壁市淇水亲子故事乐园

2.创建河南省公共文化服务体系示范区（项目）

河南省公共文化服务体系示范区（项目）创建工作是按照原文化部要求，

由省级政府主导开展的县级区域性公共文化服务创建工作。其基本要求是，按照公益性、均等性、基本性、便利性的原则，在全省创建一批网络健全、结构合理、发展均衡、运行有效的公共文化服务体系示范区，培育一批具有创新性、带动性、导向性、科学性的公共文化服务体系项目，为河南公共文化服务体系建设探索经验、提供示范，推动公共文化服务体系建设科学发展。

自2014年起，河南各地结合本地公共文化建设实际，在工作中不断探索提升服务效能的新机制、新形式，先后创建了四批共24个省级示范区和24个省级示范项目（见表6、表7）。示范区（项目）创建工作的开展，有力地整合了当地公共文化服务资源，提升了当地公共文化服务整体水平，并对区域内公共文化服务体系建设产生了积极的推动作用。

表6　河南省公共文化服务体系示范区创建名单

第一批（2014年）	第二批（2014年）	第三批（2016年）	第四批（2016年）
淮阳县	漯河市郾城区	新郑市	洛阳市瀍河区
永城市	兰考县	洛阳市老城区	荥阳市
洛阳市涧西区	淅川县	西峡县	鹤壁市鹤山区
林州市	灵宝市	民权县	方城县
巩义市	南乐县	淮滨县	濮阳县
焦作市解放区	舞钢市	西平县	汤阴县

表7　河南省公共文化服务体系示范项目创建名单

第一批（2014年）	第二批（2014年）	第三批（2016年）	第四批（2016年）
开封市"欢乐周末"	漯河市"幸福漯河"	平顶山市"茉莉芬芳"鹰城名家讲读音乐会	郑州市"天中讲坛"
信阳市"豫南民间舞蹈广场化"	西峡县"老区新网"	鹤壁市"淇水百花园文化共建"	三门峡市陕州区地坑院民俗文化园
鹤壁市"淇水亲子故事乐园"	济源市"文化礼堂"	信阳市浉河区网格化一站式社区文化建设	开封市"回族文化微展馆"
安阳市"321"公共文化共建	焦作市"萤火虫读书计划"	焦作市"百姓文化超市"	鹤壁市山城区"十百千群众文化提升工程"
获嘉县"同盟大讲堂"	三门峡市"印象天鹅城"	郑州市二七区"田园二七"文化志愿服务	安阳文化大舞台
平顶山市文化客厅	郑州市金水区"国际街舞大赛"	汝州市"互联网＋乡土"文化	原阳县文化惠民信息平台

3. 开展基层公共文化服务试点工作

根据公共文化服务工作安排，2020 年河南省在全省打造了一批提升效能的试点单位，包括公共数字文化试点、文旅公共服务机构融合试点、社会力量参与公共文化建设试点、公共文化"嵌入式"服务试点、乡村文化合作社试点工作等。数字文化试点确定 30 个试点单位，文化和旅游公共服务机构融合试点确定了 5 个国家级试点，文化合作社在全省确定了 157 个试点。编印了《河南省公共文化服务创新案例汇编》，供全省参考学习，并以点带面逐步推广。

2020 年 8 月印发的《河南省文化和旅游厅关于开展乡村文化合作社建设试点工作的通知》，明确提出文化合作社是在各级文化行政管理部门指导下，以农村业余文化艺术人才为依托，由掌握一种或多种文化艺术技能的农村群众自愿自发成立，通过成员合作、村级合作、区域合作等多种形式，为村民提供公益性文化服务的文化志愿组织。8 月底前，以省辖市、示范区、省直管县为单位将拟成立文化合作社的试点村名单上报省文旅厅公共服务处。2020 年 9 ~ 11 月，各地对试点村进行指导、培训，2020 年 12 月前完成试点建设任务。省厅根据试点工作开展情况，总结先进经验并在全省推广。

（五）公共文化服务重点工作有序推进

党的十八大以来，以习近平同志为核心的党中央高度重视全面深化改革，做出一系列重大决策部署，推动重要领域和关键环节改革取得重大进展。习近平总书记就全面深化改革发表一系列重要论述，对深化公共文化领域改革做出一系列重要指示批示，为做好公共文化服务工作提供了根本遵循、指明了前进方向。

公共文化领域四项重点改革任务是国家文化领域全面深化改革的重点工作，是推进现代公共文化服务体系建设的关键举措。为进一步贯彻落实中共中央办公厅、国务院办公厅关于加快构建现代公共文化服务体系建设的要求，2019 年 6 月 15 日，文化和旅游部在重庆召开全国公共文化领域重点改革任务暨旅游厕所革命工作现场推进会，公共文化服务标准化建设、文化馆

图书馆总分馆制建设、公共文化机构法人治理结构改革、基层综合性文化服务中心建设四项重点改革任务成为近两年国家重点工作任务。

1. 公共文化标准化建设不断推进

《中华人民共和国公共文化服务保障法》第 5 条规定："国务院根据公民基本文化需求和经济社会发展水平，制定并调整国家基本公共文化服务指导标准。省、自治区、直辖市人民政府根据国家基本公共文化服务指导标准，结合当地实际需求、财政能力和文化特色，制定并调整本行政区域的基本公共文化服务实施标准。"

一是基本建立公共文化服务标准体系。"十三五"时期河南省依据国家基本公共文化服务指导标准，结合河南实践，出台了《河南省基本公共文化服务实施标准（2015~2020 年)》，从公共文化设施网络、公共文化服务活动、公共文化保障和公共文化反馈评价 4 个方面提出 70 条实施标准，近几年河南省各地市结合自身实际情况又纷纷出台了基本公共文化服务目录，使标准体系更加完善。

二是建立公共文化绩效考核标准体系。依据《河南省基本公共文化服务实施标准（2015~2020 年)》，制定了《河南省现代公共文化服务体系建设绩效考核办法》，明确规定应在省政府领导下，由省公共文化服务体系建设协调领导小组针对各地市政府每年实施一次考核，并根据考核结果奖优罚劣。

三是建立公共文化设施标准和服务标准。为推动全省村（社区）综合性文化服务中心管理、运行与服务的标准化、规范化，2019 年河南省文化和旅游厅印发《河南省村（社区）综合性文化服务中心建设和服务标准》，进一步明确了基层综合性文化服务中心的规划和建设、设施和设备、服务和运营、人员和经费，后又印发了《河南省县级文化馆图书馆总分管制建设基本标准》，明确了河南省县级图书馆文化馆总分馆的建设模式、责任主体、运行管理和服务标准。

2. 县级文化馆图书馆总分馆制持续推进

"十三五"时期河南积极推进县级文化馆图书馆总分馆制建设。2017

年，完成了全省 26 个县级图书馆、文化馆总分馆制建设试点任务。2018年，在全省 82 个国家级、省级公共文化服务体系示范区和先进县涉及县（市）先行推广。2019 年制定了《河南省县级文化馆图书馆总分管制建设基本标准》，督促总分馆制建设工作按照标准开展，在全省全面推行。2020 年文化馆、图书馆总分馆制建设任务顺利完成，截至 2020 年 6 月，县级公共图书馆设置分馆比例约为 87.41%，县级文化馆设置分馆比例约为 91.85%（见表 8）。

表8　截至 2020 年 6 月河南省县级图书馆文化馆总分馆制建设情况

单位：个，%

项目	核定应建数	核定已建数	建成率
图书馆	2272	1986	87.41
文化馆	2344	2153	91.85

3. 公共文化机构法人治理结构改革基本完成

我国的公共文化机构法人治理结构改革，是伴随着事业单位分类改革从 2007 年拉开序幕的。2013 年党的十八届三中全会通过的《关于全面深化改革若干重大问题的决定》，2015 年初中共中央办公厅、国务院办公厅印发的《关于加快构建现代公共文化服务体系的意见》，2016 年出台的《公共文化服务保障法》，都明确要求推动公共文化机构建立法人治理结构。2017 年中宣部等 7 部门联合印发《关于深入推进公共文化机构法人治理结构改革的实施方案》，更是具有顶层设计性质的公共文化机构法人治理结构改革施工蓝图和行动指南，其中提出 2017～2018 年有条件和积极性的市（地），结合实际进行试点探索，2019～2020 年，各地各有关部门和单位在总结试点经验的基础上，由点及面，推动在市（地）级以上规模较大的公共图书馆、博物馆、文化馆、科技馆、美术馆等具备条件的公共文化机构建立以理事会为主要形式的法人治理结构。

2015 年以来，河南省先后在河南省文化馆、河南博物院、郑州美术馆、洛阳市群艺馆、信阳市图书馆等 14 个单位开展试点工作，组建理事会并按

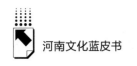

照章程开展工作。从2017年开始的全省公共文化建设绩效考核工作中，法人治理结构改革情况也作为指标的重要内容被列入考核体系，以此鼓励和引导更多的公共文化机构开展改革工作。截至2020年6月，公共文化机构法人治理结构改革任务基本全部完成。

（六）公共数字文化建设成效显著

2017年以来，河南省文化和旅游厅联合省委宣传部等单位在全省建设推广"百姓文化云"，目前，各省辖市和县（市、区）公共文化机构基本都已上线提供服务。其中焦作市"百姓文化超市"运用"互联网＋"的理念，通过优化整合城乡公共文化服务资源，引导和鼓励社会力量参与，采用"超市化"供应、"菜单式"服务、"订单式"配送的方法，实现服务精准供给，满足了群众多元文化需求。淮滨县以公共文化示范区建设为依托，专门列出1000万元采取公开招标的形式，与社会企业合作建立全方位覆盖、多终端访问、跨平台多通道发布的公共文化信息网状结构平台淮滨"公共数字文化云"，搭建起了文化信息集中发布平台、文化信息获取渠道及应用平台，有效实现了文化资源的精准配送，群众通过手机、电脑、移动端和电视便能享受一站式服务。

1. 启动公共数字文化工程

包括文化信息资源共享工程、数字图书馆推广工程和公共电子阅览室建设计划三大文化惠民工程在内的公共数字文化建设，是以往公共文化服务体系的基础性工程。从连续三年的全省绩效考核结果来看，河南各地已全部建成文化共享工程服务网络和公共电子阅览室网络，实现了县县建有支中心、乡乡建有基层服务点。

根据文化和旅游部公共数字文化工程融合创新发展的要求，结合河南实际，2020年河南省文化和旅游厅印发了《河南省公共数字文化工程实施方案》，明确提出到2022年底，基本建成统一的标准规范体系，平台有效整合、资源共建共享、管理统筹规范、服务便捷高效，社会力量参与机制更加健全，服务效能显著提升。河南利用中央资金，启动了全省公共数字文化建设工程,整合艺术院团资源、文博资源、非遗资源等20T,已完成加工上线5T。

2. 建设公共数字文化平台

河南积极打造一站式数字文化服务综合平台,一方面在各地打造了特色各异的文化平台,另一方面又打造了"百姓文化超市""文化豫约"等全省统一平台。2018年4月,由省委宣传部等单位牵头组织、中原出版传媒集团建设的"百姓文化云"公共文化服务平台正式投入使用,平台整合全省文化场馆、文化活动、文化下乡、文化社团、文化旅游等资源,集活动参与、场馆预订、志愿者招募、文体培训等功能于一体,为百姓提供一站式的数字公共文化服务。

2020年上线的"文化豫约",是河南公共文化数字化服务管理的综合性平台,主要包括资源建设、供需服务、效能评价三大应用功能。平台涵盖了各类公共文化云服务,包括"云剧场""云课堂""云阅读"等,招募公共文化服务供给主体1324家,审核上线121家,供给产品500余个。截至2020年11月6日,平台累计注册用户1382123户,在线场馆数3412个,开展网络直播581场,直播累计点击2000余万人次。在线活动发布18234个,活动产生订单163452个。此外,在30个试点县开展了公共数字文化服务的试点工作,2020年底前,完成省辖市和30个试点县数据上线,初步形成省、市、县、乡、村五级公共数字文化服务架构。

3. 开展公共数字文化服务

疫情发生以来,河南省各级公共图书馆、文化馆、博物馆和乡镇文化站、村(社区)综合文化服务中心等公共文化服务单位在场馆关闭的情况下,主动搭建线上服务平台,采用"互联网+"的形式,创新线上活动形式,线下线上相结合,整合各类平台资源,打破地域空间限制,向公众提供线上阅读、云上展览、数字慕课、在线剧院等多种形式的服务,实现了"线下关门,线上开花"的创新服务局面。

2020年抗击疫情期间,全省各公共文化服务单位免费开放上级和本地存储资源数据库共1700个,用户访问量518万次;提供电子书1130万册,

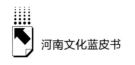

提供在线直播 600 次，观看人数 300 万人。全省组织创作了《全民动员战肺炎》《等你凯旋》等一大批形式丰富的抗疫专题文艺作品，共组织创作抗疫专题歌曲 571 首、舞蹈作品 545 个、戏曲作品 759 段、曲艺作品 1766 个。

（七）公共文化服务社会化发展迅速

1. 深入推进政府购买公共文化服务

为加快推进现代公共文化服务体系建设，进一步加大政府购买公共文化服务力度，河南省财政整合各类公共文化服务资金，设立"政府购买公共文化服务及扶持艺术创作专项资金"，额度为 1 亿元，主要用于购买国有和民营表演艺术团体的演出活动，购买文化单位开展的群众文化、全民阅读、古籍保护、文化艺术人才培养、公共文化宣传研究等活动，购买非物质文化遗产展示与传承、传播服务，扶持"中原文化走出去"等重大文化活动。具体包括艺术发展专项资金 4000 万元，其中，扶持艺术发展专项资金 3000 万元，扶持地方戏曲传承发展专项资金 1000 万元；政府购买公共文化服务资金 6000 万元。

2. 创新社会力量参与公共文化服务方式

河南一些地区积极采取多种形式创新社会力量参与公共文化服务。一是探索、举办区域性"文采会"配送模式，推动社会力量参与公共文化服务供给，为社会力量参与公共文化服务搭建平台。2020 年焦作市"百姓文化节"暨首届公共文化产品展示采购会在焦作影视城举办，来自省内郑州、洛阳以及北京、上海、陕西等地的 200 余家公共文化产品供给主体参加了此次"文采会"，现场签约并达成意向订单共 1300 万元。二是推进基层公共文化设施社会化管理运营。郑州市管城区采用"政府购买服务"的方式，引进馨家苑社区服务中心，以专业的社会工作服务，提供专业的文化服务、青少年儿童服务、中老年人服务等综合性公共服务。

3. 文化志愿服务活动特色突出

一是开展"三千"文化扶贫计划（千戏送千村、千人进千村、千企帮千村），建立"乡村音乐厅"。2016 年，从全省登记在册的文化志愿者 9.3

万人中招募1.3万人，组成流动志愿者团队，分赴全省各个贫困乡村（社区）开办面向基层群众的"乡村音乐厅"，目前，在全省贫困地区已建成180多个"乡村音乐厅"，每年为每个贫困县送戏不少于20场，每个贫困村不少于2场，动员1000家文化企业结对帮扶1000个贫困村。

二是开展"寻找村宝"志愿服务活动。2019年8月，在全省开展了"寻找村宝"大型文化志愿活动。制定了《文化志愿者团队"寻找村宝"工作标准》，志愿者以团队走进村庄开展寻宝活动。2019年寻宝活动共招募文化志愿者6339名、志愿者团队356个，涉及的文化志愿服务领域包括戏曲、曲艺、舞蹈、歌咏、乐器、非遗保护等多个方面，参与试点的1048个村共挖掘推选出优秀"村宝"1717名，涌现出了崔明军、李翠丽、董军政、周营贤、牛子福等一大批扎根乡村的优秀文化人才。截至2020年8月，全省活动注册文化志愿者已达38290名、志愿团队3713个，参与寻宝活动的行政村扩大至9600多个。这些"村宝"已成为河南省农村地区公共文化建设的一支重要力量。

（八）公共文化智库作用突出

国家公共文化服务体系建设专家委员会2011年3月1日在京成立，文化和旅游部门合并后，2019年9月9日，文化和旅游部在京举行国家文化和旅游公共服务专家委员会成立大会。2014年河南省顺应形势成立了河南省公共文化服务体系建设专家委员会，成员由省内社科研究学者和高校专家、公共文化行政管理者和公共文化服务机构工作者三部分组成。2019年11月，为了适应国家文化和旅游融合新形势，又成立了新的河南省文化和旅游公共服务专家委员会，2021年4月河南省文化和旅游厅召开公共服务专家委员会增补委员会议。专家委员会成立后为河南省公共文化服务体系建设积极提供政策建议、业务咨询和理论指导。

河南省公共文化研究中心自2016年成立以来，在河南省文旅厅的支持下，依托高校的师资人才队伍，以公共文化绩效考核研究为突破点，大力开展公共文化理论研究和实践探索，成为河南省公共文化研究的重要智库和理

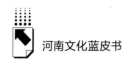

论研究基地，自成立后在示范区制度设计、项目评审、公共文化队伍培训、公共文化绩效考核等方面发挥了重要作用。

1. 研究设计绩效考核体系，建立公共文化评价标准

河南省公共文化研究中心从成立伊始就受河南省文化和旅游厅委托，主动作为，开展公共文化绩效考核研究，邀请李国新、阮可等公共文化专家多次召开公共文化绩效考核指标研讨会，研制出了河南省现代公共文化服务体系建设绩效考核办法、考核指标体系和考核系统，形成的《河南省现代公共文化服务体系建设绩效考核办法》成为近三年河南省现代公共文化服务体系建设绩效考核工作的重要指引，中心也成为考核的主要力量，连续三年派人员参加现场考核，指导各地公共文化建设。河南省通过绩效考核标准的确立，有力推动了全省现代公共文化服务体系建设工作，强化了各地政府的主体责任，以考促改、以考促建，河南省公共文化建设实现了质的飞跃和提升。

2. 承担完成多项省部级项目，构筑理论研究高地

自2016年成立以来，中心相继承担了国家艺术基金传播交流推广资助项目、国家社科基金项目等十余项省部级以上课题。其中国家艺术基金传播交流推广资助项目"洛阳唐代墓志拓片巡展"遴选了洛阳出土的唐代各个时期墓志书法精品300余件，先后到郑州、北京、上海、杭州、武汉、西安和兰州7个城市进行巡展，集中展示和推介唐代墓志书法艺术。"乡村振兴战略下农村文化发展的战略和路径研究"受原文化部公共文化司委托，由中心开展研究并顺利结项。

此外，中心还聚焦国家文旅事业发展重点，举办了第三届中国第三方评估洛阳论坛、河南省公共文化服务效能建设洛阳论坛、乡村振兴与乡村文化发展战略研讨会、"十四五"时期公共文化建设座谈会等多场高端学术论坛，全方位助力河南公共文化理论研究。

3. 开展全省公共文化资源调查，承担智库咨询工作

从2016年2月起，团队连续开展了4次大规模的全省公共文化资源调查，调查了全省18个地市、5000多个行政村，行程2万余公里，发放问卷

20400 份，在此基础上出版了河南省首部"公共文化服务蓝皮书"——《河南省现代公共文化服务体系建设发展报告（2016）》，成为河南省公共文化建设的重要指导丛书。

中心还凝聚专家力量，积极发挥智库咨询作用，开展河南省文化先进县满意度调查、河南省现代公共文化服务体系建设绩效考核群众满意度调查，参加国家公共文化服务体系示范区（示范项目）和河南省公共文化服务体系示范区（示范项目）验收评审工作，开展河南省公共文化服务创新案例和乡村文化合作社案例专项调研和汇编工作等，并深度参与指导地方公共文化实践，完成郑州、洛阳瀍河区、商丘民权县、安阳汤阴县和鹤壁市等公共文化服务制度设计项目。

4. 开设公共文化服务与管理专业，培养培训公共文化人才

中心依托洛阳师范学院的师资力量，在法学与社会学院开设行政管理（公共文化服务与管理方向）专业，专业培养坚持教学、科研、社会服务一体化，注重理论教学与实践教学相结合，连续招收四届学生共 128 人，学生先后参与公共文化群众满意度调查，走进洛阳 58 座"河洛书苑"城市书房，到郑州 1131 个村庄开展社会调研，通过实践学习，为河南培养了高素质的公共文化服务人才。

中心还发挥高校人才优势，开展全省图书馆馆长培训、基层公共文化人员培训和新疆哈密基层文化站站长培训，并且连续多年举办考核培训会，共培训全省公共文化从业人员 600 人次。

5. 搭建公共文化专业信息平台，促进公共文化交流

中心成立伊始就建立了河南省公共文化研究中心网站和"河南省公共文化"微信公众号。中心网站聚焦国家和河南公共文化大事，定期发布各地公共文化建设动态，设立河南省现代公共文化服务体系以及建设绩效考核系统，这也是各地填报考核数据的主平台。公众号汇集全国全省优秀实践案例，推出了高层资讯、中心新闻、地市文化三大特色板块，打造了"一周要闻回顾""案例推介""节日特辑"三大特色栏目，受到了各界广泛好评。中心网站和公众号正成为河南省各地文化和旅游部门交流沟通的重要平台，

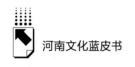

为河南公共文化的宣传和交流搭建了重要桥梁。

"十三五"期间河南省公共文化建设取得了一系列成就，公共文化设施网络体系不断完善，公共文化服务活动日益丰富，公共文化示范工程卓有成效，公共文化服务重点工作有序推进，但是也存在一系列问题。

一是公共文化服务均等化有待推进。河南省公共文化资源在城乡之间、区域之间、群体之间存在着不均衡的现象。从城乡看，农村公共文化设施建设滞后、服务门类少、效能不高。从群体看，针对农民工、残疾人、老年人、未成年人等社会群体的公共文化服务保障还不到位，设施服务配置较少。从区域看，河南省各区域也存在发展不均等的现象。

二是公共文化服务数字化水平不高。河南尚未建立起统一的公共数字文化平台，各地、各个公共文化场馆建立有不同的公共数字文化服务平台，多头投资，重复建设，资源难以有效整合。公共数字资源内容较少，资源形式不够丰富，缺乏传统文化资源等特色数字文化资源。

三是社会力量参与公共文化不足。一些地方缺乏社会多元主体参与的思想意识，对社会力量引导不够。此外尚未形成完善有效的绩效评价体系，缺乏相关的支持和激励政策，参与形式比较单一，社会力量参与动力不足，积极性不够。

四是公共文化协调领导机制运行不畅。从运行效果看，部分地区协调领导小组成员单位长期没有发挥作用，如一些地市协调领导小组成立文件上只有单位，没有人员名字。此外，协调领导小组缺乏"协调"和"沟通"，管理上呈现多头管理的混乱局面，宣传部门、妇联部门、文化部门等缺乏统一协调。

五是公共文化人员队伍素质有待提升。缺乏高素质的文化专业人才，文化设施的功能和作用无法充分发挥，同时地方文化专干"专干不专、专干不干"的现象依然存在，文化管理人才数量不足、结构不合理、专业性不强。

六是公共文化服务保障条例有待出台。近日河南省文化和旅游厅已联合河南省公共文化研究中心组织人员推进《河南省公共文化服务保障条例

（草案）》的制定，目前已完成草案起草工作。在"十四五"开端时期，加快推动《河南省公共文化服务保障条例》出台成为当前河南公共文化事业亟待推进的重要工作。

二 河南省现代公共文化服务体系建设发展态势

2021 年河南省《政府工作报告》提出，加快建设文化强省，繁荣发展文化事业和文化产业，并将加快完善公共文化服务体系作为 2021 年重点工作。近几年，覆盖城乡、便捷高效的河南省现代公共文化服务体系建设取得了显著成效，截至 2020 年 6 月，全省已经建成基层综合性文化服务中心 50586 个，完成县级文化馆总分馆制建设 2153 个，完成县级图书馆总分馆制建设 1986 个，覆盖全省城乡的省、市、县、乡、村五级公共文化服务网络已经基本建成，公共文化服务水平显著提升。"十四五"时期，河南公共文化服务要实现高质量发展，就要从深入推进公共文化服务标准化建设，创新拓展城乡公共文化空间，加快推进公共文化服务数字化，促进公共文化社会化建设，健全公共文化保障机制等方面来推进。

（一）创新拓展城乡公共文化空间，实现品质发展

公共文化空间的功能和服务水平，是经济社会快速发展和人民群众美好生活的直接体现。2021 年 3 月文化和旅游部等三部门联合发布的《关于推动公共文化服务高质量发展的意见》提出"创新打造一批融合图书阅读、艺术展览、文化沙龙、轻食餐饮等服务的'城市书房''文化驿站'等新型文化业态，营造小而美的公共阅读和艺术空间"。当前各地已基本建立起包括图书馆、文化馆、博物馆、美术馆、书店等在内的公共文化空间，但还需要在提升其功能性、实用性、公共性上下功夫，拓展公共文化空间，建立特色分馆，延伸公共文化服务，增加群众互动、交流和合作。未来的公共文

空间，既要为社会公众提供公共交往与公共活动的空间，又要激发公众高度参与公共文化服务和文化空间营造，为丰富群众生活、构建交往网络、增强归属感和凝聚力发挥重要作用。

1. 延伸文化服务，拓展城市文化空间

近年来河南省各地立足实际，把建设公共文化空间作为增强文化自信、提升城市品位、培养市民文化修养、保障群众基本文化权益、倡导新发展理念的重要抓手，纷纷打造有特色、有品位的公共文化空间，扩大公共文化服务覆盖面，增强实效性，形成了一批富有地方特色的城市书房，郑州"郑品书舍"、洛阳"河洛书苑"、许昌"智慧书屋"、驻马店"天中书苑"等一大批城市书房走进宾馆、商场、医院、车站、机场等公共服务场所，布局城市书房阅读服务点，扩大服务群体，延伸服务范围，拓展服务空间，形成了"十五分钟阅读圈"，有效打通了公共文化服务最后一公里。

下一步，河南应加强对城市文化空间打造的统一规划和统一部署，整合社区内公共文化、社会教育、全域旅游等各类资源，共同谋划、共同建设、共同管理，合理利用原有文化设施、公共用房、历史建筑等空间，推动公共文化空间和社区居民生活有机融合。要坚持政府引导、社会参与，鼓励社会力量参与城市公共文化空间建设、管理和运行。通过新建一批、改造一批、合作一批等方式，把符合条件的私营公共空间吸纳进来，按照公共文化空间的要求加以改造提升，激活小区商铺、中心商圈、休闲公园、开放空间、建筑架空层等已有资源，不断拓展公共文化空间的范围，延伸公共文化服务。

2. 创新传统文化，拓展乡村文化空间

党的十九大做出了乡村振兴的战略部署，明确了产业兴旺、生态宜居、乡风文明、治理有效、生活富裕的总要求。要发挥文化振兴在乡村振兴战略中的重要作用，在乡村中营造文化氛围，将文化贯穿乡村振兴的全过程，要增强乡村文化自信，改善乡风乡貌，提高乡村社会的文化程度，满足农村群众对美好生活的向往，推动乡村文化的全面振兴。

　　乡村公共文化空间是乡村群众开展文化服务活动的主要场所，也是提升农民群众思想道德修养的重要阵地，更是乡村文化振兴的重要载体。推进乡村文化振兴就要打造农民心中的"精神家园"，建设集农民阅读、科普、体育、教育等于一体的文化活动空间，一方面要完善原有乡村公共文化空间，建设高标准的基层综合性文化服务中心，转变只注重设施的建设而忽略设施的管理和使用的做法，不仅要高质量建设，更要管理到位，使群众都愿意到文化空间去享受文化服务；另一方面要推动乡村传统文化创造性转化、创新性发展，因地制宜建设文化礼堂、乡村戏台、文化广场、非遗传习场、文化村史馆、农民文化主题公园等功能空间，注重挖掘当地传统文化，积极打造"一村一品""一村一韵""一村一景"。

　　3. 文旅深度融合，建设文旅公共空间

　　文旅融合要通过文化资源与旅游资源深度融合、公共文化服务与旅游要素无缝链接，不断丰富文旅融合公共文化服务新模式，以人民美好生活为导向引领文化建设和旅游协同发展，推动优秀传统文化创新，增强和彰显中华文化自信，不断提高国家文化软实力和中华文化影响力与传播力。在文旅融合的背景下，公共文化空间是城市文化资源、城市精神的物质载体和集中表达场域，因此，在文旅融合背景下更应该打造凝聚当地群众民心、彰显城市文化品牌、繁荣城市文化的城市公共文化空间。

　　在文化空间中铸造文化旅游之魂是提升文旅体验的核心。发展文化旅游应当站在文化空间的高度上，综合探讨区域的物质空间、精神文化空间和机制空间，使文化空间朝着"自然化"方向发展，在旅游地车站、酒店、餐馆、咖啡厅、公园甚至公共厕所等建成人民群众认同的公共文化空间，"千城千面，千村千貌"，通过创新空间设计、空间功能组合、创新文化产品和服务内容、加大经费保障力度等方式，促进体现地方文化优势、彰显地方特色的公共文化空间建设。坚持试点先行，推动有条件的文化和旅游公共服务机构因地制宜探索文化和旅游融合发展路径。找准切入点，通过增加旅游宣传项目、合作开展研学活动等方式，实现公共文化机构与旅游公共服务设施资源共建、优势互补。

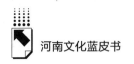
（二）推动公共文化服务标准化均等化，实现均衡发展

公共文化服务均等化是指无论地域、收入、民族、性别以及其他身份差异，全体公民都能获得与经济社会发展水平相适应、由政府和公共文化机构或其他社会组织提供的机会和结果大致均等的公共文化产品和服务。[①]

均衡发展是公共文化服务高质量发展的基础条件。"十三五"以来，我国已经构建起既有基本共性又有特色个性、上下衔接的基本公共文化服务标准体系框架，以标准化促进均等化开始步入法制化、制度化轨道。"十四五"期间，提升公共文化服务水平的首要任务是推进城乡公共文化服务一体化建设，其本质就是补齐城乡发展不均衡的短板，实现更高水平的公共文化服务城乡均等化、普惠化。[②]

1. 以标准化高质量推动均等化发展

习近平总书记多次强调，要做好普惠性、基础性、兜底性民生建设，健全完善国家基本公共服务体系，提升公共服务水平。标准化是推动均等化的重要手段，实施本地区的服务标准、基层服务机构的服务标准，有利于推动在地区范围内实现基本公共服务标准化供给，逐步实现全体公民都能够公平可及地获得大致均等的基本公共服务。

严格落实《中华人民共和国公共文化服务保障法》，尽快出台"河南省基本公共文化服务实施标准（2021～2025年）"，各地县（市、区）在国家指导标准和河南省实施标准的基础上，结合各地实际制定基本公共文化服务目录。规范公共文化服务项目和流程，完善各级各类公共文化设施的运行管理规范和服务标准体系，针对老年人、未成年人、残疾人、农民工、农村留守妇女儿童、生活困难群众等群体制定特殊人群的公共文化服务目录，开发

① 邹荣、陈秋宁：《"文化去中心化"和公共文化服务均等化——以湖北博物馆行业为例》，《社会科学动态》2021年第6期。
② 李国新：《公共文化服务高质量发展的总体蓝图和行动指南》，《中国文化报》2021年3月24日。

和提供适合的基本公共文化产品和服务。

2. 以数字化高质量推动均等化发展

数字化是推进公共文化均等化的重要方式，建立便捷高效、互联互通的数字文化网络体系，可以实现大量、快捷、精准、低成本地传送公共文化产品和服务，能有效提高农村地区公共文化服务均等化发展水平。公共文化服务体系建设应围绕"十四五"发展目标，秉持系统性、整体性、协同性、可持续的发展理念，发挥政府主体作用，统筹规划公共文化服务发展，特别是农村偏远地区、老少边穷地区等基层公共文化服务薄弱地区的基础设施和数字化、网络化建设，保障公共文化服务设备设施多样化、使用便捷化、配套服务人性化。

打通各级公共数字文化平台，构建互联互通、资源共享的公共文化服务网络，着力打造"一站式"的公共数字文化平台，把服务农村作为主要着力点，开展"订单式""菜单式"服务，以不断缩小城乡间的数字文化鸿沟，使城乡都可以公平、均等、快捷地享受到公共文化服务，打通公共文化服务的"最后一公里"。

3. 巩固拓展脱贫攻坚成果同乡村振兴有效衔接

《中共中央关于制定国民经济和社会发展第十四个五年规划和2035年远景目标的建议》把不断巩固拓展脱贫攻坚成果、扎实推进乡村振兴战略列为"十四五"时期经济社会发展的主要目标，将实现巩固拓展脱贫攻坚成果同乡村振兴有效衔接作为未来五年全国农业农村发展的重点任务。巩固拓展脱贫成果是乡村振兴的重要实现路径，通过有效衔接可以统筹推进城乡公共文化服务一体化发展。

加大资金、项目、政策的倾斜力度，补齐公共文化服务短板。通过合作共建、区域文化联动等形式，统筹好相对贫困区域和非贫困区域的协调发展。鼓励群众参与基层公共文化建设管理，建立社会力量广泛参与的工作机制；开展"一乡一品"或"一村一品"的公共文化品牌建设，以文化推动乡村焕发新活力，促进乡村文化振兴。鼓励文艺工作者关注"三农"题材，不断推出反映农民生产生活尤其是乡村振兴实践的优秀文艺作品，通过专项

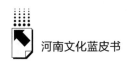

基金和扶持政策，为农村地区群众提供内容丰富、形式多样、健康向上、品质优良的公共文化产品和服务。

（三）推动公共文化数字化建设，实现精准发展

公共数字文化建设包括数字平台、数字资源、数字服务等基本内容，推动公共数字文化建设，是促进公共文化服务提质升级的必然选择，也是在更大范围让人民共享文化发展成果的有效途径。近年来，随着信息技术的发展，数字图书馆、数字文化馆等大量涌现，给广大群众带来了便捷的公共文化服务。"十三五"时期公共数字文化建设规划要求"到2020年，基本建成与现代公共文化服务体系相适应的开放兼容、内容丰富、传输快捷、运行高效的公共数字文化服务体系"①。从实际情况看，各地已基本建成"百姓文化云"或文旅云等公共数字文化服务平台，开展订单式服务、菜单式服务，公共图书馆、文化馆也基本具备数字文化服务能力，在疫情期间通过线上线下服务发挥了重要作用。但是也应看到河南当前公共文化服务数字化水平不高，作用发挥不够，从业人员数量不足、素质不高，与行业要求有不小差距，资源整合与供给不够等。

"十四五"时期，新技术开发和运用将迎来新爆发，公共文化服务机构必须关注新兴技术带来的影响，积极参与技术变革与创新，进一步研究和探索云计算、大数据、移动互联网、物联网、人工智能等新兴技术环境下服务的发展，采用新技术、新装备、新系统，将技术与服务深度融合，打通场馆、资源、用户的技术壁垒，创新多种服务方式，提供更多、更优秀的公共文化产品，应利用数字化科技，推动"科技+公共文化"的创新发展，采用"菜单式、订单式"服务精准供给，让公共文化服务"结网生根"。

1. 加强顶层设计，高起点统一规划数字平台建设

鼓励各地按照统一标准和规范，因地制宜建设本地文化云平台，加强文

① 《文化部"十三五"时期公共数字文化建设规划》，文化和旅游部网站，http：//zwgk.mct. gov.cn/zfxxgkml/ghjh/202012/t20201204_906376.html。

化云平台之间的互联互通,加强河南省公共数字文化的顶层设计和统一部署,高起点统一规划、统一平台、统一服务、统一数据标准,构建全省统一、互联互通的公共数字文化服务平台,建立健全线上与线下相结合的服务体验机制,为基层群众提供一站式、集成式的公共数字文化服务。开放图书馆、文化馆等公共文化场馆服务理念,借助抖音、微信、微博等社会化平台,在老百姓中开展网络歌曲教学与比赛活动、阅读比赛活动、广场舞比赛活动等,利用新技术打造一批群众喜闻乐见的活动,提高公共文化服务的适用性。

2. 加大资金投入,高标准建设数字文化硬件设施

加大公共数字文化资金投入,以数字文化硬件建设为重点,设立公共数字文化建设专项经费。以设备为基础,运用5G、云计算、大数据、人工智能、区块链等最新信息技术,开展公共数字文化硬件系统建设,提升公共文化场馆的服务能力,建成高标准的公共数字文化设施网络体系。完善云管理、资源共享、网络分发、应用集成、评估管理等基础软件系统,利用数字技术实现文化资源数字化,建成一批结构合理、内容丰富、品质精良的公共数字文化资源。

3. 整合数字资源,高质量丰富数字文化资源内容

整合国家、省、市、县、乡、村等各级公共数字文化资源,以及公共图书馆、文化馆、美术馆、科技馆和基层综合性文化服务中心资源,实现资源联动共享。推进中原城市群、洛阳都市圈的区域文化联盟建设,通过资源共建共享、业务互动协作等手段逐步实现区域内的公共文化服务协同发展、创新发展,进一步推动跨区域文化资源的整合与共享。发挥河南省传统文化资源丰富的特点,将传统文化艺术资源数字化,把优秀的戏曲、电影和非遗项目进行数字化制作,使群众足不出户,在家也可以"云上漫步",享受到优质的文化服务和文化体验。

（四）促进公共文化社会化建设,实现多元发展

《中华人民共和国公共文化服务保障法》第2条规定:"公共文化服务,

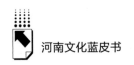

是指由政府主导、社会力量参与,以满足公民基本文化需求为主要目的而提供的公共文化设施、文化产品、文化活动以及其他相关服务。"公共文化服务的责任主体是各级政府,方式是以公共财政作为支撑,社会力量是公共文化服务的重要参与者。公共文化服务社会化,就是指公共文化服务社会化的发展过程,将原先由政府垄断或者主要由政府承担的公共文化服务供给,转移到由政府和社会力量共同提供上来的过程。①

推动公共文化服务社会化发展,关键在于正确处理好政府与市场、社会的关系,通过完善政策、建立激励机制和监管机制等手段,简政放权,充分发挥市场在文化资源中的决定性作用,进而调动各方的积极性和主动性,逐步实现公共文化服务供给主体、供给方式和资金投入多元化,形成"政府主导、社会参与、多元投入、协力发展"的社会治理格局。

1. 出台社会力量参与公共文化的相关政策

政策法规是公共文化服务社会化的制度保障,河南省应针对企业、个人等参与或投资公共文化逐步制定政策优惠方针,放宽准入门槛,优化市场环境,符合条件的应进行资金扶持。进一步简政放权,减少社会组织参与公共文化建设和服务的行政审批项目,吸引文化类社会企业参与公共文化建设。关于社会资本投入公共文化领域必须要履行的审批程序,由项目所在地文化行政部门协助完成。对承担公共文化服务或者中标的社会组织应制定投入、运营、管理、服务和监管标准,在政府监管的前提下合理高效运营,为群众提供更多更好的文化产品和服务。

2. 拓宽各级政府购买服务的渠道

举办河南省公共文化和旅游产品采购大会,提高公共文化服务的针对性和有效性,搭建"淘宝式"公共文化服务供需对接平台。通过公开招标等形式,推动符合条件的国有文化类企事业单位和社会企业公平竞争,将原本由政府承担的公共文化服务转交给社会组织、企事业单位履行。在部分地区稳妥探索基层公共文化设施社会化管理运营,通过服务外包、项目授权、财

---

① 余雁舟:《公共文化服务社会化浅析》,《中共乐山市委党校学报(新论)》2021 年第 1 期。

政补贴等方式，解决一些地区公共文化人员不足的问题。通过集中配送、连锁服务等形式提高公共文化服务供给的质量和资金的使用效率，满足群众多元化、个性化、品质化的文化需求。

3. 建立社会化服务的监督考核机制

将推进购买公共文化服务与培育公共文化服务社会化力量相结合，提升社会化承接组织服务能力，建立健全承接主体资质评价机制。应保证社会组织进入公共文化领域后的服务质量，从监管组织建设、监管结构搭配、监管内容完善、监管方法多样、监管结果利用等多方面着手完善监管制度。同时政府应通过向第三方购买服务实施对社会化承接主体的日常监管，奖优罚劣，对服务效果突出的承接主体予以奖励，对不符合要求的应予以淘汰。

（五）健全公共文化保障机制，实现高效发展

高质量的公共文化服务对于人民群众应当是高参与度、高满意度的，但从目前的服务情况看，河南公共文化服务尤其是基层地区的公共文化服务还普遍停留在政府建、政府办、政府管的状态，服务对象多是老年人和小孩，群众的参与度和满意度还不够高。解决这一问题，应当从健全保障机制入手。

1. 加大资金投入，完善财政保障

河南省文化事业投入总量偏低，人均更低。虽然投入不断加大，但由于人口基数庞大，与全国人均文化事业费还存在不小的距离，还不到全国人均事业费的一半，人均事业费常年全国排第 31 位。应加大公共文化财政资金投入力度，积极拓宽公共文化服务的资金投入渠道，把基本公共文化产品和服务项目纳入各级政府预算。对于公共文化专项资金应专款专用，同时全面实施公共文化服务领域预算绩效管理，强化绩效评价结果应用。还要充分发挥各级财政资金的引导作用，运用补助、奖励等手段鼓励社会资本参与公共文化建设。

2. 出台各项政策，完善政策保障

积极推动河南省出台《中华人民共和国公共图书馆法》的地方配套条

例，尽快出台"河南省公共文化服务保障条例"；依据《河南省现代公共文化服务体系建设绩效考核办法》，继续加强对各省辖市和县（市、区）政府公共文化服务体系建设主体责任的公共文化绩效考核，加强对省委省政府出台的关于公共文化服务体系建设各项文件、制度的检查督导，推动各项措施有效落实。

3. 加强领导重视，完善组织保障

加强地方领导对公共文化建设的重视，实现"八个纳入"，将其纳入政府重要议事日程，纳入当地经济和社会发展总体规划，纳入考核指标体系等，并将公共文化工作业绩作为干部调整使用的重要依据和重要内容。充分发挥各级公共文化协调领导小组的作用，根据工作变动情况及时调整协调领导小组成员名单，定期召开联合会议，不断强化区域内公共文化服务体系建设的组织领导保障。

4. 充实人才队伍，完善人才保障

开通公共文化人才引进的"绿色通道"，参照"选调生"的做法，鼓励高校相关专业毕业生从事基层公共文化服务工作，担任"文化村官"。建立文化专员制，借鉴农村"第一书记"选派与管理办法，从机关、学校、文艺团队等组织中选择有丰富经验的文化人才担任乡村文化专员。将公共文化服务专业人才培养纳入教育体系，引导各级政府与省内高职院校、高等院校合作，培养高水平乡村两级公共文化服务人才。

"十三五"时期，河南省委省政府高度重视现代公共文化服务体系建设，严格落实《中华人民共和国公共文化服务保障法》各项要求，将其作为全省文化建设的基础工程抓实抓紧抓好，不断完善省、市、县、乡、村五级服务网络，优化服务供给、创新服务方式、完善服务评价机制，全省现代公共文化服务体系建设呈现出全面提升、重点突破的良好态势。"十四五"时期公共文化服务面临着新的发展形势，河南省公共文化将以习近平新时代中国特色社会主义思想为指导，以习近平总书记视察河南系列重要讲话精神和党的十九届五中全会精神为指引，围绕公共文化高质量发展要求，立足新发展阶段，坚持新发展理念，促进基本公共文化服务标准化、均等化、社会

化、数字化发展，大力推进公共文化服务体制机制、内容载体、方法手段创新，深入推进公共文化服务标准化建设，创新拓展城乡公共文化空间，做大做强全民艺术普及品牌，加快推进公共文化服务数字化，进一步强化社会参与，促进文化志愿服务特色化发展，加强乡村文化治理，为人民群众提供更高质量、更有效率、更加公平、更可持续的公共文化服务。

分 报 告

Sub-reports

B.2

河南省现代公共文化服务体系建设
绩效考核发展报告

李华伟　谷高科　翟小会　郭强*

摘　要： 实施绩效考核是推动现代公共文化服务体系建设的重要抓手，河南省从2017年启动绩效考核工作，基于以评促建、以评促改、评建结合、重在建设的原则，绩效考核采用网上数据填报、专家现场考评和第三方测评相结合的方式，对省辖市和直管县的公共文化建设进行全面测评，考核内容包含公共文化设施网络、公共文化服务供给、公共文化制度保障、公共文化反馈评估四个大类。通过2018年度、2019年度两次现代公共文化服务体系建设绩效考核，河南省现代公共文化体系建设取得了良好成效。

* 李华伟，博士，副教授，河南省公共文化研究中心副主任，主要研究方向为公共文化绩效考核；谷高科，洛阳师范学院法学与社会学院讲师，主要研究方向为公共文化绩效考核；翟小会，洛阳师范学院法学与社会学院讲师，主要研究方向为公共文化数字化；郭强，洛阳师范学院法学与社会学院讲师，主要研究方向为公共文化绩效考核。

关键词: 公共文化　体系建设　绩效考核　河南

一　河南省现代公共文化服务体系建设绩效考核的回顾与展望

河南省现代公共文化服务体系建设绩效考核是对河南省公共文化服务体系建设情况进行评价的创新举措,是促进河南省公共文化服务体系建设、实现 2020 年现代公共文化服务体系建设目标的重要抓手。绩效考核工作从 2017 年启动至今,已进行了 2018 年度、2019 年度两次河南省现代公共文化服务体系建设考评,取得了良好成效。2020 年度的考核工作已经启动。

(一)绩效考核的背景

党和国家高度重视公共文化服务工作,党的十六届五中全会首次提出"形成覆盖全社会的比较完备的公共文化服务体系",党的十七大把建设"覆盖全社会的公共文化服务体系"作为实现全面建设小康社会的重要目标之一,党的十八届三中全会提出了构建"现代公共文化服务体系"的要求,党的十九大提出"完善公共文化服务体系,深入实施文化惠民工程,丰富群众性文化活动"。2007 年中共中央办公厅、国务院办公厅印发《关于加强公共文化服务体系建设的若干意见》,2015 年中共中央办公厅、国务院办公厅印发《关于加快构建现代公共文化服务体系建设的意见》。公共文化服务体系建设已成为党和国家的重要战略任务,为绩效考核提供了坚实基础。

1. 人民群众对公共文化服务的需求日益旺盛

随着我国经济社会建设的步伐逐渐加快,特别是脱贫攻坚任务完成和全面建成小康社会目标的实现,人民群众的生活水平不断提高,对精神文化生活的需求日益旺盛,要求逐渐提高。公共文化服务是由政府主导、社会参与,以满足广大人民群众基本文化需求为目的而提供的文化产品、文化服务、文化活动及其他相关服务。公共文化服务体系建设的目的就是满足人民

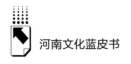

群众的精神文化生活。

2.绩效考核成为推进公共文化服务体系建设的重要抓手

公共文化服务体系建设是一项系统性工程，从纵向看，包含省、市、县、乡、村五级公共文化服务体系，从横向看，包含场地设施建设、公共文化服务供给、服务保障、社会评价四大部分内容，涉及面广泛，内容繁多，建设难度大，加之场地建设参差不齐，服务手段、服务内容单一，供需错位，城乡差距大，社会化程度不高等问题比较突出，如果没有一定的标准和相应的考核措施，很难完成公共文化服务体系建设的任务，因此，进行公共文化服务体系建设绩效考核，以评促建、以评促改、评建结合、重在建设，成为解决公共文化服务体系建设问题的主要抓手。

3.政策法规为绩效考核提供重要依据和保障

2015年，中共中央办公厅、国务院办公厅印发《关于加快构建现代公共文化服务体系的意见》，提出到2020年，基本建成覆盖城乡、便捷高效、保基本、促公平的现代公共文化服务体系，并提出"以效能为导向，制定政府公共文化考核指标，作为考核考评政府领导班子和领导干部政绩的重要内容，纳入科学发展考核体系"，把"考评结果作为确定预算、收入分配和负责人奖惩重要依据"。2017年，《中华人民共和国公共文化服务保障法》颁布实施，其第56条规定，各级人民政府应当加强对公共文化服务工作的监督检查，建立反映公众文化需求的征询反馈制度和有公众参与的公共文化服务考核评价制度，并将考核评价结果作为确定补贴或者奖励的依据。河南省出台的一系列公共文化服务体系建设的政策也把考核作为一项重要内容，上述政策法规为绩效考核提供了政策保障和法律依据。

（二）绩效考核的过程

河南省现代公共文化绩效考核从2016年开始至今，已经历了5年艰苦而卓有成效的历程，其间包含前期摸底调研、酝酿起草考核方案、出台《河南省现代公共文化服务体系建设绩效考核办法（试行）》、实施考核等阶段。

1. 前期调研

河南省公共文化研究中心于 2016 年 1 月在洛阳师范学院成立，中心成立的第一项工作就是对全省公共文化建设情况做一次系统、全面的摸底调查，掌握全省公共文化服务体系建设的情况。调查抽取了全省 16 个地市、60 个县、300 个乡镇、1500 个村（社区），组织 104 名教师、1030 名学生，行程 2 万余公里，发放和收回问卷 20400 份，掌握了大量一手资料，形成了《河南省基层公共文化服务供给侧现状调查》和《河南省基层公共文化服务需求侧调研报告》，并在此基础上撰写了《河南省现代公共文化服务体系建设发展报告（2016）》，为绩效考核方案和考核办法的设计奠定了基础。

2. 绩效考核方案的酝酿

2017 年河南省文化厅（现文化和旅游厅）计划对全省公共文化服务体系建设情况进行考核，省厅成立由时任厅长康洁为组长的考核工作领导小组，河南省公共文化研究中心成立考核方案研究团队，同时邀请李国新、阮可、蒯大申、崔为工等一批国内知名专家和窦凤祥、林春芳、王波等一线公共文化服务体系建设的实践专家，就绩效考核的目标、方向、内容、方式、方法等问题进行研讨和交流，考核的目的就是要保质保量完成河南省公共文化服务体系建设目标，考核跳出了以往单纯考核文化系统的传统方式，以"大文化"的视角设计绩效考核方案，把考核的压力传导给政府。为保证考核工作的科学性、客观性、公正性、可行性，决定研制可观察、可测量的指标体系，以量化的形式呈现各地公共文化服务体系建设的情况，设计切实可行的考核办法，让考核工作变得简便易行。

3. 制定出台《河南省现代公共文化服务体系建设绩效考核办法》

2017 年 4 月中心启动了《河南省现代公共文化服务体系建设绩效考核办法》起草工作，围绕建立绩效考评体系相继举办了考评办法、指标体系、考核系统研讨会。此后在省文化和旅游厅时任书记宋丽萍和时任巡视员康洁的领导和指示下，中心先后召开了 15 次专题座谈会，征求了国家公共文化服务体系建设专家委员会委员、省公共文化服务协调领导小组成员单位、各地市文化部门的意见，形成了《河南省现代公共文化服务体系建设绩效考

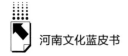

核办法》，研制了省辖市和县（市、区）两套绩效考核指标体系，开发了线上考核系统。并于 2017 年底在洛阳、安阳两市开展了试考核工作，对考核办法和指标体系进行总结和完善。考核办法附带指标体系由河南省人民政府办公厅发布并于 2018 年在全省实施，它不仅是对河南省现代公共文化服务体系建设情况的全面考评，而且是省级层面开展公共文化服务体系建设全面考核的创新，这种大规模、全面性、系统性的考核在全国尚属首次。

4. 绩效考核的实施

2018 年 4 月，河南省公共文化服务体系建设协调领导小组办公室召开全省公共文化服务体系建设绩效考核工作会议，7 月，河南省人民政府办公厅印发《河南省现代公共文化服务体系建设绩效考核办法（试行）》（豫政办〔2018〕42 号），标志着河南省开始启动全省范围内公共文化服务体系建设绩效考核。

依据相关政策文件，绩效考核从设施网络、服务供给、制度保障、反馈评估四大方面，按照省辖市和县（市、区）两个层面，设置了两套不同的指标体系，充分运用大数据和互联网技术，开发了线上考核系统，考评分数计算、数据汇总和统计均由系统来完成，减少填报、运算的工作量，使考核变得简便可行。为弥补线上考核的不足，设置专家现场考核环节，对一些无法进行线上考核的指标和需要复核的线上考核指标进行现场考核。为落实需求反馈机制，设置了第三方满意度调研环节，了解群众对公共文化服务体系建设情况的评价和需求。线上考核、现场考核和第三方评估三部分相互配合、相互补充，圆满完成了对考核的数据分析，基本达到了以考促改、以考促建的目的，通过两次考核，有力促进了各地公共文化服务体系建设，覆盖省、市、县、乡、村的五级现代公共文化服务体系基本建成。

（三）绩效考核工作的完善

河南省现代公共文化服务体系建设绩效考核是一项创新性工作，从设计考核方案到制定考核办法，从实地调研到研制考核指标体系，从实施考核到分析总结，从分值调整到指标调整，经历了一个不断完善的过程。

1. 存在的不足

考核中两套指标体系中有些指标的指向性、准确性、简明性需要进一步界定。在线上考核过程中由于对多报、瞒报、谎报的现象无法监管，数据真实性有待核实，大数据考核系统对量的分析有优势而对质的分析存在明显的劣势。专家现场考核面对 17 个地市，考核存在范围广、工作量大、考核人员较多等问题，现场考核无法避免的主观性在一定程度上影响了结果的客观性。第三方调研在调查总体界定、调查对象选择、样本规模大小等方面的确定上面临较大的困难，调查结果基本可以说明总体的情况，但是准确度有待进一步提高。

2. 绩效考核的完善

一是科学研判和调整已有的指标体系。对基本指标要持续考核，对重点指标要重点考核、加大权重，对已经完成的指标不再考核。二是突出重点环节。在公共文化均等化、社会化、数字化、文旅融合、乡村文化振兴等方面加大比重，新增基层综合性公共文化服务中心管理和利用、公共文化空间打造、乡村文化合作社、文化志愿者等考核内容。三是体现创新发展。以高质量发展为导向，发挥考核在推进公共文化服务项目化、规范化、系统化等方面的引导作用。分类管理、加大对领军人物、专业团队、基层优秀工作者等的考核。四是完善考核办法。针对各省辖市、直管县（市）文广旅局相关负责人、公共服务科室人员分级分类进行培训，针对基层填报人员召开专项填报指导会，确保各地对指标理解的准确性。进一步完善线上考核系统，增加指标填报使用说明功能、填报结果统计分析功能，加强系统对考核数据质量的把控力度。制定比较客观的现场考核指导手册，避免现场考核过程中发生主观随意、走过场、流于形式等问题。扩大第三方评估的样本规模，完善考评流程，提高考评的信度和效度。

二 河南省现代公共文化服务体系建设绩效考核办法和指标体系阐释

河南省公共文化研究中心会同原河南省文化厅共同起草了河南省现代公

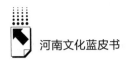

共文化服务体系建设绩效考核办法、研发了河南省现代公共文化服务体系建
设绩效考核指标体系和河南省现代公共文化服务体系建设绩效考核信息填报
系统。

（一）考核办法阐释

1. 依据和目的

根据《中华人民共和国公共文化服务保障法》和中共中央办公厅、国
务院办公厅《关于加快构建现代公共文化服务体系的意见》等文件精神，
为加快推进河南现代公共文化服务体系建设，提升现代公共文化服务效能，
开展河南省现代公共文化服务体系建设绩效考核工作。考核工作坚持政府主
导、突出重点、客观公正、奖优罚劣的基本原则，在省政府领导下由省公共
文化服务体系建设协调领导小组具体组织实施，考核对象为各省辖市、省直
管县（市）政府，强化政府公共文化服务主体责任，以评促建、以评促改，
促进河南省公共文化服务体系标准化、均等化、社会化和数字化建设，满足
广大人民群众的基本文化需求。

2. 记分方式

省辖市、省直管县（市）得分均由网上填报得分、现场考核得分和第
三方评估得分组成。省辖市最终得分为市本级得分×30% + 所辖县（市、
区）平均得分×70%。

3. 考核方式

绩效考核主要由信息填报、现场考核和第三方评估三种方式组成。

（1）信息填报

信息填报是整个考核过程中开始最早的环节，也是分值比重最大的环
节。在此部分中各省辖市按照《河南省省辖市现代公共文化服务体系建设
考核指标》《河南省县（市、区）现代公共文化服务体系建设考核指标》对
本地公共文化服务体系建设情况进行自查，并将相应的指标数据在网上进行
填报。

为支持各地开展信息填报，河南省公共文化研究中心专门开发了河南省

现代公共文化服务体系建设考核系统。考核系统支持电脑和手机浏览器登录，界面简洁，操作简单。为方便考核工作的顺利进行，考核系统针对不同主体设置不同的指标，减少了填报的工作量，实现了考核前期的无纸化。考评分数计算、数据汇总和统计均由系统来完成。除此之外，考核系统还可以对填报数据进行横向和纵向交叉对比，对异常和虚报数据进行快速甄别和筛选。

（2）现场考核

考虑到信息采集系统的局限，公共文化服务建设的总体状况，完全依赖数字化信息是无法准确得到反馈的，绩效考核设置了专家现场考评环节。

现场考核的主要内容，一是对网上填报数据进行复核。二是考查公共文化服务体系建设年度重点任务落实情况，给现场考核指标打分。三是现场抽查公共文化机构有无被挤占、挪用等违法违规情况。

现场考核由考核组通过听取汇报、查阅资料、实地查看、走访座谈等方式，对省辖市、省直管县（市）进行现场考核。各考核小组由 5～6 人组成，分别由文化和旅游厅领导、省公共文化服务体系建设协调领导小组成员单位、省文化和旅游厅公共服务处、省直文化单位以及公共文化专家组成。

现场考核受到各种条件的限制，不可能考核到所有的县区、乡镇与村庄，故采用了随机抽取的办法进行。考核小组到省辖市后，首先听取各市公共文化服务建设情况总体汇报，随后现场抽取所辖县区、乡镇与村庄，2018年通过抽签的办法进行，2019年专门开发了抽签小程序。考核小组随即到市级各文化场馆和被抽中的县区、乡镇与村庄实地查看，并随时核对信息填报中的各类信息。

（3）第三方评估

公共文化服务的目的在于丰富人民群众的精神文化生活，开展文化惠民，问政于民、问计于民至关重要。人民群众的感受如何是衡量公共文化服务体系建设成效的重要指标。省考核组委托专业机构调查公众对当地公共文化服务的知晓度、参与度与满意度。

第三方评估和现场考核同步进行。2018年度的第三方考核时间为2019

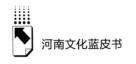

年3月14日至4月18日，2019年度的第三方测评在2020年5月至6月进行。

（二）指标体系阐释

指标是绩效考核的核心，所有的考核工作都将围绕着指标展开。下面从指标构建依据、指标体系构建、分值结构、指标动态调整等几个方面对指标体系进行阐释。

1. 指标构建依据

为了科学地构建起一套公共文化服务体系建设绩效考核指标体系，起草小组查阅了众多公共文化相关政策法规和行业标准。其中国家法规政策有《中华人民共和国公共文化服务保障法》《中华人民共和国公共图书馆法》，中共中央办公厅、国务院办公厅《关于加快构建现代公共文化服务体系的意见》《关于实施中华优秀传统文化传承发展工程的意见》，国务院办公厅转发的文化部等部门《关于做好政府向社会力量购买公共文化服务工作的意见》，国务院办公厅《关于推进基层综合性文化服务中心建设的指导意见》，文化部等五部门印发的《关于推进县级文化馆图书馆总分馆制建设的指导意见》。地方政策有河南省委办公厅、省政府办公厅印发的《关于加快构建现代公共文化服务体系的实施意见》、河南省人民政府办公厅印发的《河南省推进基层综合性文化服务中心建设实施方案》，河南省文化厅等五部门印发的《关于推进县级文化馆图书馆总分馆制建设的实施意见》。

具体参考的各级标准有《国家基本公共文化服务指导标准（2015～2020年)》《河南省基本公共文化服务实施标准（2015～2020年)》《河南省基层综合性文化服务中心建设标准》《文化馆评估定级标准》《图书馆评估定级标准》《博物馆评估定级标准》等。

2. 指标体系构建

指标体系的构建在贯彻落实国家政策法规的基础上，重点考虑河南省基本情况。一是重基本。考核目标为按照省委办公厅、省政府办公厅下发的豫办〔2015〕48号文件，着力于推进基本公共文化服务，首次考核设计的指标是"基本性"标准，重在考核达标。二是重基层。满足基层人民群众的文化需求是我国公共文化建设特别是河南省公共文化服务建设的重要任务。三是重建设。考核是手段，建设是目的。考核的目的在于督促地方建设，通过考核"找短板，补差距"，将考核变成从事建设的行动，大力加强地方公共文化服务体系建设，确保到2020年全面建成覆盖全省的公共文化服务体系网络。

考虑到城乡公共文化服务建设存在的差异，绩效考核指标体系分为《河南省省辖市现代公共文化服务体系建设考核指标》与《河南省县（市、区）现代公共文化服务体系建设考核指标》两套，实施差异化考核。与此同时，为保证考核的一体化，指标实施了结构一致、内容差异的设计思路。结构一致是指市县两套指标都包含公共文化设施网络、公共文化服务供给、公共文化制度保障、公共文化反馈评估四个大类和场馆建设、文化信息资源共享工程建设、广电设施建设、辅助设施建设、场馆服务、特殊群体服务、数字化服务、广电服务、组织保障、经费保障、队伍建设、人才培训、反馈机制和公众评价等14项（见图1）。

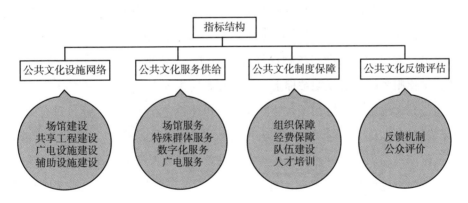

图1　河南省现代公共文化服务体系建设考核指标结构

公共文化设施网络，主要考核公共文化服务实体场馆（设施）建设情况，包括图书馆、博物馆、文化馆（站）、美术馆、科技馆、纪念馆、体育场馆、工人文化宫、青少年宫、妇女儿童活动中心、老年人活动中心、乡镇（街道）和村（社区）基层综合性文化服务中心、农家（职工）书屋建设

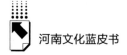

情况，文化信息资源共享工程建设情况、广播电视设施建设情况和各类馆站的辅助设施建设情况。

公共文化服务供给，主要考核政府主导的公共文化服务供给情况，包括公共文化场馆服务情况、流动服务、数字化服务以及重大公共文化活动开展情况等。

公共文化制度保障，主要考核各级政府对公共文化服务体系建设的保障情况，包括组织保障、经费保障、队伍建设、人才培训情况等。

公共文化反馈评估，主要考核公众文化需求的征询反馈制度建立情况以及公众对公共文化服务建设的评价等。

3. 分值结构

指标体系搭建起来之后，面临的重要问题就是如何合理地分配分值，经过指标体系起草小组的多次研讨，确定了以下几个方向。一是设施为基。各类公共文化服务设施建设是构建现代公共文化服务体系的基础，只有具备一定的公共文化场馆才能搭建起现代公共文化服务体系的骨架，推动公共文化设施建设是首要任务。二是服务为重。服务是现代公共文化服务体系的血肉与灵魂，缺乏有效服务与活动的公共文化服务体系只是冰冷的建筑。到2018 年，各地公共文化设施建设任务已经过半，特别是城市区已比较完备。公共文化服务效能的议题被提上日程，在政府主导下，为民众提供丰富、有效的公共文化服务项目在现代公共文化服务体系建设中至为关键，只有民众参与到公共文化服务活动中来，人民群众的文化权益才能得到更好的保障。三是保障推动。任何事业的发展都离不开有效的制度保障，现代公共文化服务体系建设也离开制度建设，离不开组织、资金、人才队伍等各项保障举措。制度建设是公共文化服务体系建设的根本引领。四是重视评价。公共文化服务的特点要求我们必须以人民为中心，走群众路线，认真研究人民群众的精神文化需求，做到公共文化服务的有效供给。

根据指标赋分导向两套指标的分值结构，省辖市考核指标体系分为公共文化设施网络、公共文化服务供给、公共文化服务保障、公共文化反馈评估4 大类，共14 项84 个指标，总分1000 分。其中，公共文化设施网络 4 项

17 个指标，共 200 分；公共文化服务供给 5 项 49 个指标，共 430 分；公共
文化制度保障 4 项 16 个指标，共 220 分；公共文化反馈评估 1 项 2 个指标，
共 150 分。县（市、区）指标体系设置了公共文化设施网络、公共文化服
务供给、公共文化服务保障、公共文化反馈评估四大类，共 14 项 77 个指
标，总分 1000 分。其中，公共文化设施 4 项 22 个指标，共 325 分；公共文
化服务供给 5 项 39 个指标，共 395 分；公共文化制度保障 4 项 14 个指标，
共 130 分；公共文化反馈评估 1 项 2 个指标，共 150 分（见表 1）。

表 1　指标体系分值分布

类别	省辖市			县（市、区）		
	项	指标数量	分值	项	指标数量	分值
公共文化设施网络	4	17	200	4	22	325
公共文化服务供给	5	49	430	5	39	395
公共文化制度保障	4	16	220	4	14	130
公共文化反馈评估	1	2	150	1	2	150
总计	14	84	1000	14	77	1000

4. 指标动态调整

2018 年河南省开展的第一次考核实践证明，该考核办法及考核指标体
系具有有效性、科学性、客观性与便捷性等优点。在考核中，各省辖市、省
直管县（市）贯彻落实省委办公厅、省政府办公厅下发的《关于加快构建
现代公共文化服务体系的实施意见》的要求，人民群众基本公共文化权益
得到保障。一是各地对公共文化服务体系建设的重视程度得到加强。二是各
地公共文化服务设施网络进一步完善。三是各地深入扎实开展文化惠民活
动。四是公共文化服务效能进一步提升。各地创新公共文化发展机制，公共
文化服务标准化、数字化、流动化、社会化的发展趋势更加彰显。

作为全国第一家开展全省范围的公共文化服务体系建设绩效考核，在使
用过程中也发现了一些需要修订完善的地方。比如线上考核分值比重过高、
现场考核过于简单等。此外，2019 年 6 月 15 日，文化和旅游部在重庆召开
全国公共文化领域重点改革任务暨旅游厕所革命工作现场推进会，7 月 4 日

河南省文化和旅游厅下发《关于加快推进公共文化领域重点改革任务和旅游厕所革命工作的通知》，为响应中央关于深入推进公共文化领域改革的决策部署，加快构建现代公共文化服务体系，提升公共文化服务效能，结合2018年度考核情况对《河南省现代公共文化服务体系建设绩效考核指标》进行了修订。一是分值调整，线上考核、现场考核和第三方评估的分值分别为500分、300分和200分（见表2）。二是指标调整，删除了一些绝大部分地市已经完成的指标，调整了一些指标的分值，新增了一些重要指标，比如文化馆图书馆总分馆制建设、公共文化机构法人治理结构改革、基层综合性文化服务中心建设、公共文化服务标准化建设等。可以说，2018年的考核偏重于基础，2019年的考核则偏重于效能。

表2　各考核类型分值分布

考核方式	县(市、区)		省辖市	
	原指标	修订后指标	原指标	修订后指标
线上考核	850	500	830	500
现场考核	30	300	50	300
第三方评估	120	200	120	200
总计	1000	1000	1000	1000

为了使指标体系具有连贯性、科学性、稳定性，新修订的指标体系仍旧保持了原来的整体布局，指标仍旧分为省辖市和县（市、区）两套指标。每套指标仍旧从公共文化设施网络、公共文化服务供给、公共文化制度保障、公共文化反馈评估四个方面进行考核（见表3、表4）。

表3　省辖市指标分值变化

类别	原省辖市指标组成			修订后省辖市指标组成		
	项	指标数量	分值	项	指标数量	分值
公共文化设施网络	4	17	200	2	12	160
公共文化服务供给	5	49	430	6	40	420
公共文化制度保障	4	16	220	4	15	210
公共文化反馈评估	1	2	150	1	2	210
总计	14	84	1000	13	69	1000

表4 县（市、区）指标分值变化

类别	原县(市、区)指标组成			修订后县(市、区)指标组成		
	项	指标数量	分值	项	指标数量	分值
公共文化设施网络	4	22	325	2	14	180
公共文化服务供给	5	39	395	6	38	370
公共文化制度保障	4	14	130	4	19	240
公共文化反馈评估	1	2	150	1	2	210
总计	14	77	1000	13	73	1000

河南省现代公共文化服务体系建设绩效考核经过两年的实践取得了巨大的成就，绩效考核指标体系与考核流程也处在不断修订和完善过程中，为全国公共文化服务建设绩效考核积累了丰富的经验。但仍存在着一些不足的地方，希望公共文化服务从业者和专家学者给予指导。

三 2018年河南省现代公共文化服务体系建设绩效考核报告

（一）总体概况

此次考核是在省政府领导下，由省公共文化服务体系建设协调领导小组具体组织实施的，考核对象为各省辖市、省直管县（市）政府。考核工具为《河南省省辖市现代公共文化服务体系建设绩效考核指标》《河南省县（市、区）现代公共文化服务体系建设绩效考核指标》。考核工作按照自查申报、现场考核、第三方评估、综合评定、结果通报的程序展开，此次考核中网上填报占830分，专家现场考核占50分，第三方满意度评估占120分。省辖市、直管县（市）得分均由网上填报得分、现场考核得分和第三方评估得分组成。

考核工作始于2018年11月，于2019年6月底前结束。其间，网上填报工作于2018年11月底前完成，经过了绩效考核培训、自查申报、领导

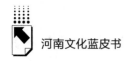

签字等环节。专家现场考核始于2019年3月中旬，主要任务是对网上填报的数据进行复核，现场考核2018年度公共文化服务体系重点任务落实情况，现场抽查公共文化场馆设施挤占、挪用情况。现场考核分为5个小组，每个小组6名成员，按照听取汇报、查阅资料、考核抽样、实地考察、小组讨论评分的程序展开。第三方满意度测评于2019年4月底结束，主要由第三方机构对城市和乡村群众公共文化服务满意度展开调查和测评。

（二）评估结果分析

2018年河南省省辖市公共文化服务体系建设84个指标、县（市、区）77个指标数据显示，河南公共文化服务体系建设取得巨大进步，实现跨越式发展。首先，市、县、乡、村四级公共文化服务体系已经完全建立，各级各类场馆设施建设指标达标率普遍较高，大部分指标达标率在80%以上。其次，场馆阵地服务、流动服务、大型综合文体活动、地方特色文化活动、品牌文化活动、特殊群体文化服务、公共文化数字化服务等各类活动全面开展，取得骄人成绩。参照《河南省基本公共文化服务实施标准（2015~2020年）》（以下简称"70条标准"）相关要求，大部分服务活动指标已达标，而且多项服务活动指标超过考核年度指标值上限。最后，省辖市和县（市、区）政府领导都高度重视公共文化服务体系建设工作，每年下基层调研解决公共文化领域问题。公共文化制度建设、政府财政支持和人才队伍建设都取得明显进步，为公共文化服务体系建设提供了有力保障。

1. 公共文化设施网络建设

《国家基本公共文化服务指导标准（2015~2020年）》明确提出建立县级以上各类公共文化场馆（县级图书馆、文化馆）、乡镇（街道）综合文化站、村（社区）综合文化服务中心等公共文化设施。"70条标准"将公共文化设施网络建设扩充为9项内容，规定了省、市、县、乡、村五级公共文化设施建设的标准，还统一了文化信息资源共享工程、广电设施、体育设施、辅助设施建设标准。

（1）省辖市公共文化设施建设

"70 条标准" 要求省市级设立公共图书馆、文化馆、博物馆、美术馆、科技馆、工人文化宫（俱乐部），有条件的市设立少儿图书馆、妇女儿童活动中心、青少年宫。2018 年线上填报数据显示，河南有 11 个城市的公共图书馆、12 个城市的文化馆建设达到部颁一级标准，4 个城市的公共图书馆和 2 个城市的文化馆建设达到部颁二级标准，2 个城市的公共图书馆和文化馆达到在建三级及以上标准，1 个城市的文化馆未达到部颁三级标准（见图2）。①

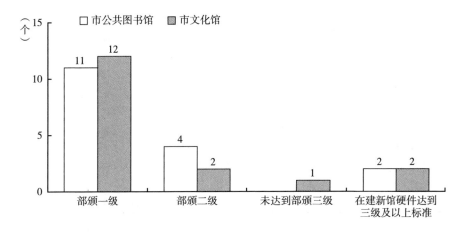

图2　河南省省辖市公共图书馆、文化馆建设登记统计

数据显示，河南 17 个省辖市全部建设有博物馆、体育场（馆）和户外全民健身活动中心。5 个省辖市没有市级美术馆，3 个省辖市没有科技馆，4 个省辖市没有工人文化宫（俱乐部），1 个省辖市没有全民健身活动中心（见表5）。

在其他公共文化服务场馆建设中，河南有 14 个省辖市建设有纪念馆、青少年宫和老年人活动中心，9 个省辖市有少儿图书馆，8 个省辖市有妇女儿童活动中心（见图3）。

---

① 本节图表数据均来源于 2018 年度河南省现代公共文化服务体系建设绩效考核填报系统，https：//sites. lynu. edu. cn/ggwhyjzx/。

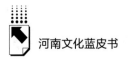

表5 河南省省辖市公共文化服务场馆建设情况

省辖市	博物馆	美术馆	科技馆	工人文化宫（俱乐部）	体育场（馆）	全民健身活动中心	户外全民健身活动中心
郑州市	有	有	有	有	有	有	有
开封市	有	有	有	无	有	有	有
洛阳市	有	有	有	有	有	有	有
平顶山市	有	有	有	有	有	有	有
安阳市	有	有	无	有	有	有	有
鹤壁市	有	无	无	有	有	无	有
新乡市	有	有	有	有	有	有	有
焦作市	有	无	有	有	有	有	有
濮阳市	有	有	有	有	有	有	有
许昌市	有	无	有	无	有	有	有
漯河市	有	有	有	有	有	有	有
三门峡市	有	无	有	无	有	有	有
商丘市	有	无	无	有	有	有	有
周口市	有	有	有	无	有	有	有
驻马店市	有	有	有	有	有	有	有
南阳市	有	有	有	有	有	有	有
信阳市	有	有	有	有	有	有	有

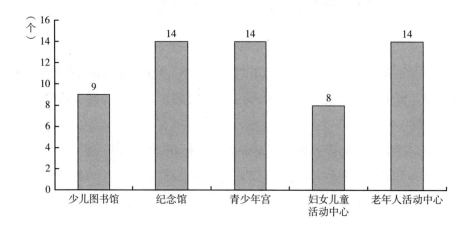

图3 河南省省辖市其他公共文化服务场馆建设情况

河南 17 个省辖市全部建设有广播电视播出机构，全部按照标准配置了共享工程支中心。17 个省辖市的现有场馆 100% 配备了无障碍设施和安全检查设备。

（2）县（市、区）公共文化设施建设

"70 条标准"要求县级设立公共图书馆、文化馆。各级公共文化设施选址要符合要求，方便群众参加活动。

从数据填报情况看，河南共有 158 个县级图书馆。其中，建设等级为部颁一级的有 36 个，占比 22.8%；部颁二级的有 29 个，占比 18.4%；部颁三级的有 61 个，占比 38.6%；未达到部颁三级的有 26 个，占比 16.5%；在建 6 个，占比 3.8%。达到部颁三级及以上标准的图书馆有 132 个，根据"70 条标准"，达标率 83.5%（见图 4）。

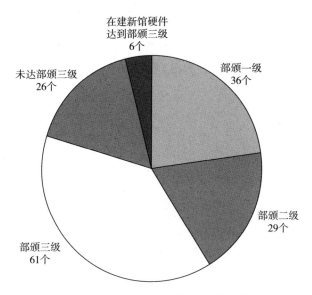

图 4　县（市、区）图书馆建设等级统计

"70 条标准"要求县级馆舍建筑面积不低于 1000 平方米（城市的区图书馆不低于 800 平方米）。河南 136 个县级图书馆建筑面积在 1000 平方米以上，达标率为 86.1%。其中 75 个县级图书馆建筑面积在 1000 ~ 3000 平方米，占比 47.5%（见图 5）。

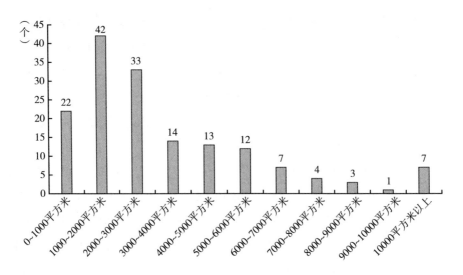

图5 县（市、区）图书馆建筑面积统计

河南共有158个县级文化馆，其中达到部颁三级及以上标准的有142个，占比89.9%。达到部颁三级和一级的文化馆占比最高，分别为32.9%、31.0%（见图6）。

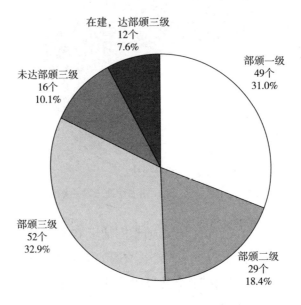

图6 县（市、区）文化馆建设等级统计

"70 条标准"要求县级文化馆馆舍建筑面积在 1500 平方米以上。数据显示,河南省大部分县级文化馆建筑面积在 1500~3500 平方米,县级文化馆平均建筑面积为 3011 平方米,其中有 58 个县级文化馆建筑面积高于平均值。建筑面积高于 1500 平方米的文化馆有 141 个,达标率为 89%（见图 7）。

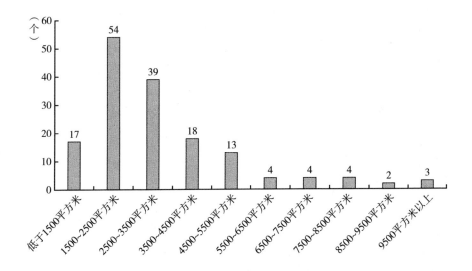

图7 县（市、区）图书馆建筑面积统计

数据显示,河南有 123 个县（市、区）建有体育馆,达标率为 77.8%,131 个县（市、区）建设有全民健身活动中心,达标率为 82.9%（见图 8）。

河南省县（市、区）其他场馆建设中,博物馆、纪念馆、青少年宫和老年人活动中心建设比例总体较高,美术馆、少儿图书馆、工人文化宫和妇女儿童活动中心建设比例较低（见图 9）。

截至 2018 年底,河南建设乡镇（街道）基层综合性文化服务中心 2319 个,其中达标的为 2198 个,达标率为 95%。行政村基层综合性文化服务中心建设数量为 40492 个,达标的为 38251 个,达标率为 94%（见图 10）。

县、乡、村三级共享工程支中心配置数据显示,158 个县（市、区）中,

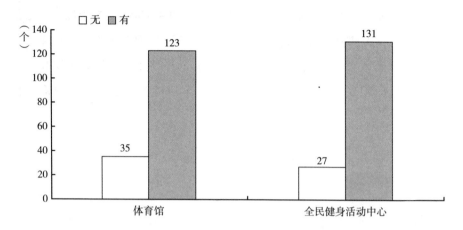

图8 县（市、区）体育馆和全民健身活动中心建设情况

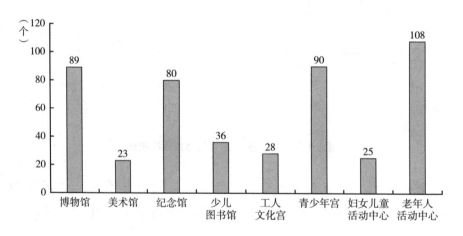

图9 县（市、区）其他场馆建设统计

2个县未配置县级共享工程支中心，3个具的乡镇（街道）未全部配置共享工程支中心，10个县的村未全部配置共享工程支中心，河南县、乡、村三级共享工程支中心的配置率分别为99%、98%、94%。

县级场馆无障碍设施和安检设施配置统计显示，河南有93个县的无障碍设施和100个县的安检设备全部配置到位，54个县的部分场馆配置了无障碍设施和43个县的部分场馆配置了安检设备（见图11）。

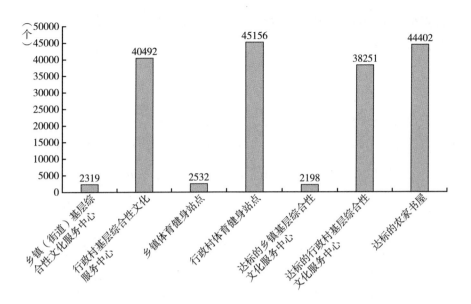

图10 县（市、区）乡村两级公共文化设施建设统计

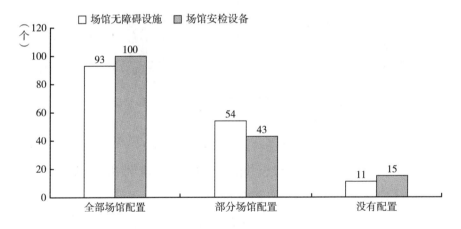

图11 县级场馆无障碍设施和安检设备配置统计

2. 公共文化服务供给

根据"70条标准"，公共图书馆、文化馆、博物馆、综合文化站实行免费开放，并有服务公示。公共图书馆每周免费开放不少于56小时，少儿图书馆每周免费开放不少于42小时，文化馆、博物馆、综合文化站每周免费

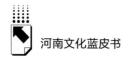

开放不少于 42 小时。市级图书馆图书年入藏数量不低于 3000 种，书刊文献年外借册次不低于 10 万册。公共图书馆每年下基层服务 50 次以上。

（1）省辖市公共文化服务供给

第一，现有市级场馆免费开放时间全部达标。

数据显示，河南 17 个省辖市的文化馆、博物馆、大型综合体育场馆免费开放时间均 100% 达标。由于有 1 个省辖市没有图书馆、5 个省辖市没有美术馆，图书馆和美术馆的免费开放时间达标率分别为 94% 和 71%（见图 12）。

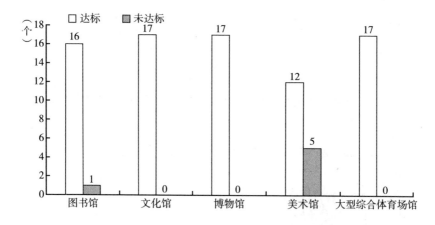

图 12　省辖市各类场馆免费开放时间达标情况

第二，市公共图书馆服务总体达标率在 94% 以上。

数据显示，河南 16 个市级公共图书馆开放时间能够达到每周 56 小时以上，且双休日开放，节假日有开放时间。

省辖市图书馆年入藏图书种类平均为 12522 种，最高为 52476 种，最低为 765 种。除个别地市图书馆年入藏种类低于 3000 种外，绝大部分省辖市年入藏种类高于 3000 种，达标率为 94%。

"70 条标准"要求市级图书馆书刊文献年外借册次不低于 10 万册，数据显示，河南有 1 个市级图书馆图书外借册次低于 10 万册，其他市级图书馆全部高于 10 万册，达标率为 94%。16 个省辖市图书馆书刊文献年外借册次均值为28.68万册，最高值为107.6万册，其中8个省辖市的图书馆图书年外借册次集中在10万~20万册（见图13）。

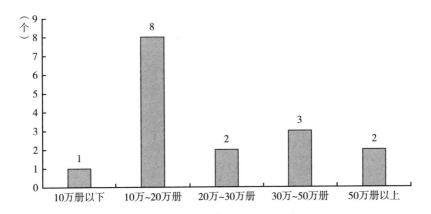

图13 省辖市图书馆图书年外借册次情况

公共图书馆每年下基层服务次数最低为50次，最高为753次，17个省辖市均值为148.5次，总体测算，河南现有各市级图书馆流动服务达标率为94%。

河南17个地市图书馆全部设置有针对特殊群体的活动区域和项目，图书馆可用数字资源量最高39TB，最低20TB，达标率100%。

第三，市级博物馆服务供给达到考核年度最高标准。

2018年市博物馆年参观人次最高为202万人次，最低为2万人次，均值为51.2万人次。2018年省辖市考核指标体系中市级博物馆年参观人次设置最低为20万。数据显示，河南年参观人次在20万以下的市级博物馆有1个，其他16个地市博物馆年参观人次在20万以上，94%的市级博物馆达到考核标准（见图14）。

河南17个省辖市博物馆年举办公共教育活动次数，最高为108次，最低为22次，均值为40.8次，其中10个省辖市博物馆年举办公共教育活动次数集中在31~40次（见图15）。

第四，省辖市文化馆服务100%达标。

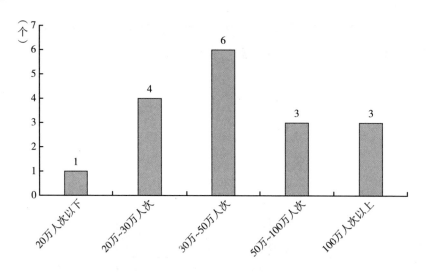

图14 省辖市博物馆年参观人次情况

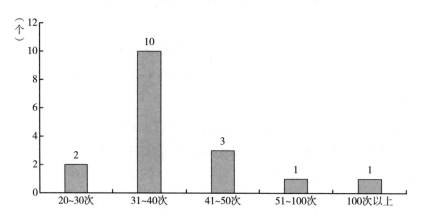

图15 省辖市博物馆年举办公共教育活动情况

"70条标准"要求市级文化馆每年组织流动演出12次以上，流动展览10次以上。考核数据显示，河南17个省辖市的文化馆组织流动演出场次全部高于12次（标准），组织流动展览全部高于10次（标准），两项流动服务100%达标。17个省辖市的文化馆每年组织文艺展演活动和公益培训活动都在30次以上（上限），说明在2018年度的考核中河南文化馆文艺展演活动和公益培训活动已100%超过考核上限。

2018年考核指标体系中要求文化馆每年组织针对特殊人群的文体活动和开展农民工文化培训。考核数据显示，河南17个省辖市的文化馆不仅全部组织了特殊群体服务，而且有16个（94%）市级文化馆的该项服务已超过考核年度上限。17个市级文化馆也全部开展了面对农民工的文化培训，其中有14个达到4次以上（上限），占比82%（见图16）。

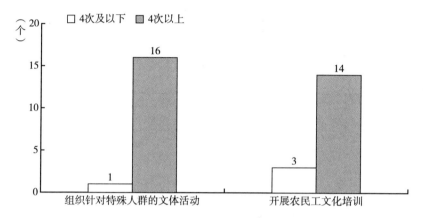

图16　省辖市文化馆特殊群体服务情况

第五，各类场馆阵地服务活动全面开展。

在"大文化"理念指导下，2018年绩效考核中，17个省辖市的公共文化服务场馆服务活动也被纳入考核范围。

数据显示，河南11个市级科技馆中有9个科技馆的科技宣传推广活动高于10次（考核上限），说明82%的现有科技馆科技宣传活动已超过考核上限。17个市级体育馆中有15个体育馆的年公益健身活动高于20次（上限），说明88%的市级体育馆组织的公益健身活动超过考核上限。

从美术馆、博物馆、科技馆组织公共教育活动情况看，河南17个市级博物馆中有15个博物馆每年开展公共教育活动在30次以上（上限），占88%。12个市级美术馆中11个美术馆的公共教育活动在10次以上，其中有7个美术馆的公共教育活动在30次以上（上限）。14个市级科技馆中年举办科普讲座在20次以上的有8个，科技馆的公共教育活动有待继续加强。

第六，大型公共文化服务活动持续推进。

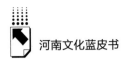

由省辖市组织各县区参与的大型公共文化活动也在本次考核范围内，涉及的指标有全民阅读推广活动、群众体育比赛活动、举办有当地特色的重大文化活动、文化遗产宣传与展览活动、公共文化服务品牌建设等。

从数据填报情况看，河南各省辖市年举办全民阅读推广活动平均为75.9次（由于标准差大，数据准确性不定），举办群众体育比赛活动平均为16.8次，举办有当地文化特色的重大文化活动平均为5.1次（见表6）。

表6　省辖市年举办大型公共文化服务活动情况
单位：次

	年举办全民阅读推广活动次数	举办群众体育比赛活动次数	举办有当地文化特色的重大文化活动次数
最高值	439	52	27
最低值	4	10	2
平均数	75.9	16.8	5.1
标准差	147.5	11.9	5.6

（2）县（市、区）公共文化服务供给

第一，县级场馆免费开放时间达标率在80%以上。

"70条标准"要求文化馆、博物馆、综合文化站每周免费开放不少于42小时。推动城市大型体育场馆向公众免费开放，每周开放时间不少于35小时，每年一般不少于330天，国家法定节假日、全民健身日、学校寒暑假期每天开放时间不少于8小时。

数据显示，河南158个县级图书馆中有156个免费开放时间达到每周56小时及以上，且双休日开放、节假日有开放时间的有139个，达标率为88%。158个县级文化馆中有156个达到每周免费开放42小时及以上，且公休日开放、节假日有开放时间，达标率为99%。158个县级体育馆中有130个达到免费开放标准，达标率为82%。

2018年考核数据显示，河南省有2332个乡镇（街道）综合性文化服务中心免费开放时间达到每周42小时及以上，100%达标。

第二，文化场馆阵地服务和流动服务有效开展。

"70 条标准"要求县级馆舍图书年入藏数量不低于 1000 种，书刊文献年外借册次不低于 3 万册。2018 年考核数据显示，河南县级图书馆年入藏总量为 884065 种，158 个县级图书馆图书入藏数量的平均值为 5667 种，其中有 64 个县级图书馆的入藏种类在 1000～2000 种，占比 41%。总体测算，入藏种类高于 1000 种的县图书馆有 131 个，达标率为 83%。

数据显示，河南有 135 个县级图书馆书刊文献年外借册次在 3 万册及以上，达标率为 85.4%。其中 3 万～5 万册的图书馆占比最高，达 26.6%（见图 17）。

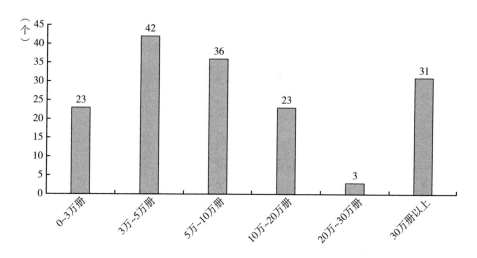

图 17　县级图书馆书刊文献年外借册次达标情况

"70 条标准"要求有条件的地方应为县以上公共文化机构配置舞台车、交通车、图书车等流动服务车辆。河南县级场馆共配置流动服务车 359 台，平均每个县配置 2.3 台。截至 2018 年底，河南绝大部分县都配置了流动服务车，其中流动服务车配置在 5 辆以下的县有 142 个，占比 90%。但是，还有 12 个县未配置流动服务车。

"70 条标准"要求文化馆每年组织流动演出 12 次以上，流动展览 10 次以上。从考核数据看，河南文化馆流动演出在 12 次以上的有 156 个县，流

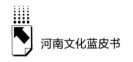
动展览 10 场以上的有 142 个县，达标率分别为 98.7% 和 89.9%。数据显示，2018 年河南县级图书馆下基层服务 3541 次，流动演出 4228 次，流动展览 1654 次；平均每个县图书馆下基层服务 23.2 次，流动演出 26.9 次，流动展览 10.5 次。河南县级图书馆和文化馆的三类流动服务均集中在 10 ~ 20 次，值得注意的是还有 19 个县级图书馆没有开展流动服务。

截至 2018 年底，河南共有 2003 个图书馆总分馆、1995 个文化馆总分馆，河南图书馆总分馆设置率为 86.4%，文化馆总分馆设置率为 86%。河南 158 个县中还有 29 个县没有设置图书馆总分馆，22 县没有设置文化馆总分馆，占比分别为 18.4% 和 13.9%。数据显示，河南文化馆和图书馆总分馆数量在 10 ~ 20 个的分别有 78 个县和 72 个县，数量在 21 ~ 30 个的分别有 23 个县和 22 个县。

第三，特殊群体服务扎实推进。

"70 条标准"要求未成年人、老年人、现役军人、残疾人和低收入人群参观文物建筑及遗址类博物馆实行门票减免，在国际博物馆日、文化遗产日实行预约免费参观。各类公共文化设施设置有方便残障人以及老年人、少年儿童活动区域和服务项目。有条件的公共图书馆设立视障阅读区，配备设备和盲文读物。文化馆经常性组织针对特殊人群的各类文体活动。文化馆经常性开展面向农民工的文化培训。

数据显示，河南有 136 个县出台了针对特殊群体的门票减免政策，140 个县的图书馆有针对特殊群体的活动区域和项目，122 个县图书馆有专门的视障阅读区，并配备设备和盲文读物。三个项目的达标率分别为 86.1%、88.6% 和 77.2%。

2018 年，河南县级文化馆组织特殊人群文体活动共 1313 场，开展对农民工的文化培训 819 场，平均每个县每年针对特殊人群开展 8.3 场文体活动和 5.2 场农民工文化培训。河南 158 个县级文化馆中有 152 个每年组织特殊人群文体活动在 4 场以上（考核标准），145 个每年开展农民工文化培训在 4 场以上（考核标准）。按照 2018 年的考核标准，河南文化馆特殊群体活动和农民工文化培训达标率分别为 96.2% 和 91.8%。

"70 条标准"要求为中小学生每学期提供 2 部爱国主义教育影片。2018 年考核数据显示，河南有 123 个县达到了每学期为每个中小学提供 2 部爱国主义教育影片的标准，达标率为 77.8%。除此之外，河南还规定每学期为每个中小学校提供 1 场戏曲，数据显示，有 82 个县每学期为每个中小学校提供 1 场戏曲，有 67 个县每学期为部分中小学校提供 1 场戏曲。

第四，数字化服务基础已稳定。

"70 条标准"要求县级公共图书馆可用数字资源在 3TB 以上。数据显示，河南县级图书馆数字资源量集中在 3~5TB，3TB 以上的图书馆共有 131 个，达标率为 83%。

数据显示，河南公共文化场馆网站建设中，有图书馆网站的县（市、区）116 个，有文化馆网站的县（市、区）118 个，有其他场馆网站的县（市、区）55 个。

县级场馆新媒体建设数据显示，河南 132 个县的图书馆、138 个县的文化馆、109 个县的其他文化场馆有微博、微信公众号等新媒体平台（见图 18）。

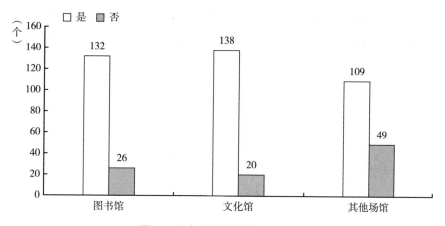

图 18　县级场馆新媒体建设情况

考核数据显示，河南县级公共文化服务数字平台建设纳入"百姓文化云"等云平台的有 149 个县，未纳入的有 9 个县。

第五，县级大型综合文体活动持续开展。

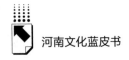
考核数据显示，河南年举办县级全民阅读推广活动 3400 次，平均每个县举办 21.5 次。158 个县（市、区）中有 95 个年组织全民阅读推广活动在 10 次以下，31 个年组织全民阅读推广活动在 10~20 次，32 个在 20 次以上（见图 19）。

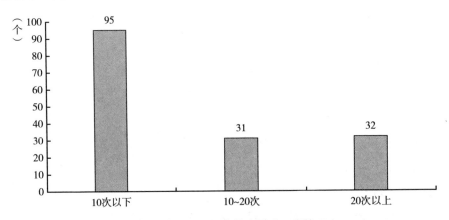

图 19　县级全民阅读推广活动开展情况

河南各县年举办有当地文化特色的重大文化活动 858 次，开展文化遗产宣传与展览 758 次，县级公共文化品牌个数 650 个；平均每个县年举办特色重大文化活动 5.4 次，开展文化遗产宣传与展览 4.8 次，建立县级公共文化品牌 4.1 个。其中，有 107 个县的有当地文化特色的重大文化活动在 5 次以下，有 114 个县的文化遗产宣传与展览活动在 5 次以下，113 个县的县级公共文化品牌数在 5 个以下。

数据显示，河南 138 个县每四年内举办一届综合性体育运动会，但还有 20 个县未达到举办综合性体育运动会的目标。

第六，乡镇（街道）和行政村（社区）文化活动有声有色。

2018 年河南有 2261 个乡镇（街道）举办成届并连续举办 2 届以上的地方特色文化活动，有 1939 个乡镇（街道）开展了乡镇（街道）品牌活动，平均每个县有 14.3 个乡镇（街道）举办地方特色文化活动，12.3 个乡镇（街道）开展乡镇（街道）品牌活动。2018 年有 46811 个行政村（社区）组织了 5 次以上群众文体活动，有 49178 个行政村（社区）电影放映达标，

46318 个行政村（社区）每年有不少于 1 场的文艺演出。平均每个县有
296.3 个行政村（社区）每年组织了 5 次以上群众文体活动，311.3 个行政
村（社区）电影放映达标，293.2 个行政村（社区）每年有不少于 1 场的
文艺演出（见表 7）。

表7　乡镇（街道）和行政村（社区）文化活动开展情况

单位：个

	每年举办地方特色文化活动的乡镇(街道)数	拥有成届并连续举办 2 届以上的特色活动或品牌活动的乡镇（街道）数	每年组织 5 次以上群众文体活动的行政村（社区）数	每年放映电影达标的行政村（社区）数	每年不少于 1 场文艺演出的行政村(社区)数
总数	2261	1939	46811	49178	46318
每个县的平均数	14.3	12.3	296.3	311.3	293.2

（三）公共文化制度保障

1. 省辖市制度保障

（1）组织保障到位

2018 年，河南各省辖市协调领导小组共召开公共文化建设会议 50 次，
市政府主要领导每年深入基层进行调研，帮助解决公共文化服务工作中的困
难和问题 135 次，平均每个省辖市每年召开公共文化协调会议 2.9 次，市政
府主要领导帮助解决公共文化服务工作中的困难和问题 7.94 次。

数据显示，河南已建立法人治理结构的场馆共 58 个，其中已完成法人
治理结构改革的市级图书馆 12 个，市级文化馆 15 个，市级美术馆 5 个，市
级博物馆 15 个（见图 20）。

在河南 17 个省辖市中有 14 个已建立政府购买公共文化服务机制，且购
买项目齐全，还有 3 个省辖市已建立该机制，但购买项目尚不齐全。河南
14 个省辖市的现有场馆全部建立了群众文化需求反馈机制，3 个省辖市的部
分场馆建立了群众文化需求反馈机制。河南已建立并完善群众文艺创作和帮

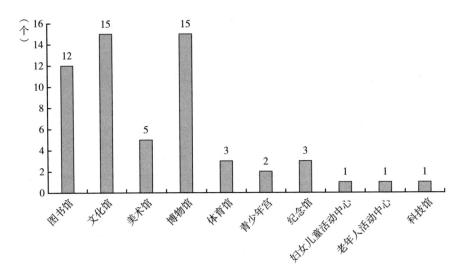

图20　市级公共文化场馆法人治理结构建立情况

扶机制 63 个，其中有 10 个省辖市各建立了 3 个帮扶机制，占比 59%。

（2）财政保障和人才保障有力

河南 17 个省辖市的人均文化事业费平均为 40.36 元，省辖市现有场馆的免费开放资金落实率达 100%。16 个省辖市的公共文化服务场馆业务人员占比在 80% 以上，达标率为 94%。

图 21 是河南市级场馆文化志愿服务站和服务队伍建设情况，17 个省辖市的文化馆和博物馆全部建立了文化志愿服务站和志愿者队伍，达标率为 100%。

"70 条标准"要求全省每年发展社会文化辅导员、社会体育辅导员各不低于 4000 人，河南 2018 年共发展文体活动辅导员 11776 人，超过规定标准 3776 人。截至 2018 年底，17 个省辖市全部建立了全民阅读推广组织，培养阅读推广人 440 人，平均每个市培养阅读推广人 25.9 人。

"70 条标准"要求县级以上公共文化机构从业人员每年参加业务培训时间不少于 15 天，2018 年各省辖市公共文化场馆从业人员参加业务培训 100% 达标。2018 年河南共培训文化志愿者 24072 人，培训文体活动辅导员

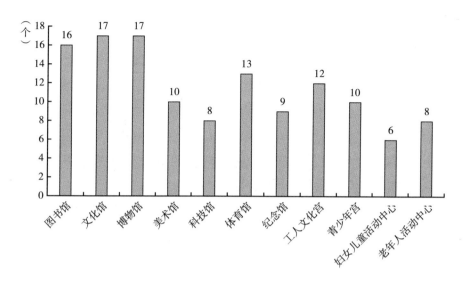

图 21　市级场馆文化志愿服务站和服务队伍建设情况

24191 人，平均每个省辖市培训文化志愿者 1416 人，培训文体活动辅导员 1423 人。

2. 县（市、区）公共文化制度保障

（1）组织保障力度增强

河南 158 个县（市、区）中除了 1 个没有做到"5 个纳入"外，其他 157 个都做到了将公共文化服务体系建设纳入政府重要议事日程，纳入当地国民经济和社会发展总体规划，纳入对政府的考核指标体系，纳入政府目标管理责任制，纳入财政预算。截至 2018 年底，河南 155 个县（市、区）建立了公共文化服务体系建设协调领导小组，还有 3 个县（市、区）未建立。

数据显示，河南 151 个县级文化馆、138 个县级公共图书馆、69 个县级博物馆、59 个县级青少年宫、53 个县级公共体育场馆建立了公共文化场馆志愿者服务机制（见图 22）。

"70 条标准"要求各市县建立群众文化需求反馈机制。河南有 123 个县（市、区）的现有场馆全部建立了群众文化需求反馈机制，达标率为 77.8%，34 个县的部分场馆建立了群众文化需求反馈机制（见图 23）。

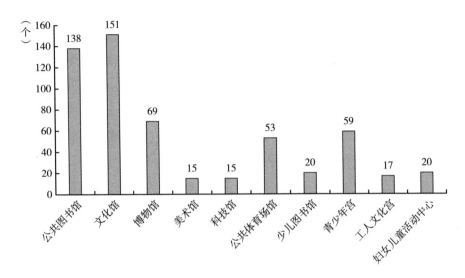

图22 县级公共文化场馆志愿者服务机制建设情况

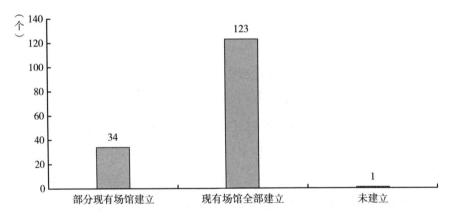

图23 县（市、区）群众文化需求反馈机制建设情况

数据显示，2018年河南158个县（市、区）中有156个召开了协调领导小组会议，其中有80个县（市、区）的协调领导小组年召开公共文化服务体系建设会议2次，45个县（市、区）的协调领导小组年召开公共文化服务体系建设会议3次，24个县召开会议在4次及以上，占比分别为50.6%、28.5%和15.2%（见图24）。

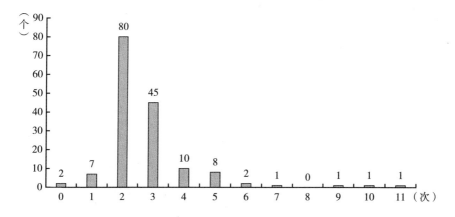

图24　县（市、区）协调领导小组召开公共文化服务体系建设会议情况

（2）财政保障和队伍建设再上新台阶

2018年，河南158个县的人均文化事业费均值为31元，县、乡、村三级公共文化场馆免费开放经费和业务经费落实率较高。

数据显示，河南县级场馆免费开放资金落实情况总体较好，158个县中有148个县的场馆免费开放资金全部落实，141个县的乡镇（街道）综合性文化服务中心业务经费全部落实，116个县的行政村综合性文化服务中心业务经费全部落实。总体测算，县级场馆免费开放经费落实率93.7%，乡镇（街道）和行政村的综合性文化服务中心业务经费落实率分别为89.2%、73.4%（见图25）。

"70条标准"要求县级以上公共文化机构按照核定的编制配备工作人员。数据显示，河南136个县按照核定编制配备了文化馆和图书馆的工作人员，17个县按照核定编制配备了文化馆工作人员，2个县按照核定编制配备了图书馆工作人员，3个县未按照编制配备任何一类场馆的工作人员。河南县级以上公共文化机构按照核定的编制配备工作人员达标率为86.1%（见图26）。

"70条标准"要求每个乡镇（街道）综合文化站（中心）至少有2名编制，规模较大的乡镇（街道）可适当增加1~2名编制，工作人员应专

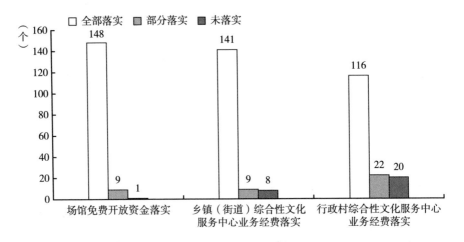

图 25　县、乡、村三级公共文化场馆免费开放资金落实情况

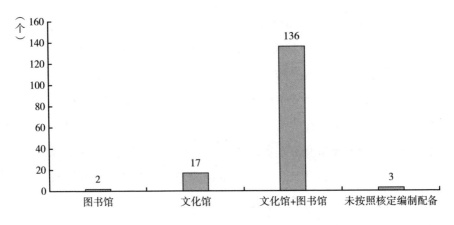

图 26　县级以上公共文化机构工作人员配备情况

门从事宣传文化工作，不得兼职。城镇各社区至少有 1 名专职工作人员负责社区宣传文化服务工作。数据显示，河南有 2352 个乡镇（街道）基层综合性文化服务中心人员编制达标，人员编制达标的乡镇（街道）在 10个以下的县（市、区）有 32 个，在 10～20 个的有 93 个，在 20 个以上的有 33 个。

"70 条标准"要求各行政村至少配备 1 名文化协管员，每个行政村（社区）业余文艺团队不少于 1 支。乡镇（街道）、行政村（社区）文化专兼职人员参加集中培训时间每年不少于 5 天。2018 年考核数据显示，河南配备文化协管员达标的行政村（社区）47189 个，业余文艺团队达标的行政村（社区）46358 个，职工培训达标的县级公共文化机构 520 个，公共文化在职人员培训达标的乡镇（街道）2284 个，平均每个县有 298.7 个行政村文化协管员配备达标、293.4 个行政村业余文艺团队建设达标、14.5 个乡镇（街道）在职人员培训达标。

（四）公共文化反馈评估

河南 2018 年公共文化绩效考核中社会评价指标有 2 个，分别为建立群众文化需求反馈机制（30 分）和群众满意度指标（120 分），群众满意度指标分值占总分 1000 分的 12%，此项指标得分主要是通过第三方满意度调查获得的。

由第三方组织的"河南省城乡群众公共文化满意度调查"于 2019 年 3～4 月展开，主要对河南省范围内的城乡居民进行调查，调查地点设置为省辖市市本级及所辖县市区、省直管县的公共文化服务场馆及附近"十五分钟公共文化服务圈"区域。此次调查采用《河南省城区居民公共文化服务满意度测量问卷》和《河南省农村居民公共文化服务满意度测量问卷》两套问卷进行。调查采用多段抽样方式展开，县（市、区）按照 30% 比例进行抽样，抽中的县再抽两个乡镇，抽中的乡镇再抽三个村（社区），全省共调查 17 个省辖市城区、46 个县（市、区）城区、92 个乡镇（街道）、276 个村庄（社区），发放调查问卷 11360 份，问卷有效回收率 95%。每份问卷 24 个问题，每个问题最高赋值 5 分，满分 120 分。被考核地市公共文化服务满意度成绩 = 省辖市满意度测评平均成绩×30% + 被抽中的县（市、区）满意度测评平均成绩×70%。

调查结果显示，河南 17 个地市公共文化服务群众满意度成绩总体偏低，满分 120 分中最高分 73.75 分，最低分 60.24 分，平均分 66.88 分，各省辖市群众平均满意度约为 56%。标准差为 4.14，各地群众满意度差距不大，基本持平。10 个省直管县和济源市的群众公共文化满意度最高分 83.5，最

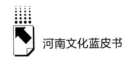

低分 56.97，平均分 65.86，河南基层群众满意度平均约为 55%。标准差为 6.8，说明分值差距相对明显。

（五）公共文化绩效考核中存在的问题

从考核数据看，河南公共文化服务体系建设成效卓著，但是也存在一些问题值得注意。

1. 城乡群众公共文化服务满意度普遍偏低

群众满意度是检验公共文化服务效能的重要指标，从满意度调查数据来看，河南城乡群众对公共文化服务的知晓度、参与度、满意度都不高，将工作做到实处、落到实处，加大政府公共文化服务工作宣传力度、提升场馆设施便利性、加强服务活动吸引力、保持参与黏性是今后政府公共文化工作的基本方向。

2. 考核标准缺乏前瞻性，落后于公共文化发展实际

自 2015 年中共中央办公厅、国务院办公厅出台《关于加快构建现代公共文化服务体系的意见》以来，全国各地公共文化服务体系建设进入快速发展轨道，在"70 条标准"的推动下，河南的公共文化服务体系建设也呈现快速提升态势。与快速发展的实际相比，河南 2015 年底出台的"70 条标准"到 2018 年底进行绩效考核时已显得有些过时。因此，对公共文化服务体系建设标准进行动态跟踪和及时调整，是今后公共文化服务绩效考核的基本要求。

3. 公共文化社会化、数字化建设滞后

河南省"70 条标准"和绩效考核指标中有关公共文化社会化、数字化的指标较少，这与公共文化本身的"公共性"是有所背离的，与现代数字技术发展的潮流也是有所偏离的。因此，让公共文化做到"从群众中来，到群众中去"，真正扎根于群众需求，借助现代数字技术整合现有公共文化资源，提升公共文化要素整合效能，是河南公共文化服务体系建设的重要任务。

4. 基层公共文化服务效能普遍不高

2018 年专家现场考核中发现河南公共文化服务体系建设中还存在一些问题。一是区县级公共文化场馆老化、设施陈旧、人员配备不到位、服务功能不健全。二是基层公共文化设施建设规划不科学、建设标准不高、城乡建设及发展不均衡。三是乡镇（街道）和村综合文化服务中心建设达标率还不高，乡镇文化站作用发挥不够，管理和服务水平低。农家书屋、文化活动室、电子阅览室设施简陋，使用率低。四是基层文艺人才匮乏，人才培训、群众文化活动交流少。部分文化单位人员年龄结构不合理，业务水平和管理能力低。乡村文化骨干短缺，不能充分满足群众开展文化活动的需求。五是数字化建设落后，利用互联网和数字化平台服务群众的工作还不到位。六是图书馆和文化馆总分馆制建设缓慢，资源缺乏整合，公共文化服务延伸不足，总分馆制成效不显现。七是公共文化服务品牌打造力度不够，地方特色在国内外的影响力有限等。

（六）公共文化绩效考核政策建议

1. 调整考核标准，全方位持续推进绩效考核

考核标准是公共文化服务体系建设的引擎，更是开展绩效考核的依据，它设计得是否科学、是否具有一定的前瞻性，对于公共文化服务体系建设和绩效考核影响重大。因此，应从以下几方面推动考核标准建设工作。第一，做好国内外、省内外和城乡区域之间的公共文化发展现状调研，增加对公共文化服务体系建设方向、建设重点的把握。第二，建立考核标准的动态调整机制。根据社会环境、国家政策和公共文化发展需求及时调整更新考核标准，避免因标准陈旧过时影响公共文化绩效考核导向。第三，制定公共文化服务体系建设标准、公共文化服务项目考核标准、场馆设施服务质量监测标准，将项目考核、体系考核与场馆设施服务质量考核结合在一起，全方位推进公共文化服务绩效考核。

2. 把握发展方向，加强社会化、数字化绩效考核

公共文化归根结底是党的文化、国家的文化、人民的文化，调动社会力

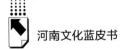

量、吸引群众广泛参与是政府公共文化供给的基本思路。建议从以下几方面强化公共文化社会化、数字化绩效考核。第一，增加对市县政府在培育和规范社会力量、引导和鼓励社会力量参与，文化类社会组织项目质量监测等方面工作的考核。强化政府主体责任，引导政府职能转变，促进改革创新。第二，扭转以公共文化数字化平台建设为重点的考核思路，重在考核公共文化数字化体验空间建设、数字化设施设备配备、数字化资源整合、数字化供给内容和手段创新、数字化平台吸引力等内容。

3.以需求为导向，全面提升公共文化服务效能

群众文化需求是公共文化服务体系建设的出发点和落脚点，因此，以群众需求为导向，精准化公共文化服务供给体系是必然要求。为此建议，第一，建立公共文化需求管理机制。借用现代需求管理技术挖掘群众需求、管理群众需求、定位群众需求、引导群众需求，是实现公共文化服务供给便捷、高效、精准的最佳路径。第二，领导重视、资金支持和政策保障也是提升公共文化服务效能的重要手段。通过绩效考核强化政府主体责任，引导政府资金向公共文化领域倾斜，出台配套措施为公共文化效能提升提供制度保障。

四 2019年河南省现代公共文化服务体系建设绩效考核情况报告

（一）考核工作总体概况

根据省政府办公厅印发的《河南省现代公共文化服务体系建设绩效考核办法（试行）》（豫政办〔2018〕42号）精神，按照省委省政府关于考核事项的统一安排，省公共文化服务体系建设协调领导小组于2020年6月底前完成了2019年度全省现代公共文化服务体系建设考核工作。

2019年度全省现代公共文化服务体系建设绩效考核采取线上填报、现场考核、第三方评估三种方式开展。线上填报工作于2019年底完成，现场

考核、第三方评估两项工作因疫情影响于 2020 年 5 月底启动。

现场考核工作分 6 个小组进行，省委宣传部、省文化和旅游厅、省财政厅、省扶贫办、省体育局、省科协、省妇联、省文物局等 8 个协调领导小组成员单位参与了现场考核工作。为保证考核科学、公平、公正，省文化和旅游厅组织省文化和旅游公共服务专家委员会、省公共文化研究中心、省公共文化服务体系建设协调领导小组成员单位人员反复修订完善《河南省现代公共文化服务体系考核指标体系》，严格考核标准，统一考核流程。各组按照考核方案要求，采取听汇报、查资料、现场查看和随机抽查等形式对各地开展了现场考核。每个省辖市抽查 2 个县（市、区），每个县（市、区）抽查 2 个乡镇（街道），每个乡镇（街道）抽查 2 个村（社区）。共抽查 17 个省辖市、济源示范区，以及包括 10 个省直管县在内的 44 个县（市、区）、90 个乡镇（街道）、180 多个村（社区）。

2020 年 6 月 18 日，领导小组办公室召开协调领导小组联络员会议，通报了考核工作开展情况。6 月 24 日，经省公共文化服务体系建设协调领导小组主要领导批准，2019 年度全省现代公共文化服务体系建设绩效考核工作全部完成。

（二）考核结果分析

1.公共文化设施网络

截至 2019 年底，全省五级公共文化服务网络基本完善，共建成各级公共博物馆（纪念馆）334 个，公共图书馆 160 个，公共文化馆 205 个，乡镇（街道）文化站 2412 个，村（社区）综合性文化服务中心 5 万多个，全省基层综合性文化服务中心建成率达到了 99.9%，县级总分馆制建设率达到了 87%。此外，各地 2019 年度旅游厕所建设均已按要求 100% 完成任务。

（1）省辖市公共文化设施建设

2019 年绩效考核中线上填报数据显示，河南有 10 个城市的图书馆、12 个城市的文化馆建设达到部颁一级标准，4 个城市的图书馆和 2 个城市的文化馆建设达到部颁二级水平，3 个城市的图书馆和文化馆处于在建新馆或未达到部颁三级及以上标准（见图27）。①

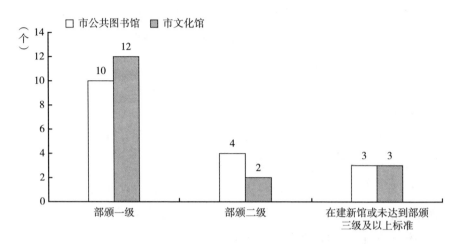

图27 2019 年省辖市图书馆、文化馆建设等级统计情况

数据显示，2019 年，河南 17 个省辖市均建设有博物馆、工人文化宫（俱乐部）、体育场（馆）和户外全民健身活动中心。3 个省辖市没有市级美术馆，1 个省辖市没有科技馆，1 个省辖市没有全民健身活动中心。同 2018 年相比，各省辖市场馆建设总体情况有了明显提高（见表 8）。

（2）县（市、区）公共文化设施建设

从数据填报情况看，河南 158 个县（市、区）中，图书馆建设等级为部颁一级的有 37 个，占比 23.4%；部颁二级的有 29 个，占比 18.4%；部颁三级的有 61 个，占比 38.6%；在建新馆或未达到部颁三级及以上标准的有 21 个，占比 13.3%；无图书馆的 10 个，占比 6.3%（见图 28）。

---

① 本节图表数据均来源于 2019 年度河南省现代公共文化服务体系建设绩效考核填报系统，https：//sites.lynu.edu.cn/ggwhyjzx/。

表8 2019年省辖市公共场馆建设情况

省辖市	博物馆	美术馆	科技馆	工人文化宫 （俱乐部）	体育场 （馆）	全民健身 活动中心	户外全民健身 活动中心
郑州市	有	有	有	有	有	有	有
开封市	有	有	有	有	有	有	有
洛阳市	有	有	有	有	有	有	有
平顶山市	有	有	有	有	有	有	有
安阳市	有	无	无	有	有	有	有
鹤壁市	有	有	有	有	有	有	有
新乡市	有	有	有	有	有	有	有
焦作市	有	无	有	有	有	有	有
濮阳市	有	有	有	有	有	有	有
许昌市	有	有	有	有	有	有	有
漯河市	有	有	有	有	有	无	有
三门峡市	有	有	有	有	有	有	有
商丘市	有	无	有	有	有	有	有
周口市	有	有	有	有	有	有	有
驻马店市	有	有	有	有	有	有	有
南阳市	有	有	有	有	有	有	有
信阳市	有	有	有	有	有	有	有

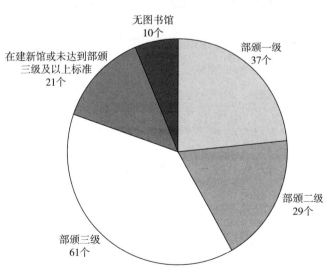

图28 2019年县级图书馆建设等级情况统计

文化馆建设方面，等级为部颁一级的有 49 个，占比 31%；部颁二级的有 30 个，占比 19%；部颁三级的有 55 个，占比 34.8%；在建新馆或未达到部颁三级及以上标准的有 22 个，占比 13.9%；无文化馆的 2 个，占比 1.3%（见图 29）。

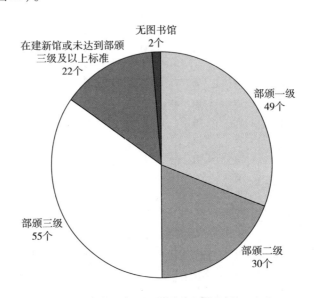

图 29　2019 年县级文化馆建设等级情况统计

同 2018 年相比，河南县（市、区）图书馆、文化馆建设没有明显进步。相较于体育馆，县（市、区）全民健身活动中心的建设情况要好一些，比 2018 年增长了 7.6%。2019 年，河南村（社区）综合性文化服务中心建设达标率有了明显提高，比 2018 年增长了 17.2%。

2. 公共文化服务供给

2019 年，全省开展的"戏曲进乡村""春满中原·老家河南""群星耀中原""出彩河南人""书香中原"五大文化惠民品牌活动持续深入，年活动总场次达 50 多万场，直接服务群众近 7000 万人次。仅"我和我的祖国·群星耀中原"合唱比赛就有 850 多个团队 9 万多名群众参与，广场舞比赛有 9800 多个团队 20 多万名群众参与。各地结合本地文化资源禀赋，培育打造了一批富有地方特色的惠民文化活动品牌，有效提升了基层群众的幸福感和文化获得感。

（1）省辖市

2019 年，17 个省辖市中，图书馆年接待人次增长率主要集中在 10% ~ 20% 的区间，最高的达到了 209%（见图30）。

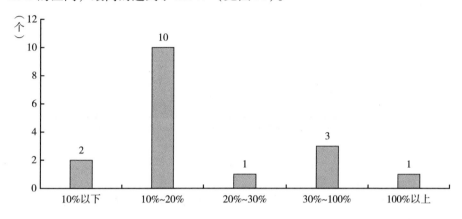

图30 2019 年省辖市图书馆年接待人次增长率情况

除 1 个省辖市外，其余城市图书馆年流动服务次数均超过了 50 次（见图31）。

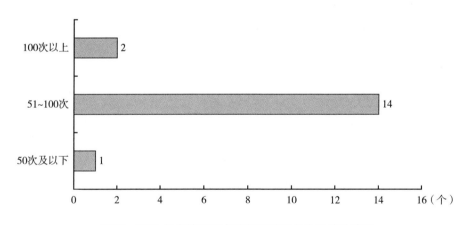

图31 2019 年省辖市图书馆年流动服务次数统计情况

（2）县（市、区）

县（市、区）中，图书馆年接待人次增长率主要集中在 11% ~ 20% 区间，占比41.1%，有 10 个地方的增长率超过了 100%（见图32）。

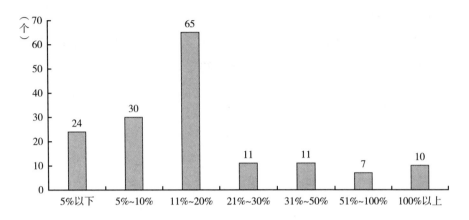

图32　县（市、区）图书馆年接待人次增长情况

158 个县（市、区）中，图书馆每年流动服务次数超过 50 次的有 112 个，占比 70.9%（见图33）。

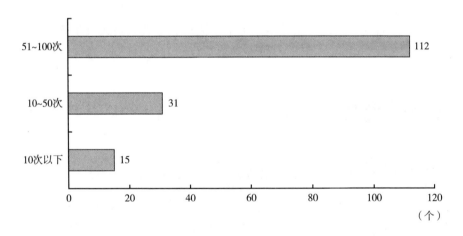

图33　县（市、区）图书馆年流动服务情况

"70 条标准"要求，文化馆每年应组织流动演出 12 次及以上，流动展览 10 次及以上，河南仍有 6 个县（市、区）未达到要求。

在公共文化场馆针对特殊人群的活动区设置和服务项目方面，仍有 12% 的县（市、区）未全部达标。

在图书馆、文化馆经常性组织针对特殊人群的文化活动方面，分别有

15 个、4 个县（市、区）年开展活动不足 10 次。

"70 条标准"要求县一级每四年举办一届综合性体育运动会。2019 年，有 8.9% 的县（市、区）未达到要求。

3. 公共文化制度保障

（1）省辖市

从图 34 可以看出，仍有城市没有按照核定编制为公共文化服务场馆配备工作人员，甚至有一个省辖市所有场馆均未按要求配备工作人员。

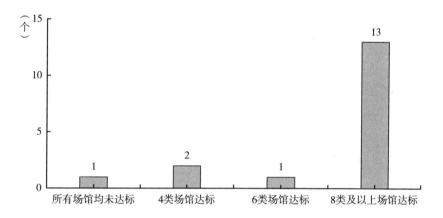

图 34　省辖市公共文化服务场馆按照核定编制配备工作人员情况

在公共文化服务场馆建立志愿者队伍方面，绝大多数省辖市都达到了 7 类及以上场馆有注册的志愿者队伍（见图 35）。

从公共文化服务场馆从业人员参加业务培训达标情况看，大多数省辖市都比较重视培训工作，有 12 个市对 8 类及以上场馆从业人员按照要求进行了培训（见图 36）。

（2）县（市、区）

按照"70 条标准"要求，县级至少要设立公共图书馆和文化馆，有条件的设立博物馆、美术馆、科技馆、少儿图书馆、妇女儿童活动中心、工人文化宫、青少年宫等。按此标准，158 个县（市、区）中，仍有 11 个地方连最基本的两馆都未按核定编制配备工作人员，占比近 7%，而全部场馆都

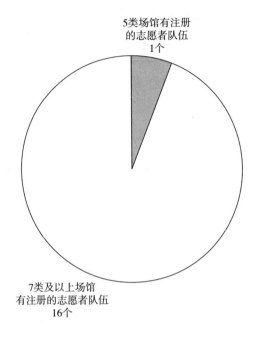

5类场馆有注册
的志愿者队伍
1个

7类及以上场馆
有注册的志愿者队伍
16个

图35　省辖市公共文化场馆建立公共文化服务志愿者队伍情况

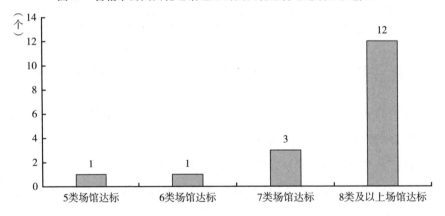

图36　省辖市公共文化服务场馆从业人员参加业务培训达标情况

达标的仅占1.9%（见图37）。

158个县（市、区）中，2~5类场馆注册有志愿者队伍的占了大多数，达到了72.2%，有9个地方仅有1类场馆或全部场馆都未注册志愿者队伍（见图38）。

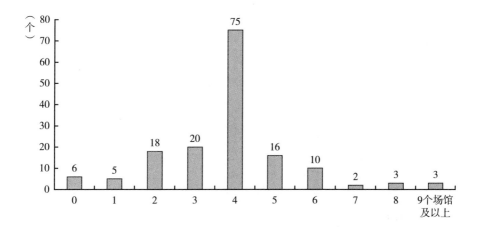

图37 县（市、区）公共文化场馆按照核定编制配备工作人员达标的场馆数量

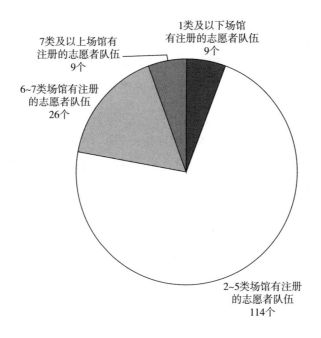

1类及以下场馆
有注册的志愿者队伍
9个

7类及以上场馆有
注册的志愿者队伍
9个

6~7类场馆有注册
的志愿者队伍
26个

2~5类场馆有注册
的志愿者队伍
114个

图38 县（市、区）公共文化场馆建立文化服务志愿者队伍情况

绝大部分县（市、区）的公共文化场馆都能按照要求组织人员培训，但是仍有 13 个地方未达标，占比 8.2%，这些地方仅完成了一个场馆的人员培训工作，有个别地方甚至连一个场馆的人员培训都未完成（见图39）。

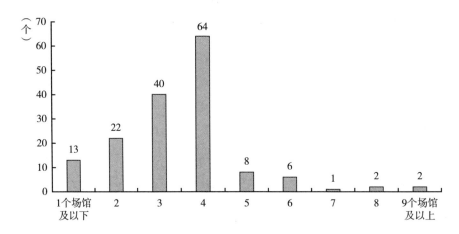

图39　县（市、区）公共文化场馆在职人员参见培训达标的场馆数量

4. 公共文化反馈评估

同 2018 年相比，2019 年的考核重点向效能倾斜，因此增加了现场考核和第三方测评分值的比重。指标体系中"公共文化反馈评估"部分由原来的 150 分调整为 210 分。其中，着重增加了第三方评估的分值，使其由 120 分调整为 200 分，增长幅度达 66.7%，同时将"图书馆免费开放时间""乡镇（街道）综合性文化服务中心免费开放时间"等指标调整到了现场考核和第三方评估中，以方便暗访抽查。

在第三方评估方面，2019 年的考核采用社会招标，选用了国内知名的数据分析与决策支持服务机构，确保从方案策划、数据采集到统计分析等一系列流程的专业性和科学性。第三方评估与现场考核同步展开，评估分为公共文化设施暗访和群众满意度问卷调查（包括公共文化设施使用率、基层文化设施知晓率、文化活动参与率、文化活动满意度、对政府文化工作的满意度等）两大部分，在全省随机抽取暗访了 52 个县（市、区）的 104 个乡镇（街道）和 260 个村（社区）共 364 个单位，发放、收回有效问卷4861 份。

调查结果显示，在第三方评估中，河南 17 个省辖市得分最高的为182. 15 分，最低的为 82.9 分；10 个省直管县和济源市得分最高的为 170.77

分，最低的为 81.57 分。无论省辖市还是省直管县，在公共文化设施建设和群众满意度方面均存在较大差距。

（三）存在的问题及建议

1. 问题

根据考核情况，目前全省公共文化服务体系建设存在的主要问题有以下几个方面。

一是个别地方政府公共文化建设主体责任落实不到位。个别地方对《公共文化服务保障法》《公共图书馆法》的学习、理解和执行不够，服务设施仍存在空白点。比如仍有省辖市尚未建成公共图书馆、文化馆，所辖县（市、区）设施建设欠账也较多。个别地市公共图书馆和学校图书馆合建，影响了对群众的基本公共文化服务。此外，全省尚有 20 个县（市、区）未建成达标图书馆，15 个县（市、区）未建成达标文化馆。暗访中抽查 104个乡镇（街道），发现 11 个乡镇（街道）未建有文化站。

二是村级综合性文化服务中心建设标准落实不到位。根据省政府办公厅《河南省推进基层综合性文化服务中心建设实施方案》要求，2019 年底，要实现基层综合性文化服务中心全覆盖。考核中发现，个别地市尚未完成建设任务。在暗访抽查的全省 152 个村中，达标率仅为 40.8%，其中，设置数字服务室的比例仅为 21.2%，配备音响、乐器的比例仅为22.7%。

三是县级文化馆、图书馆总分馆制标准不高。河南省《关于推进县级文化馆图书馆总分馆制建设的实施意见》要求，2019 年底要基本实现总分馆制全覆盖。考核和暗访中发现，全省县级总分馆平均建成率为 87%。已建成的地方标准不高，一些地方只是挂牌分馆，资源尚未统筹融合，图书馆尚未实现通借通还，文化馆上下联通互动的机制尚未建立，未达到《河南省县级文化馆图书馆总分馆制建设基本标准》的相关要求。

四是基层文化设施服务效能不高。考核中发现，一些文化站和村级综合性文化服务中心存在公示不规范、不清晰，服务时长不够，设备设施摆放混

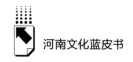

乱，卫生状况较差等问题。一些地方公共文化服务数字化和社会化程度不高，服务形式陈旧，内容单一，服务效能有待提升。而且暗访中发现仍有乡镇文化站、村综合性文化服务中心的公共文化设施被占用。

五是资金保障不到位。2019 年度全省人均文体传媒经费为 122.92 元，考核中发现，各地在文体传媒经费投入上差别巨大，近一半的省辖市和绝大多数直管县都未达到全省人均水平，对公共文化服务体系建设保障力度严重不足。而且检查中发现，一些地方免费开放资金配套不能按时足额到位，存在拖欠现象。

六是基层公共文化队伍建设力度有待加大。考核中发现，一些地方取消了乡镇文化站编制，基层公共文化服务阵地受到削弱，乡镇文化站免费开放工作受到影响；各地文化专干兼职过多，"专干不专、专干不干"等现象仍然存在；一些村（社区）文化管理员人员不固定、职责不明确，政府购买岗位政策没有落实，使文化阵地作用发挥受到严重影响。

七是群众知晓率和满意度偏低。在总分为 200 分的第三方评估中，有 4 个省辖市和 3 个直管县得分在 100 分以下。具体指标中，《公共文化服务保障法》和《公共图书馆法》全省平均知晓率仅为 64.2%，全省公共文化设施使用率为 78.9%。

2. 建议

以上这些是制约全省现代公共文化服务体系建设的主要问题。针对这些问题，应在以下几个方面持续发力，加以解决。

一是进一步加大《公共文化服务保障法》《公共图书馆法》的宣传贯彻力度。强化各级政府落实两法的主体责任，督促各级文化部门和文化机构依法行政、依法开展服务，提升两法在基层群众中的知晓率，提升群众依法享受公共文化服务的法律意识和维权自觉性。充分发挥各级协调领导小组作用，分工负责、统筹共建，协同推进公共文化服务体系建设，补齐公共文化服务存在的城乡、地域、群体发展不均衡短板，保障人民群众的基本公共文化需求。

二是加快推进公共文化领域重点改革发展任务。按照县级文化馆图书馆总分馆制建设基本标准、基层综合性文化服务中心建设与服务标准，加快推进，加强督导。确保各地 2020 年底前基层综合性文化服务中心全部建成达标，省、市、县、乡、村五级公共文化服务网络不留空白点，县级文化馆图书馆总分馆制建设完成任务。充分发挥图书馆和文化馆作为总馆在县域公共文化建设中的中枢作用，把优质公共文化服务延伸到基层农村，着力推动公共文化资源共建共享。

三是进一步提升服务效能。按照国家和河南省标准，推动基层公共文化设施规范运行，建立健全各地公共文化服务目录，规范公示制度，确保开放时间。通过公共文化设施的改造提升、空间环境的优化、服务供给的丰富创新，增强服务吸引力和便利度，提高设施使用率。实施公共数字文化建设工程，加快实现与省级数字服务平台"文化豫约"的互联互通、资源共享；积极开展线上服务，运用现代网络、科技手段满足老百姓的文化需求。进一步加大政府购买公共文化服务力度，引导文化类社会组织、企业和志愿者积极参与公共文化建设。着力推进公共文化服务产品供给侧改革，建立"群众点单、专业组织接单、政府买单"的服务方式，推动公共文化服务供给与人民群众文化需求有效对接。

四是强化资金和人员保障。各级政府要按照规定落实设施建设、人员配备和服务运行必要资金，加强对中央和省级转移支付资金的拨付、监督和检查，确保资金使用效益。认真落实《公共文化服务保障法》和中央、省委省政府相关文件精神，确保基层公共文化机构的专职人员和经费。拓宽公共文化建设资金渠道，落实相关政策，鼓励、支持更多社会资本参与公共文化服务体系建设。加大对基层文化队伍的培训力度，着力解决基层文化工作人员"专职不专"的问题。加强农村公共文化人才培养，通过"乡村音乐厅""寻找村宝""文化合作社"等培育一批乡村本土文化人才，引导支持群众自办文化，实现乡村公共文化服务由"送文化"到"种文化"再到"创文化"的转变。

B.3
河南省公共文化场馆建设
与管理发展报告

马艳霞　周丽媛　王　晴*

摘　要： 为了解河南各地公共文化场馆的建设情况，本报告以 2018～
2019 年河南省现代公共文化服务体系建设绩效考核系统数据为
依托，采用基本统计方法和比较法对河南省各省辖市、直管县
和县市区的公共文化服务场馆进行定量定性分析，同时从全民
阅读服务创新、地方重大文化活动、特色场馆建设、文化志愿
服务、非物质文化遗产传承展示服务、文化扶贫服务、文化服
务模式创新 7 个方面归纳河南省公共文化管理模式的创新，分
析公共文化服务场馆在发展过程中遇到的服务网络体系不完善、
服务人才匮乏、服务效能不高、发展速度缓慢 4 个方面困难。
最后在问题基础上提出从规章制度、多元投入、评估监督、人
才培养、服务模式创新 5 个方面对公共文化服务场馆进行完善。

关键词： 公共文化　场馆建设　河南

党的十九大以来，随着"文化强国"政策的不断实施，全国各地对于
文化建设也愈发重视。为了提高全民素质，让社会各界人士均能有一方接受

---

* 马艳霞，博士，教授，洛阳师范学院图书馆副馆长，河南省公共文化研究中心副主任，主要
研究方向为图书馆学、公共文化服务与管理；周丽媛，洛阳师范学院助理馆员，主要研究方
向为阅读推广；王晴，洛阳师范学院助理馆员，主要研究方向为公共文化服务与管理。

文化熏陶的净土，各地政府纷纷加大公共文化服务投资力度，大力推进公共文化服务场馆建设。公共文化服务场馆建设主要包含图书馆、文化馆、博物馆、美术馆、科技馆、工人文化宫、体育馆等。

本报告着眼河南省省辖市、直管县和县市区的公共文化服务场馆，研究各级行政区在 2018～2019 年两年间的公共文化服务场馆的建设情况，采用基本统计方法和比较法，从数据角度定量研究各省辖市、直管县和县市区公共文化场馆的发展现状，并定性分析河南省公共文化场馆的管理服务创新、建设与管理中存在的问题及原因，并对其未来发展提出建议。

一 河南省公共文化场馆建设的基本概况

概况数据主要来源于河南省公共研究文化研究中心的公共文化场馆绩效考核系统，系统数据每年由各地公共文化场馆直接填报，并根据提交材料逐条考核得到，还有部分数据来自各省辖市、直管县及县市区的公共文化服务场馆官方网站官方报道，这些数据具有权威性和代表性，可以用来反映河南省公共文化场馆基本现状。此外，济源市是产城融合示范区，下辖只有 5 个街道和 11 个镇，没有县（区），在本研究中按照县级指标考核数据，划入直管县统计范围。因此，本文将按照 17 个省辖市、11 个直管县和 147 个县市区分级统计研究公共文化场馆基本现状。

（一）公共文化服务场馆建设的基本概况

1. 省辖市公共文化服务场馆建设

2018 年，17 个省辖市的各类公共文化服务场馆免费开放资金均能全部得到落实，所有公共文化服务场馆也均无挪作他用的情况。且有 16 个省辖市公共文化服务场馆业务人员占比可达 80% 以上，只有洛阳市未达到 80%。河南省 17 个省辖市的公共文化服务活动品牌共建有 93 个，其中三门峡市建设公共文化服务活动品牌最多，有 15 个。各省辖市品牌建设情况如图 1 所示。①

---

① 本节图表所有资料来源均为 2018～2019 河南省现代公共文化服务体系建设绩效考核系统。

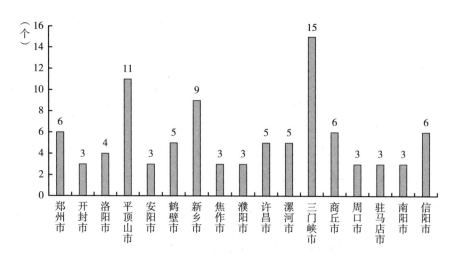

图 1　2018 年河南省省辖市文化服务活动品牌建设情况

截至 2019 年，关于 17 个省辖市的公共文化服务场馆从业人员参加业务培训达标情况，12 个省辖市有 8 种及以上类型的场馆达标，3 个省辖市有 7 种类型的场馆达标，1 个省辖市有 6 种类型的场馆达标，1 个省辖市有 5 种类型的场馆达标（见图 2）。

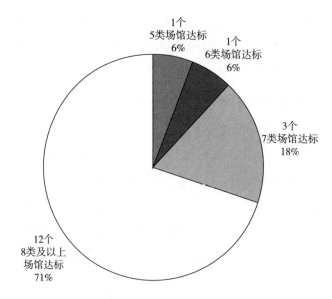

图 2　2019 年河南省省辖市公共文化场馆从业人员业务培训达标情况

2019 年，关于 17 个省辖市的公共文化服务场馆按照核定编制配备工作人员情况，13 个省辖市有 8 种及以上类型的场馆达标，1 个省辖市有 6 种类型的场馆达标，2 个省辖市有 4 种类型的场馆达标，只有安阳市的所有场馆均未达标（见图 3）。

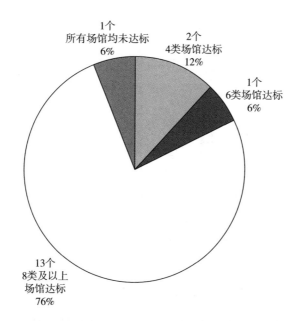

1个
所有场馆均未达标
6%

2个
4类场馆达标
12%

1个
6类场馆达标
6%

13个
8类及以上
场馆达标
76%

图 3 2019 年河南省省辖市公共文化服务场馆按照核定编制配备工作人员情况

2019 年，关于公共文化服务场馆建立公共文化服务志愿者队伍情况，16 个省辖市有 7 种及以上类型的场馆有注册的志愿者队伍，只有商丘市仅有 5 种类型的场馆有注册的志愿者队伍。

2019 年，公共文化场馆的安全方面，17 个省辖市的 5 种及以上类型的公共文化服务场馆均已建立安全制度，并设置有安全设施。

2019 年，针对特殊人群的相关政策及设施配置情况，17 个省辖市均有 5 种及以上类型的场馆配置有公共文化服务场馆无障碍设施，16 个省辖市的全部现有公共文化场馆都设置有针对特殊人群的活动区和服务项目，只有漯河市的 50% 以上的现有公共文化场馆设有针对特殊人群的活动区和服务项目。

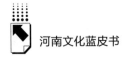

2. 直管县公共文化服务场馆建设

2019 年，11 个直管县按照核定编制配备工作人员达标的公共文化场馆总计 49 个，其中永城市达标场馆有 9 个，达标场馆数量最多；新蔡县和邓州市达标场馆分别只有 2 个，达标场馆数量最少（见图 4）。

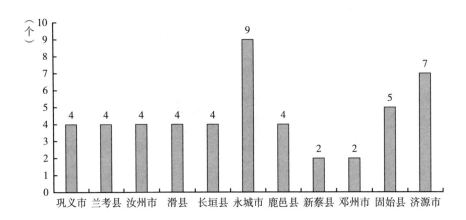

图 4　2019 年河南省直管县按照核定编制配备工作
人员达标的县级公共文化场馆数量

关于 11 个直管县的县级公共文化场馆在职人员培训达标情况，2018年，各直管县在职人员培训达标的县级公共文化场馆总计 30 个，长垣县在职人员培训达标场馆最多，有 6 个，固始县在职人员培训达标场馆最少，只有 1 个；到 2019 年，各直管县在职人员培训达标的县级公共文化场馆共 45个，其中，永城市在职人员培训达标场馆最多，有 9 个，新蔡县和邓州市在职人员培训达标场馆最少，均只有 2 个。可以看出，从 2018 年到 2019 年，不管是在职人员培训达标场馆总数还是在职人员培训达标场馆数的最大值或最小值均有所增长，这说明县级公共文化场馆对在职人员的培训相对都更加重视（见图 5）。

关于注册公共文化志愿者队伍建设，2019 年，11 个直管县建立注册志愿者队伍的县级场馆共 46 个，其中永城市注册公共文化志愿者队伍的场馆最多，共有 9 个（见图 6）。

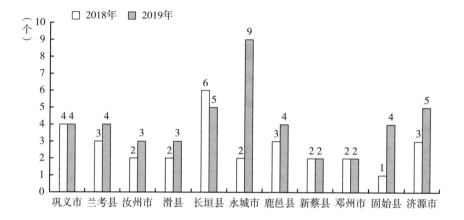

图5 2018 年、2019 年河南省直管县在职人员培训达标的县级公共文化场馆数量

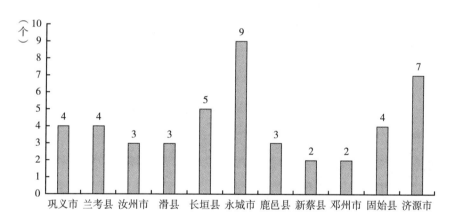

图6 2019 年河南省直管县注册公共文化志愿者队伍的县级公共文化场馆数量

（二）省辖市公共文化服务场馆统计情况

1. 图书馆建设

2018 年河南省 17 个省辖市中建有部颁一级图书馆的省辖市有 11 个，建有部颁二级图书馆的省辖市有 4 个，在建新馆硬件条件达到三级及以上标准的省辖市有 2 个。2019 年建有部颁一级图书馆的省辖市有 10 个，建有部颁二级图书馆的省辖市有 4 个，在建新馆硬件条件达到三级及以上标准的省

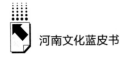

辖市有 3 个。

截至 2018 年，河南省 17 个省辖市图书馆建筑总面积为 329912.1 平方米，市均图书馆建筑面积为 19406 平方米。其中，郑州市图书馆建筑面积最大，为 72450 平方米；南阳市图书馆建筑面积最小，为 5370 平方米（见图 7）。

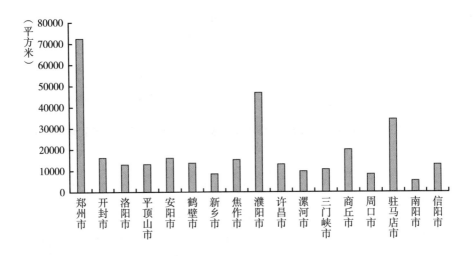

图 7　2018 年河南省省辖市图书馆建筑面积

2018 年，河南省 17 个省辖市图书馆可用数字资源总量为 463.79TB，市均图书馆可用数字资源为 27.28TB。另外，2018 年、2019 年 17 个省辖市图书馆年入藏总数量分别为 212871 种、286152 种，平均年入藏数量分别为 12522 种、16832 种；两年中，洛阳市年入藏数量均为最多，分别为 52476 种、103903 种。两年图书馆年入藏数量整体呈逐步增长趋势。

自 2018 年起，河南全省共有 16 个省辖市的图书馆每周免费开放时间在 56 小时以上，且双休日开放、节假日有开放时间，只有商丘市的图书馆每周免费开放时间不足 56 小时或者双休日不开放、节假日无开放时间。2019 年，17 个省辖市图书馆年接待人次平均增长率为 28.38%，年接待人次呈现逐步增长趋势。

2018 年，河南省 17 个省辖市图书馆书刊文献年外借总册数为 487.56 万册次，市均外借册数为 28.68 万册次；2019 年，17 个省辖市图书馆书刊文献年外借总册数为 659.28 万册次，市均外借册数为 38.78 万册次。两年图书馆书刊文献外借册数也呈现逐步增长趋势。

关于关爱特殊群体方面，全省 17 个省辖市中有 16 个省辖市的图书馆有针对特殊群体的活动区域和项目，且设置有视障阅读区，并配备有设备和盲文读物，只有商丘市未设置针对特殊人群的活动项目和视障阅读区，未配备盲文读物。17 个省辖市图书馆 2019 年组织针对特殊人群的文体活动共 374 场次，市均组织 22 场次，其中许昌市组织特殊人群文体活动场次最多，为 60 场次。

2. 文化馆建设

2018 年河南省 17 个省辖市中建有部颁一级文化馆的有 12 个，建有部颁二级文化馆的有 2 个，在建新馆硬件条件达到三级及以上标准的有 2 个，只有焦作市的现有文化馆未达到部颁三级。2019 年建有部颁一级文化馆的省辖市有 12 个，建有部颁二级文化馆的省辖市有 2 个，在建新馆硬件条件达到三级及以上标准的省辖市有 3 个。

截至 2018 年，全省 17 个省辖市所建文化馆建筑总面积达 129144.58 平方米，市均文化馆建筑面积达 7596.74 平方米。其中，平顶山市文化馆建筑面积最大，为 27777.6 平方米；南阳市文化馆建筑面积最小，为 1435.17 平方米（见图 8）。

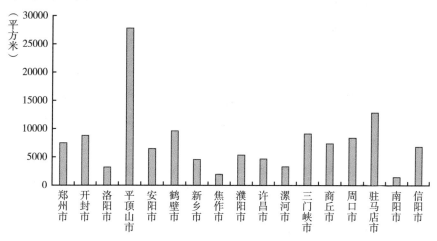

图 8　2018 年河南省省辖市文化馆建筑面积

2018 年，17 个省辖市的文化馆每周开放时间均可达到 42 小时以上，且公休日开放、节假日有开放时间。绝大多数（15 个）省辖市的文化馆服务门类能包括音乐、舞蹈、戏剧（曲艺）、书法、美术、摄影、文学、理论研究、网络管理及非遗保护等多种形式，只有极个别省辖市未包含戏剧（曲艺）或文学这两个服务门类。13 个省辖市都能达到现有场馆全部建有文化馆网络、微信公众平台，但是焦作市、濮阳市、许昌市和漯河市仍有部分场馆没有建设独立的网络、微信公众平台。

各省辖市文化馆常年举办各类流动服务和公益性培训活动，其中，2018 年和 2019 年两年间，各省辖市文化馆经常性组织针对特殊人群的文体活动次数分别为 157 次、757 次，总体呈增长趋势。特别是洛阳市文化馆，2019 年举办针对特殊人群的文体活动次数由 2018 年的 35 次提高至 360 次，其他省辖市文化馆在 2019 年针对特殊人群举办的文体活动次数相较于上一年大多数也呈增长趋势（见图 9）。

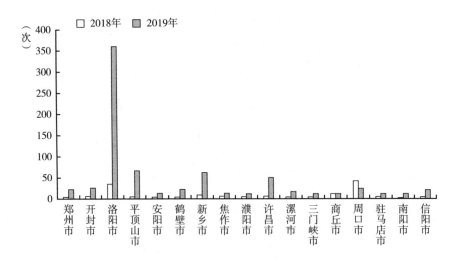

**图 9 2018 年、2019 年河南省省辖市文化馆经常性
组织针对特殊人群的文体活动情况**

2018 年和 2019 年两年间，17 个省辖市文化馆每年分别举办公益培训活动 1039 次、2950 次，平均分别为 61 次、174 次。各省辖市文化馆举办公益

培训活动次数总体呈增长趋势,其中,洛阳市、信阳市和周口市文化馆举办的公益培训活动数量增长迅速(见图10)。

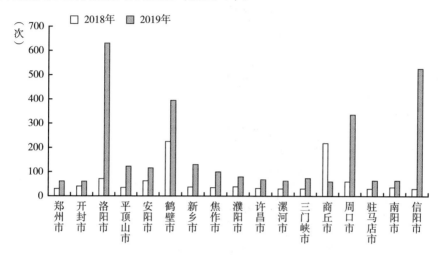

图10 2018年、2019年河南省省辖市文化馆举办公益活动情况

此外,2018年,17个省辖市的文化馆共举办流动演出710场、流动展览200次、文艺展演1182次、面对农民工的文化培训活动78次。2019年,17个省辖市的文化馆共组织群众性文化活动869次和流动服务1321场。

3.博物馆建设

2018年,河南省17个省辖市均建有市博物馆。2019年,所有省辖市中,郑州市、开封市和洛阳市拥有部颁一级博物馆,建有部颁二级博物馆的省辖市有9个,建有部颁三级博物馆的省辖市有3个,漯河市和商丘市的在建新馆未达到部颁三级及以上标准(见图11)。

截至2018年,河南省所有省辖市的博物馆均为免费开放,每周开放时间都能达到42小时及以上,且公休日开放,节假日也都有开放时间。2018年,17个省辖市博物馆年参观人次达870.29万人次,市均51.19万人次;2019年,17个省辖市博物馆年参观人次达750.8万人次,市均44.17万人次。两年省辖市博物馆年参观人次总体呈下降趋势,其中郑州市和周口市下降趋势严重(见图12)。

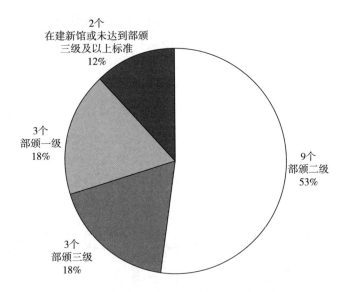

图11　2019年河南省省辖市博物馆建设情况

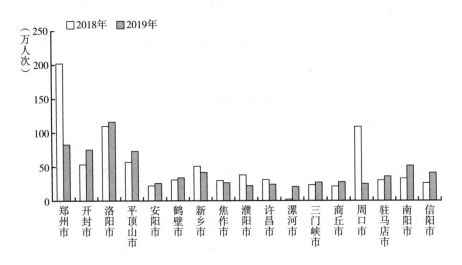

图12　2018年、2019年河南省省辖市博物馆参观人次情况

　　各省辖市博物馆每年定期开展多式多样的公共活动。2018年，17个省辖市的博物馆开展公共教育活动总计693次，举办临时展览、巡回展览和外展共218次。2019年，17个省辖市的博物馆共开展公共服务活动1393次。

4. 美术馆建设

2018 年，河南省 17 个省辖市中有 12 个建有美术馆，鹤壁市、焦作市、许昌市、三门峡市以及商丘市未建有美术馆；2019 年，建有美术馆的省辖市增长为 14 个，只有安阳市、焦作市和商丘市未建有美术馆。

2018 年，建有美术馆的 12 个省辖市均能达到美术馆免费开放时间标准，且这 12 个省辖市的美术馆开展有针对性的公共教育活动总计 476 场，全年定期举办不同主题展览共 217 次。2019 年，14 个建有美术馆的省辖市全年美术馆参观人次总计达 182.04 万人次，市均 13 万人次（见图 13）；14 个建有美术馆的省辖市全年开展美术馆公共服务活动共 804 次。

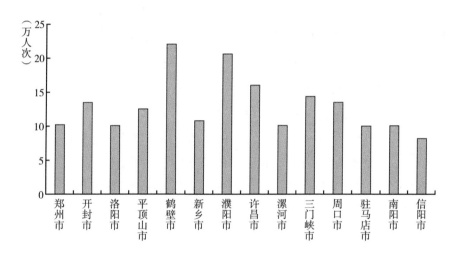

图 13　2019 年河南省 14 个建有美术馆的省辖市参观人次情况

5. 科技馆建设

关于河南省 17 个省辖市的科技馆建设，2018 年有 14 个省辖市建有科技馆，新乡市、鹤壁市以及商丘市未建科技馆；至 2019 年，建有科技馆的省辖市增长为 16 个，只有安阳市未建科技馆。

2018 年，14 个建有科技馆的省辖市全年科技馆参观展览人数总计为 387.82 万人次，市均 27.70 万人次；2019 年，16 个建有科技馆的省辖市全年科技馆参展人数总计为 382.59 万人次，市均 23.91 万人次。

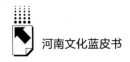

2018年，河南省14个建有科技馆的省辖市共举办科普讲座725次，定期举行主题明确、形式多样的科技宣传推广活动共549次；2019年，16个建有科技馆的省辖市总计开展公共服务活动949次。两年中，各省辖市科技馆举办的活动各式各样，丰富多彩。

6. 工人文化宫（俱乐部）建设

2018年只有13个省辖市建有工人文化宫（俱乐部），开封市、许昌市、三门峡市和周口市未建工人文化宫（俱乐部）；至2019年，建有工人文化宫（俱乐部）的省辖市增长为17个，即河南省所有省辖市均建有工人文化宫（俱乐部）。

2018年，13个建有工人文化宫（俱乐部）的省辖市培育文化、体育、教育、艺术创作等品牌数总计147个，市均约为11个；2019年，17个建有工人文化宫（俱乐部）的省辖市培育文化、体育、教育、艺术创作等品牌数总计315个，市均约为18.5个。河南省各省辖市的工人文化宫（俱乐部）建设越来越受重视，培育的品牌数量也逐步增多。

2018年，13个建有工人文化宫（俱乐部）的省辖市举办特色文化活动共340次，组织针对下岗失业职工群体的文体活动总计268次。2019年，17个省辖市的工人文化宫（俱乐部）举办公益活动共603次，市均举办公益活动35次。

7. 体育馆建设

至2018年，河南省所有省辖市均建有体育馆，且所有省辖市的大型综合体育场馆均能达到免费开放时间标准。

2018年，17个省辖市的体育馆内免费服务项目总计183个，市均体育馆免费服务项目11个；2019年，17个省辖市的体育馆内免费服务项目总计219个，市均体育馆免费服务项目13个。省辖市的体育馆内免费服务项目总体呈增长趋势，洛阳市和信阳市增幅最大（见图14）。

2018年，17个省辖市组织公益健身活动总计474次，市均28次；2019年，17个省辖市组织公益健身活动总计762次，市均45次。各省辖市每年组织公益健身活动整体呈快速增长趋势，其中，鹤壁市增长迅速。

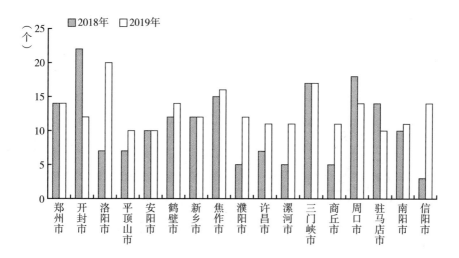

图 14   2018 年、2019 年河南省省辖市体育馆内免费服务项目情况

（三）直管县公共文化服务场馆统计情况

1. 图书馆建设

截至 2018 年，河南省图书馆建设达到部颁一级的直管县有 5 个，达到部颁二级的直管县有 3 个，达到部颁三级的直管县有 3 个。各直管县图书馆符合总分馆制要求的分馆数量总计 215 个，县均符合要求的分馆数量约为 20 个。并且，11 个直管县图书馆的建筑面积均能达标，11 个直管县的图书馆建筑总面积总计 74208 平方米，平均每个直管县图书馆的建筑面积为 6746.18 平方米（见图 15）。

2018 年，除汝州市外，其他 10 个直管县的图书馆每周开放时间都在 56 小时以上，且双休日开放，节假日也有开放时间。2019 年，11 个直管县的图书馆全年接待读者人次平均增长率为 18.18%，其中，滑县图书馆接待人次增长最快，达 37.5%（见图 16）。

2018 年、2019 年，11 个直管县的图书馆每年入藏图书总种类分别为 78848 种、39221 种，县均年入藏种类分别为 7168 种、3566 种，两年入藏种类呈下降趋势（见图 17）。

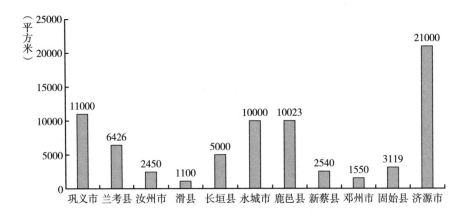

图15　2018年河南省直管县图书馆建筑面积情况

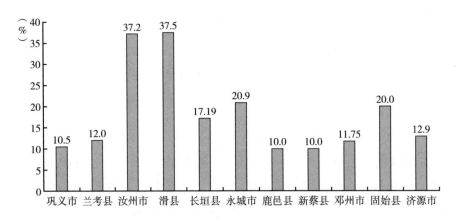

图16　2019年河南省直管县图书馆接待人次增长情况

　　2018年、2019年，11个直管县图书馆书刊文献年外借总册数分别为146.17万册次、143.71万册次，县均图书馆外借册数分别为13.29万册次、13.06万册次，总体来看，两年图书馆外借册数无太大波动，但具体来看，兰考县和济源市等部分直管县图书馆外借册数波动相对较大（见图18）。

　　2018年，所有直管县的图书馆可用数字资源量总计82.73TB，县均7.52TB。11个直管县的农家书屋图书配备达标的行政村共5894个。各直管县达标的行政村数量情况如图19所示。

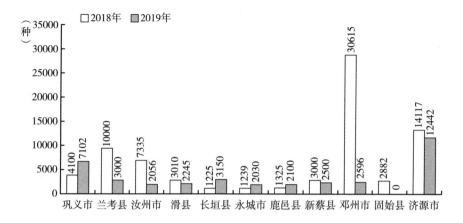

图17　2018年、2019年河南省直管县图书馆年入藏种类情况

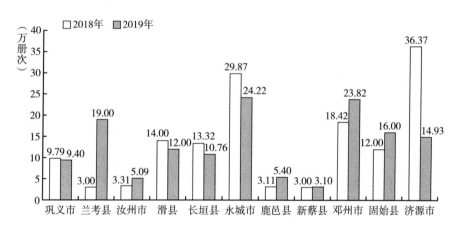

图18　2018年、2019年河南省直管县图书馆书刊文献年外借情况

2018年，11个直管县的图书馆都设有针对特殊群体的活动区域和项目，此外，除邓州市和固始县外，其他9个直管县的图书馆都设有视障阅读区并配备有设备和盲文读物。2019年，11个直管县的图书馆经常性组织针对特殊人群的文化活动共378场次，县均组织34场次（见图20）。

2018年，11个直管县的公共图书馆全年下基层服务次数总计302次，县均27次，其中邓州市下基层服务次数最多，达102次，新蔡县下基层服务次数最少，只有10次。2019年，11个直管县的图书馆全年流动服务总计

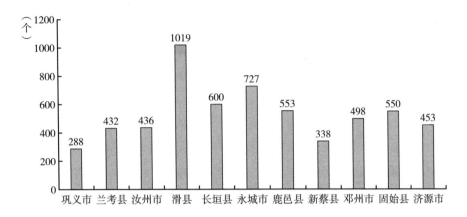

图19　2018年河南省直管县农家书屋图书配备达标的行政村数量情况

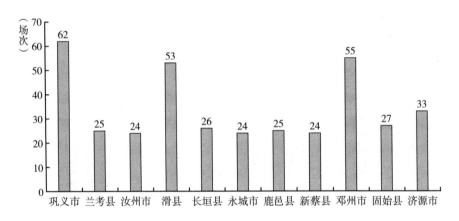

图20　2019年河南省直管县图书馆经常性组织针对特殊人群的文化活动情况

589次，县均54次，各直管县举办流动服务次数最多61次，最少50次，举办次数相对平均，没有太大差异。

2. 文化馆建设

关于直管县的文化馆建设情况，由于公共文化场馆考核政策调整，2019年考核指标有所变动，直管县的文化馆建设只有2018年的数据。截至2018年，河南省11个直管县中，达到部颁一级文化馆的直管县有8个，汝州市和滑县达到部颁二级，只有邓州市达到部颁三级。各直管县的文化馆符合总分馆制要求的分馆数量共 219 个，县均 20 个，其中新蔡县没有符合总分馆制要求的分馆。

截至 2018 年，所有直管县的文化馆每周开放时间均能达到 42 小时以上，且公休日开放，节假日也有开放时间。11 个直管县的文化馆建筑总面积为 65914 平方米，县均文化馆建筑面积为 5992.18 平方米（见图 21）。

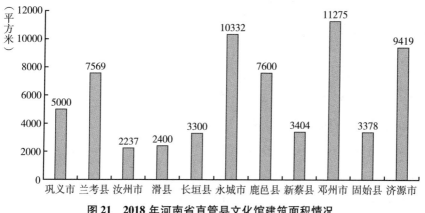

图21 2018 年河南省直管县文化馆建筑面积情况

关于文化馆经常性组织针对特殊人群的文体活动，2018 年，11 个直管县的文化馆组织相关活动共 68 场，县均组织 6 场；2019 年，11 个直管县的文化馆组织相关活动共 655 场，县均组织 60 场，是前一年组织活动场次的近 10 倍，增长迅速（见图 22）。

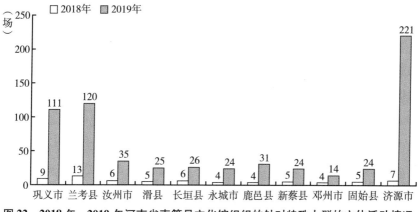

图22 2018 年、2019 年河南省直管县文化馆组织的针对特殊人群的文体活动情况

2018 年，11 个直管县的文化馆共组织流动演出 251 场，举办流动展览 134 场，开展面对农民工的文化培训 51 场。2019 年，11 个直管县的文化馆共组织流动服务 670 场，举办群众性文化活动 1875 场，举办公益培训活动 963 场。

3. 体育馆建设

关于河南省直管县体育馆建设，由于公共文化场馆考核政策调整，2019 年考核指标有所变动，直管县的体育馆建设只有 2018 年的数据。截至 2018 年，河南省 11 个直管县都建设有体育馆，其中，9 个直管县的大型综合体育场的开放时间达到免费开放时间标准，只有汝州市和固始县的大型综合体育场未达到免费开放时间标准。

4. 综合性文化服务中心建设

关于河南省直管县综合性文化服务中心建设，2018 年，11 个直管县中设置基层综合性文化服务中心的乡镇（街道）共有 252 个，设置基层综合性文化服务中心的行政村（社区）共有 6073 个，各直管县的基层综合性文化服务中心设置情况如图 23、图 24 所示。同时，各乡镇（街道）设置的基层综合性文化服务中心的人员编制均可达标，且编制人员都能做到专干专用，其免费开放时间也能达到标准。

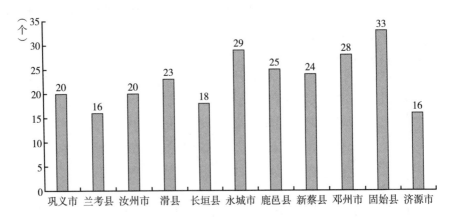

图 23　2018 年河南省直管县设置基层综合性文化服务中心的乡镇（街道）数量情况

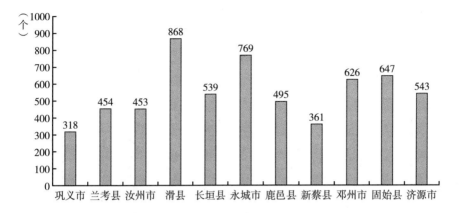

图 24 2018 年河南省直管县设置基层综合性文化服务中心的行政村（社区）数量情况

关于乡镇（街道）的基层综合性文化服务中心建设情况，2018 年，11 个直管县基层综合性文化服务中心建设达标的乡镇（街道）有 248 个；2019 年，11 个直管县基层综合性文化服务中心建设达标的乡镇（街道）有 247 个，相对于 2018 年稍有下降，其主要原因是新蔡县建设达标的乡镇（街道）减少了 1 个（见图 25）。

**图 25 2018 年、2019 年河南省直管县综合性文化服务
中心建设达标的乡镇（街道）数量情况**

关于行政村（社区）的基层综合性文化服务中心建设情况，2018 年，11 个直管县基层综合性文化服务中心建设达标的行政村（社区）有 5091

个，2019年，建设达标的行政村（社区）有5594个，相对于2018年有所增长（见图26）。

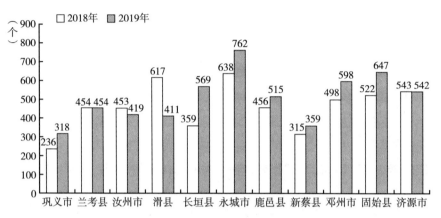

图 26　2018 年、2019 年河南省直管县基层综合性文化服务
中心建设达标的行政村（社区）数量情况

关于综合性文化服务中心业务经费落实情况，在乡镇（街道）层面，2018年，除汝州市和滑县的乡镇（街道）综合性文化服务中心的业务经费是部分落实外，其他9个直管县的乡镇（街道）全部都得到落实。在行政村（社区）层面，2018年，只有8个直管县的行政村（社区）综合性文化服务中心业务经费得到全部落实，滑县和邓州市行政村（社区）的综合性文化服务中心业务经费只有部分得到落实，而汝州市行政村（社区）的综合性文化服务中心业务经费全部都未落实。

截至2018年，河南省11个直管县内全部乡镇（街道）和行政村（社区）的基层综合性文化服务中心都标准配置了共享工程支中心（含公共电子阅览室）。

5. 其他场馆建设

河南省11个直管县其他场馆建设在2018～2019年基本呈稳步增长趋势。统计数据显示，2018年建成的历史文化主题公园成为各地主要新增场馆，其中滑县、永城市、鹿邑县、新蔡县和固始县5个直管县都建有历史文化主题公园。2019年，鹿邑县新建美术馆1个，固始县新建少儿图书馆 1 个。2018 年、2019 年河南省直管县其他场馆建设情况如表 1 所示。

表 1　2018 年、2019 年河南省直管县其他场馆建设情况

其他场馆	2018 年	2019 年
纪念馆	6 个	8 个
博物馆	9 个	8 个
科技馆	3 个	5 个
工人文化宫(俱乐部)	4 个	4 个
青少年宫	5 个	9 个
妇女儿童活动中心	2 个	3 个
老年人活动中心	9 个	11 个
全民健身活动中心	9 个	11 个
历史文化主题公园	5 个	—
美术馆	—	1 个
少儿图书馆	—	1 个

（四）县（市、区）公共文化服务场馆统计数据

1.图书馆建设

关于河南省 147 个县（市、区）的图书馆建设情况，截至 2019 年，图书馆建设达到部颁一级的县（市、区）有 32 个，达到部颁二级的县（市、区）有 26 个，达到部颁三级的县（市、区）有 58 个，在建新馆或未达到部颁三级及以上标准的县（市、区）有 21 个。无图书馆的县（市、区）有 10 个，分别是开封市顺河区、平顶山市新华区、平顶山市湛河区、新乡市红旗区、焦作市山阳区、焦作市中站区、濮阳市华龙区、商丘市睢阳区、南阳市宛城区、南阳市卧龙区。

截至 2018 年，147 个县（市、区）的图书馆建筑总面积为 433994 平方米，平均每个县（市、区）图书馆建筑面积为 2952.34 平方米，其中，安阳市文峰区图书馆建筑面积最大，为 16000 平方米。147 个县（市、区）中，图书馆建筑面积达标的县（市、区）有 126 个，未达标的有 21 个。关

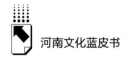

于图书馆免费开放时间，有 129 个县（市、区）的图书馆每周开放 56 小时以上，且双休日开放、节假日有开放时间；有 18 个县（市、区）的图书馆每周开放时间不足 56 小时或者双休日不开放、节假日无开放时间。

截至 2019 年，147 个县（市、区）的图书馆年入藏种数共计 455039 种，平均每个县（市、区）的图书馆年入藏种数为 3096 种，其中，洛阳市涧西区入藏种数最多，为 26189 种。

2. 文化馆建设

关于河南省 147 个县（市、区）的文化馆建设情况，截至 2019 年，文化馆建设达到部颁一级的县（市、区）有 41 个，达到部颁二级的县（市、区）有 28 个，达到部颁三级的县（市、区）有 54 个，在建新馆或未达到部颁三级及以上标准的县（市、区）有 22 个，只有商丘市的睢阳区和梁园区未建有文化馆。

截至 2018 年，147 个县（市、区）的文化馆建筑总面积为 409866 平方米，平均每个县（市、区）为 2788.2 平方米，其中，内乡县文化馆建筑面积最大，为 11175 平方米。关于文化馆免费开放时间，有 145 个县（市、区）的文化馆每周开放 42 小时以上，且双休日开放、节假日有开放时间。

关于文化馆针对特殊人群的文体活动情况，2018 年，147 个县（市、区）的文化馆经常性组织针对特殊人群的文体活动共 1249 场，平均每个县（市、区）8 场，其中，临颍县文化馆组织场数最多，为 100 场；2019 年，147 个县（市、区）的文化馆经常性组织针对特殊人群的文体活动共 7279 场，平均每个县（市、区）50 场，其中，还是临颍县文化馆组织场数最多，为 800 场。2019 年，无论是组织针对特殊人群文体活动的总场数还是最大值，都呈现稳定增长趋势。由此可见，各县（市、区）的文化馆对特殊人群的关爱越来越多。

3. 其他场馆建设

截至 2019 年，147 个县（市、区）中，建有体育馆的县（市、区）有 117 个，还有 30 个县（市、区）未建有体育馆；建有全民健身活动中心的县（市、区）有 130 个，未建有全民健身活动中心的县（市、区）有 17 个。

二 河南省公共文化场馆管理服务创新

"凡益之道，与时偕行"，创新驱动是事业发展的动力之源。在基础设施建设愈加稳固的基础上，河南省各省辖市、直管县和县（市、区）的公共文化场馆服务管理创新顺势而为，各地的管理创新与服务创新也日益丰富。河南省公共文化研究中心近两年的调查显示，公共文化场馆的管理创新服务主要集中在全民阅读、地方文化特色、特色场馆建设、志愿服务以及非物质文化遗产传承展示等方面。

（一）全民阅读服务创新

阅读是人类获取知识、成长成才的重要途径，是提高国民素质的重要渠道。全民阅读工作已经上升为国家文化战略，在党和国家工作大局中的地位与作用越来越重要。深入推进全民阅读，对加强社会主义精神文明建设、促进社会进步具有重要意义。河南省各公共文化场馆也在优化内容供给、提升阅读内涵、创新阅读举措、增进书香氛围、保障特殊阅读群体等方面下功夫，全力推动全民阅读。

1. 积极组织开展形式多样的阅读推广活动

以"书香中国"全民阅读活动为引导，全省各地围绕全民阅读，利用读书节、读书月、读书周、阅读日、好书推荐等形式，打造了一批活动品牌，开展了特色鲜明的阅读活动。统计数据显示，目前全省所有省辖市都有市级阅读品牌，80%以上的市和县有品牌活动，特别是每年的"4·23"世界读书日期间，各地各部门积极开展系列重点活动，大力引导全社会关注、参与、推动阅读，扩大了全民阅读群众的参与度、辐射面和影响力。郑州图书馆联合郑州市嵩山文明研究基金会等多家社会力量举办的大型公益性系列文化讲座——"天中讲坛"，其首讲就邀请著名文化学者、河南大学博士生导师、《百家讲坛》著名主讲人王立群教授讲述"成语中的中国古代礼仪"。洛阳市"全民阅读·书香洛阳"网络文化宣传活动自启动以来，线上宣传与线下宣传同步展开，传统阅读与新媒体分享交相呼应，加快推进"书香洛阳"建设。开封市开展"书香飘万家"亲子阅读系列活动，共建"书香开封"。信阳市图书馆推出"书香满申城，阅读伴我行"，以阅读温暖人心、提振精神、强化素质，将全民阅读工作进一步推向深入。为倡导全民阅读，构建"书香许昌"，许昌市建成智慧阅读空间35座，累计购置、投放图书超过12万册，结合智慧阅读空间所在地域和大数据分析，实现了图书的精准配送。

2. 构建书香建设体系，推进服务均等化

统计数据表明，河南省在推进全民阅读建设上重视阅读公共服务网络建设。通过整合公共图书馆、农家书屋、社区书屋、职工书屋、乡镇综合文化站、实体书店、阅报栏以及新建智慧书屋等，全民阅读基础设施规模不断扩大，数量不断增加，内容资源和设备不断升级，阅读公共服务网络初具规模。全省各地一批涵盖地域特征的城市书屋全面铺开。洛阳市在全市建立203家"河洛书苑"，以"城市书房"建设工作为抓手，全力打造覆盖全市、城乡一体、功能完备、管理规范的现代新型城乡图书馆服务体系，使得"15分钟阅读圈"在洛阳得以实现。鹤壁市的"淇河书屋"、许昌市的"诸葛书屋"、三门峡市的"天鹅书苑"、信阳市的"大别山书香驿站"、平顶山市的"鹰城书苑"、鹿邑县的"老子书房"、邓州市的"穰邓书房"等一批城市书屋遍布城市大街小巷，与图书馆总分馆一起，构造全省的全民阅读服务体系。同时，各地也采取各种方式拓展阅读服务范围，扩大覆盖面，提升阅读服务活动效能。如鹤壁市图书馆、文化馆抓住"儿童""文化能人""文艺爱好者"等核心群体，带动家庭、社区人群广泛参与全民阅读，提升效能。信阳市在游客中心、重要游客集聚站点设置"图书角""电子阅览屏""智慧书屋"等阅读场所，为中途休息的游客提供阅读服务。

3. 创新服务模式，推进全民阅读，打通阅读"最后一公里"

随着信息技术的发展，数字阅读、手机阅读及移动有声听书成为深受读者喜爱的新型阅读方式。适应阅读新趋势的发展，全省各地也大力开展形式多样的数字阅读推广活动，与时俱进开展数字化阅读推广，覆盖更广泛人

群。比如，周口市图书馆通过手机支付宝、芝麻信用借阅、身份证信用借阅等新型借阅手段，免除了借书押金，为居民提供优质高效的借阅服务，满足了群众的阅读需求。郑州图书馆联合中国知网举办线上读书月系列活动，在"公共服务在线"微信公众平台以及"畅知经典诵读"小程序上发布经典主题推文，内容以经典阅读、名家诗词赏析、家书文化、非遗文化四大主题为主，使得读者在家就能享受读书活动。此外，一些公共文化场馆利用直播，结合"云分享 + 云阅读 + 云福利 + 云互动"等方式，在抖音、快手等媒体开展公共文化服务线上平台直播，让群众能够通过手机等方便快捷的方式，享受阅读的乐趣，更好地满足人民群众日益增长的文化需求，提升群众的幸福感和获得感。

（二）具有地方文化特色的重大文化活动

地方文化是中华传统文化的重要组成部分，更是地域性最强、最为独特的资源，以地方文化资源为基础开展文化活动，更能贴近民众的文化需求，产生共鸣，也能更好地继承和发扬中华传统文化，促进文化的繁荣和发展。河南省作为中原大省，文化资源丰富并遍布全省，近两年，河南省各地也把地方文化特色服务创新作为重点，涌现出大量丰富多彩的地方文化活动。

比如汤阴依托"三圣"文化，打造了"精忠大鼓""跑帷子"等群众喜闻乐见的传统文化品牌。鹿邑各乡镇也涌现出一批特色文化品牌活动，太清宫镇的"老子祭典"、宋河镇的"百姓书场"、辛集镇的"担经挑"、赵村乡的"画竹"、观堂镇的"抬花轿"等乡村特色活动竞相开展。三门峡黄河文化旅游节，"印象·天鹅城"消夏音乐季等群众性文化活动影响日益增强。济源市采取"观看戏曲电影、组织专家授课、演出经典折子戏、演出优秀剧目"四种形式广泛开展"戏曲进校园"活动。信阳市连续举办两届"茶韵依依四月天"信阳原创茶歌茶舞大赛，以信阳茶文化节活动为载体，以茶歌茶舞为表现形式，运用综合艺术表现，通过声光电等科技表现手段融合、植入信阳的人文、历史、民俗、歌舞等文化记忆和符号，在全市 10 个

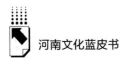

县区组织举办 103 场"茶乡欢歌唱幸福"茶歌茶舞展演活动。驻马店"天中之声"新年音乐会（举办了 13 年）、民间艺术展演、元宵灯谜竞猜活动（举办了 20 届）、"庆六一"少儿大型文艺晚会（举办了 18 年）、少儿春晚（举办了 3 届）等知名群众文化活动品牌，每年参与活动人数众多，社会反响强烈。

（三）特色场馆建设

近年来，立足于地方文化资源进行特色场馆建设，成为各地场馆拓宽服务内涵、探索发展转型、彰显文化价值、增强文化自信的重要途径。各地结合自身特色资源，大力兴建特色博物馆、纪念馆等特色馆舍，提供场馆服务。

安阳市打造"文字"文化服务品牌，投资 14.4 亿元建设中国文字博物馆，打造"甲骨文"书屋。鹿邑县建设老子历史博物馆，收集上千种老子雕像和中文、德文、法文、英文《道德经》版本，系列展示老子文化。宝丰县打造"曲艺之乡"，设立刘兰芳艺术馆，建设中国曲艺小镇，打造"展馆之城"，先后建成中华曲艺展览馆、中原解放纪念馆、宝丰科技馆、清凉寺汝官窑遗址展示馆和汝窑博物馆等。镇平县建立玉文化博物馆和彭雪枫纪念馆。叶县设立盐文化博物馆，建设"中国盐都"。洛阳市建设以二里头遗址博物馆为特色、以洛阳博物馆为中心、以国有专题性博物馆为支撑、以非国有博物馆为重要补充的博物馆体系，打造"博物馆之都"。新乡市大信家具集团投资兴建以明清时期出土家具为主题的大信家具博物馆。长垣县河南省驼人集团投资兴建了中国医学博物馆，四海集团投资兴建中国防腐博物馆。驻马店吸引社会力量投资兴建民俗文化博物馆、醋博园、李新国农民文化艺术馆等特色馆藏，丰富群众文化活动。此外，固始县利用民间资本，由王审知第 36 代孙王铭仪先生捐巨资兴建开闽三王纪念馆（建筑面积 2617.9 平方米），开展各种形式的宗亲活动，对推动欧美、东南亚、港澳台与大陆民间经济文化交流活动具有重大意义。

（四）形式多样的文化志愿服务

文化志愿服务是建设现代公共文化服务体系的重要内容，是创新基层文化服务方式的重要手段，是推动社会主义文化大发展大繁荣的生力军。提供形式多样的文化志愿者服务是推动公共文化事业科学发展的一项重要任务。公共文化事业的快速发展，单一地依靠政府文化事业单位的力量已不可能全面地满足群众日益增长的文化需求，文化志愿者作为一支具有文艺特长的志愿者队伍，能够丰富公共文化服务方式，满足人民群众多层次、多领域的文化需求，成为建设公共文化服务体系的重要力量，在实际工作中起着重要作用。

郑州市金水区和管城区引进新家园社会工作机构，采取"专业社会工作者＋志愿者"模式，撬动了社会力量参与公共文化服务。巩义市建立"8＋N"文化志愿者队伍。邓州成立"编外雷锋团"，开展文化志愿服务活动。长垣市通过文化馆分馆建设，带动乡（镇）成立了腰鼓队伍、盘鼓队伍、秧歌队伍、书法队伍、广场舞队伍等文化志愿队伍606支，乡村两级的文化志愿者队伍实现全覆盖。漯河市开展漯河新时代中国特色社会主义文化实践员平台建设，以"大家读、大家讲、大家唱、大家跳、大家演、大家练、大家赛、大家游"八大项目为载体，实施明理、明德、明心、培艺、康体五大工程，目前已招募文化实践员近千名，开展文化实践活动100余次。新蔡县组织带领全县4100多名文化志愿者启动文化志愿服务项目"明德直通车"。将"明德直通车"开到扶贫扶志第一线，开进城乡、社区、田间、地头，实施文艺演出86场、乡村课堂60多讲、人才培训80多次，辅导组建乡村文艺队伍110多个，受惠群众累计160万人次。

（五）非物质文化遗产传承展示服务

非物质文化遗产承载着人类社会的文明，是世界文化多样性的体现。加强非物质文化遗产的传承和发扬是中国传统文化发扬光大的重要路径，有利

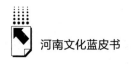

于营造一个全民参与保护的文化社会和谐氛围，也是推动公共文化发展的重要途径。河南省各地开展多种形式的非物质文化遗产传承展示活动，取得了非常好的效果。

开封市图书馆开展木版年画进校园活动。巩义市注重非物质文化遗产的传承和创新，河洛剪纸非遗文化传承人曹慧贞老师开展剪纸进校园、进社区活动。75岁的河洛大鼓第四代传承人尚继业开展了公益课堂。鹿邑县举办了老子庙会以及第四届中国鹿邑·河南省非物质文化遗产传统戏剧展演系列活动。信阳市以民歌、非遗展示、美术展览等形式，在全市广泛开展"旅途演艺角"活动，让游客在景区欣赏具有本地特色的文艺演出活动。2020年8月，河南举办弘扬黄河文化图书成果展，共展出图书341册，其中包含弘扬黄河文化图书40册、中原文化图书161册，获奖图书、走出去图书、抗疫图书等140册。《黄河志》、《黄河文明与可持续发展》（第1~15辑）、《焦裕禄精神文献典藏》、《河南通史》、《中原文化通史》、"嵩山文化大系"等豫版大部头典籍、丛书引来众多读者驻足翻阅，很受读者青睐。

（六）文化扶贫服务

习近平总书记提出"扶贫先扶志，扶贫必扶智"。经济贫困是最易识别的贫困表现，但从文化研究视角来看，文化扶贫才是从根本上对"处在困境中的人"的价值关怀。文化扶贫是从文化和精神层面上给予贫困地区以帮助，激发起贫困人口对美好生活的向往与干劲。文化扶贫是我国精准扶贫工作的重要一环，对促进我国公共文化服务体系建设及构建和谐社会具有非凡意义。各地在文化扶贫上多点发力，为河南顺利脱贫攻坚作出了重要贡献。

济源市针对文化扶贫出台政策，积极探索形成优先为贫困地区进行图书资源配送、优先电影放映、优先文艺演出配送、优先艺术培训，免费观看剧场演出、免费安装无线数字电视的"四优先、两免费"文化扶贫机制，效果良好。焦作市扎实开展扶贫扶志扶智工作，广泛开展"1+2+N"结对子、种文化、创文化活动。驻马店文化惠民立足特殊人群精神文化需求，举办"群星风采"公益晚会农民工和环卫工专场，分别举办专门针对留守儿童、外来务工和贫困家庭子女的"暑期少儿艺术公益课堂"和"少儿艺术公益流动课堂"，节目从编排到演出更加贴近实践、贴近生活、贴近群众，让文化发展成果更多惠及老百姓。此外，河南还发起"助力乡村振兴双百工程进校园"活动，将依次在河南 108 个县市（不含地市辖区）的乡村小学建立 108 个猛犸·聚沙图书馆，举办 108 场优秀传统文化进校园活动。继汝南之后，活动方还将在泌阳、淅川、封丘、洛宁、鲁山、项城、沈丘等地建设猛犸·聚沙图书馆。该活动以建设书香校园为抓手，持续推进文化扶贫，为"斩断贫困代际传递"倾情助力。

（七）文化服务模式创新

随着"文化强省"战略的推进，河南不断创新文化服务模式，既要把过去好的传统文化继承起来，又要结合现代的公共文化服务新形式，在公共文化服务建设中挖掘新元素，促进文化服务模式的创新。各地根据当地实际，加强文化和旅游、文化和教育、文化和公共服务等的融合发展，不断推进公共文化创新服务模式。

焦作市采用政府主导、社会化主体运营的方式，形成了以"文化专员＋百姓文化超市"的总分馆制模式，建立了上下联通、服务优质、有效覆盖的总分馆制网络。此外，焦作市还创新实施"春雨工程＋文艺展演＋非遗展示＋旅游推介＋线上直播"融合发展模式，以文艺形式带动、提升旅游推介活动，实现文旅融合发展。鹤壁市积极探索文旅融合新路径，稳步推进非物质文化遗产进景区、图书进景区和文化活动进景区的"三进"活动，提升景区文化内涵，充分彰显文旅融合的时代特征。新乡市辉县建立"文化站长"例会制度，尝试探索基层公共文化服务的新路径新方法。每月召开一次全市乡镇文化站长工作例会，一会一主题，开展培训、交流工作。

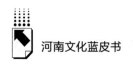

三 公共文化场馆建设与管理存在的问题及其原因

（一）公共文化场馆基础设施、分布布局以及服务网络体系尚待完善

过去的公共文化设施是在计划经济体制下形成的，已很难适应当今人民群众日益增长的文化需求。其突出表现，一是文化设施建设和布局缺乏科学的顶层设计。没有考虑文化设施的辐射半径，没有以方便人们利用为核心，目前仍有部分场地没有完全独立的场馆。此外，一些新建的公共文化服务场馆也缺少公共文化服务的意识，有的甚至把图书馆、文化馆、博物馆、少年宫等安置在人口相对较少的偏僻地段。

二是公共文化服务网络体系还不健全。全省还有开封市、平顶山市、鹤壁市、周口市4个地级市没有基层综合文化中心。鹤壁市、新乡市、焦作市、漯河市、三门峡市、商丘市、驻马店市、信阳市8个地级市还没有建设独立的儿童图书馆。此外，一些基层文化单位只有一块牌子或一间房子，根本无法开展活动。有的甚至至今都没有公共文化活动场所，文化设施建设仍然存在许多空白点，文化活动停留在自发的、散乱的、无组织状态，或处于停顿、瘫痪状态。

（二）公共文化服务人才匮乏

公共文化服务专业人才不足，尤其是高层次人才相对匮乏，已经成为制约河南文化发展的瓶颈。其一，编制人员不足。公共文化服务场馆核定编制配备工作人员情况，4类场馆达标比例为11.8%，6类场馆达标比例为5.9%，8类及以上场馆达标比例为76.5%，所有场馆均未达标比例为5.9%。公共文化服务场馆按照核定编制完成工作人员配备的只有郑州市、开封市、安阳市、焦作市、许昌市、漯河市、周口市、南阳市、信阳市。在没有按照核定编制完成工作人员配备的城市中，洛阳市图书馆编制空缺数13人，博物馆编制空缺数13人，文化馆编制空缺数9人，科技馆编制空缺数6人，工人文化宫（俱乐部）编制空缺数6人，青少年宫编制空缺数3人；平顶山市图书馆编制空缺数3人，博物馆编制空缺数5人，文化馆编制空缺数5人；鹤壁市图书馆编制空缺数7人，博物馆编制空缺数2人，文化馆编制空缺数12人，纪念馆编制空缺数1人；新乡市图书馆编制空缺数2人，博物馆编制空缺数4人，文化馆编制空缺数4人，工人文化宫（俱乐部）编制空缺数1人，青少年宫编制空缺数1人，妇女儿童活动中心编制空缺数1人，老年人活动中心编制空缺数2人；濮阳市图书馆编制空缺数5人，博物馆编制空缺数4人，文化馆编制空缺数3人；三门峡市博物馆编制空缺数1人；商丘市博物馆编制空缺数8人，文化馆编制空缺数5人，体育场（馆）编制空缺数1人，工人文化宫（俱乐部）编制空缺数3人；驻马店市图书馆编制空缺数4人，博物馆编制空缺数5人，文化馆编制空缺数5人。

其二，专业性不强。在全省的公共图书馆中，只有郑州图书馆、郑州少年儿童图书馆、洛阳市图书馆、洛阳市少年儿童图书馆对工作人员招聘有相应的专业要求，并且真正要求工作人员专业是图书馆学或情报学的只有郑州图书馆和洛阳市图书馆。在全省的文化馆中，只有开封市文化馆、洛阳市文化馆、安阳市群众艺术馆对工作人员专业有要求，且各自要求的专业还不尽相同。尽管公共文化服务场馆从业人员会参加业务培训，但在2019年5类场馆和6类场馆达标的比例均仅达到5.9%，7类场馆达标比例为17.6%，8类及以上场馆达标比例为70.6%。另外，在基层从事文化工作的干部，大多专业理论素质偏低，懂舞蹈、音乐知识，能挑大梁、独当一面的业务人员少，专业知识趋于老化、知识结构不合理的问题十分突出，对各项现代技术特别是网络信息技术的掌握尤其欠缺。

（三）基层场馆公共文化服务效能尚待进一步提高

由于许多基层图书馆、文化馆等设施落后，面积狭小，年久失修，文化活动器材和设备奇缺，特别是为基层提供的公共文化资源总量偏少、质量低，广大文化工作者无法开展相应的文化活动，服务能力弱化。其一，公共文化服务人员缺乏，志愿者服务队伍建设不健全。公共文化服务场馆中 5 类场馆有注册的志愿者队伍所占比例为 5.9％，7 类及以上场馆有注册的志愿者队伍所占比例为 94.1％。其二，公共文化服务宣传力度不够。郑州市科技馆每年定期举办主题明确、形式多样的科技宣传推广活动 441 场，鹤壁市、漯河市、商丘市科技馆没有科技宣传活动，其他地市科技馆的宣传活动均未超过 15 场。其三，公共文化服务个性化服务欠缺。公共文化场馆针对特殊人群的活动区设置和服务项目中仍有 50％以上现有场馆达标比例仅为 5.9％。其四，公共文化服务整体活动频率偏低。

（四）农村公共文化事业发展步伐缓慢

农民群众是农村文化发展的主体，但是长久以来农村公共文化产品供给的针对性不强、农民的参与度不高、满足农民文化需求的活动不多这些问题一直存在，制约着农村公共文化事业的发展。

其一，农村从事公共服务文化人员数量极度匮乏。河南省 147 个（该数据为考核系统数据）县（市、区）当中，基层综合性文化服务中心人员编制达标的乡镇（街道）数量超过 20 个的只有 19 个，数量在 10 个及以下的高达 37 个，甚至有出现为 0 的情况。

其二，农村公共文化建设普遍质量偏低，设施陈旧，总量不足，建设投入少，公共文化事业资金严重短缺。行政村（社区）配备文化管理员没有享有专项补贴的有 40 个。河南省 147 个（该数据为考核系统数据）县（市、区）当中，全部行政村基层综合性文化服务中心没有按照标准配置共享工程支中心（含公共电子阅览室）的有 10 个。

其三，农村基层文化队伍薄弱，素质偏低，农村基层文化资源严重匮乏，活动形式单一。农村提供的公共文化服务大多还停留在放电影和戏曲表演上。此外，农村人口基数大，文化基础薄弱，财政投入比例与实际文化需求相差较大，服务匮乏，资金有限。农村基层文化队伍薄弱，素质偏低，农村基层文化资源严重匮乏，活动形式单一，不能满足人民群众多元化的精神文化需求。

四 公共文化场馆建设未来发展建议

（一）强化政府责任，完善相关规章制度

根据《公共文化服务保障法》和《公共图书馆法》的要求，强化政府责任，明确政府公共文化服务职能，强化政府在公共文化场馆建设与管理方面的责任。政府部门之间要建立公共文化服务联席会议制度，确保公共文化设施、文化服务能够满足人民群众的需要；要把公共文化服务体系建设切实纳入政府目标管理责任制，落实人力、物力、财力等各项措施，保证公共文化服务体系目标任务的实现。此外，还要逐步细化落实《国务院办公厅关于政府向社会力量购买服务的指导意见》以及河南省《关于加快构建现代公共文化服务体系建设的实施意见》《推进基层综合性文化服务中心建设实施方案》。

（二）调动社会力量积极性，完善多元投入机制

要进一步改革文化投融资体制，激活文化主体和市场主体投资经营公共文化，实现公共文化服务主体的多元化。除政府要逐步加大对图书馆、博物馆、文化馆、美术馆等公益性文化场馆的事业经费和日常工作经费的保障力度外，更要改革文化事业投入方式，鼓励社会各界人士捐资兴建各类公益文化场馆，形成以国家投资为主，引导社会资金广泛参与捐赠的多渠道资金筹措机制。

（三）加大考核力度，完善评估监督机制

不断健全公共文化场馆建设和管理的考核监督机制，要将对公共图书馆、文化馆等基层公共文化场馆的考核工作纳入现代公共文化服务绩效考核体系中，并把服务农村、服务农民的情况作为基层文化场馆管理的重要考核内容，尤其要尽快完善健全县、乡（镇）、村三级考核评估机制，实行文化

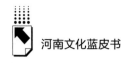

建设目标责任制，将农村文化建设年终成果考核落实到各级文化部门领导、工作人员身上，与年终奖励、薪金晋级和岗位提拔挂钩，调动工作人员的积极主动性和责任心，使得基层公共文化场馆建设与管理处于良性循环。

（四）加强队伍建设，创新文化人才培养模式

文化人才队伍是文化建设事业的主体，繁荣文化事业，创新文化氛围，离不开一支业务强、素质高的文化队伍。一方面要大力实施"人才兴文"战略，积极与高校合作，加强以文化行政人才、文化经营管理人才和文化艺术专业人才专业培养模式，来打造专业文化人才队伍。健全以培养、评价、使用、激励为主要内容的政策措施和制度保障，逐步提高从事文化工作人员的职业素质和专业水平。另一方面，寻找并培养基层文化场馆里有特长的文化能人、文化名人，激发他们的文化表演欲与自豪感，建立一支优良的文化志愿者服务队伍。将喜爱公共文化和服务的文艺人才凝聚到基层，创新选人用人机制，在解决人才短缺问题上创新思路，积极探索"不求所有，但求所用""用人不养人"的新途径。

（五）创新服务方式，提升文化场馆的服务效能

未来基层公共文化场馆服务效能提升将以基于技术改变的服务方式创新为核心，首先，要拓展公共文化空间。以图书馆、群艺馆、农家书屋、基层综合文化服务中心等基层公共文化场馆为依托，积极开展阵地服务、流动服务，把优秀文化传播到基层，与当地学校、党群服务中心和新时代文明中心、旅游景区等融合，开展和加强阵地建设，拓展公共文化空间，为当地民众提供舒适温馨的文化氛围，激发民众的文化需求。其次，基于5G、全景视频、全息影像等新技术，努力为公众提供基于云端的全媒体、多终端、智能化协同服务，以现有的电视、网络为抓手，打造嵌入公众日常生活的交互式学习、阅读和交流网络共享空间，更好实现高质量公共文化服务的全域覆盖与全民共享。通过在5G新阅读、知识服务、数字资源战略保存等方面开展合作，建立多元复合型的知识空间，提供智慧服务，更好满足人民群众多

层次、多样化的阅读需求。最后，以现有各类戏剧院团为重点，积极开展送戏下乡活动，让具有传统特色、富有时代气息的优秀戏曲浸入人们心灵深处；以众多的出土文物为依托，培养河南人民热爱河南、热爱国家的高尚情操。总之，要通过开展各种创新活动，让优秀文化深入人们的心田，在寓教于乐中提升公民的素质和文化品位。

B.4
河南省公共文化与社会治理发展报告

苗超鹏 胡泽平 秦永超*

摘 要： 现代公共文化服务体系建设是实现国家治理体系和治理能力现代
化的重要一环，是实现人民群众对美好生活向往的重要基础。社
会协同治理强调多元主体共同参与以及主体间的良性互动，从而
实现社会公共服务均等化。河南省在公共文化服务建设方面取得
了巨大成效，制度逐渐完善，体系不断健全，品牌推陈出新，考
核效果突出，形成一条创新发展的特色之路，但也存在政府主导
作用缺失、市场参与作用不大、群众主体作用不足等问题。结合
河南省发展实际，通过建立文化协商治理机制、加强标准化建
设、优化投入模式、推行"外引内育"等形式，形成更加健全
的公共文化服务体系，推进社会治理能力和治理体系现代化。

关键词： 公共文化服务 社会治理 多元主体 河南

党的十九大提出要"打造共建共治共享的社会治理格局"，党的十九
届四中全会又提出要建设"人人有责、人人尽责、人人享有的社会治理共
同体"，2021年全国两会表决通过的《中华人民共和国国民经济和社会发
展第十四个五年规划和2035年远景目标纲要》更是明确提出，"十四五"

---

* 苗超鹏，洛阳理工学院计算机与信息工程学院助教，主要研究方向为思想政治教育；胡泽
平，洛阳师范学院法学与社会学院讲师，河南省公共文化研究中心研究人员，主要研究方向
为公共政策研究；秦永超，博士，洛阳师范学院法学与社会学院副教授，河南省公共文化研
究中心研究人员，主要研究方向为社会福利与社会政策。

期间要"推动社会治理和服务重心下移、资源下沉,提高城乡社区精准化精细化服务管理能力",努力实现"人人有责、人人尽责、人人享有的社会治理共同体"的目标。这充分说明,我国从社会管理到社会治理的转变进程不断加快,公共文化服务作为保障和满足人民群众基本文化需求的重要方式,极大丰富了人民群众的文化生活,公共文化服务参与社会治理是社会治理内容和形式的重要创新,将有力推进社会治理体系和治理能力现代化。

近年来,河南省委省政府为响应党中央提出的"社会治理共同体"理念,提升公共文化服务的社会治理效能,于 2015 年 11 月印发《关于加快构建现代公共文化服务体系的实施意见》(豫办〔2015〕48 号),根据文件要求,河南省已于 2020 年底完成现代公共文化服务体系建设,为推进社会治理奠定了坚实的基础。

一 河南省公共文化与社会治理发展现状

"社会治理共同体"理念是新时代背景下社会治理理念的重大创新与发展,丰富了社会治理的基本内容,同时也为河南省公共文化服务参与社会治理提供了新视角。近几年来,河南省以全面建成覆盖城乡、便捷高效的现代公共文化服务体系为目标,进一步提升公共文化服务效能,着力满足人民群众文化需求,为实现河南省社会治理体系和治理能力现代化奠定了坚实的基础。

(一)强化统筹协调,完善各项制度标准

河南省成立了以省委常委、宣传部部长任组长,副省长等任副组长,省文化和旅游厅、省委组织部、省委编办、省发改委、省教育厅、省科技厅、省财政厅、省人社厅等 21 家单位参与的河南省公共文化服务体系建设协调领导小组,着力打造资源优化配置、标准相互衔接、服务有效整合的"大文化"服务格局。截至目前,协调领导小组分别在郑州、永城、平顶山、

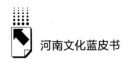

洛阳、安阳等地召开会议，针对公共文化服务体系建设过程中存在的困难问题进行协调解决，并对工作的进一步开展提出新的要求。

在协调领导小组的推动下，河南省先后发布了《河南省人民政府办公厅转发省文化厅等部门关于做好政府向社会力量购买公共文化服务工作实施意见的通知》（豫政办〔2016〕68 号）、《河南省人民政府办公厅关于印发河南省推进基层综合性文化服务中心建设实施方案的通知》（豫政办〔2016〕113 号）、《河南省文化和旅游厅关于印发河南省县级文化馆图书馆总分馆制建设基本标准的通知》（豫文旅公共〔2019〕6 号）等一系列规范性文件。这些规范性文件的出台，为河南省公共文化服务体系建设提供了有力的制度保障。

（二）完善设施网络，打通"最后一公里"

近年来，河南省公共文化服务体系建设取得了巨大成效。据统计，截至目前，河南省基层综合性公共文化服务中心应建数 50799 个，已经建成 50586 个，建成率达到 99.58%，县级文化馆总分馆制建设应建数 2344 个，已建成 2153 个，建成率 91.85%；县级图书馆总分馆制建设应建数 2272 个，已建成 1986 个，建成率 87.41%。全省市级以上有公共图书馆 18 家、公共文化馆 18 家，并且全部进行了法人治理结构改革。此外，在《公共文化服务保障法》明确规定的公共文化服务范围内，协调领导小组各部门建成职工书屋 1.3 万家、农家书屋 46000 多个、数字电影广场 100 多个，依托乡镇体育协会和乡镇文化站建立基层体育组织 2253 个，将公共文化服务延伸到广大农村地区，为打通"最后一公里"提供了必要的设施网络。全省已经初步建成了省、市、县、乡、村五级公共文化设施网络。

（三）打造品牌活动，发动全民参与

根据《公共文化服务保障法》的要求，积极打造优秀品牌活动，带动广大群众积极参与其中。"群星耀中原　美丽新乡村"——河南省第四届艺术广场舞展演，为各地培训广场舞骨干人才 6800 多名，线上培训 9000 多

名，通过市、县、乡、村四级选拔，共有 15600 个团队进行了参选，46 个作品最终入选全省进行展演；2019 年开展的"我和我的祖国·群星耀中原"活动，先后有 1 万多支团队 30 多万群众参与进来。此外还相继开展了"大河上下"——第十二届黄河流域九省（区）艺术摄影展、"黄河谣、华夏源"——第十届河南省少儿文化艺术展演。尤其是近 3 年来，随着村级综合性文化服务中心建设的持续推进，省文旅厅把品牌活动进一步向乡村和社区延伸，要求 5 大品牌活动都要开展到村级，让基层老百姓足不出村就可以享受到公共文化服务，同时，也给基层老百姓一个通过层层选拔展示自我、表现自我的平台。这使几大品牌活动每年在全省开展的总场次达到了 50 多万，直接服务 6000 多万人次。

（四）深化绩效考核，强化效能发挥

2013～2017 年，省文化厅在全省开展了针对图书馆、文化馆、乡镇文化站服务效能的绩效考核。2018 年，依据省政府办公厅印发的《河南省现代公共文化服务体系建设绩效考核办法（试行）》，确定由省公共文化服务体系建设协调领导小组组织开展全省考核工作。考核工作进一步夯实了各级政府的主体责任，推动各地强化了公共文化建设的保障措施，树立了以效能为重点的工作导向，对"十三五"时期公共文化各项重点工作任务的落实起到了积极的推动作用。

2017 年，省文化厅在洛阳市和安阳市开展了试点考核工作。2018 年和 2019 年连续两年省文旅厅联合省委宣传部、省财政厅等部门共同开展了考核工作，采取线上填报、现场考核、第三方评估三种方式开展。线上考核一般在每年年底进行，现场考核和第三方评估在第二年年初开展。按照考核方案要求，现场考核组采取听汇报、查资料、现场查看和随机抽查等形式对各地开展现场考核。每个省辖市抽查 2 个县（市、区），每个县（市、区）抽查 2 个乡镇（街道），每个乡镇（街道）再抽查 2 个村（社区）。2019 年度的考核工作，省文旅厅委托北京一家公司对全省各地群众对公共文化服务体系建设知晓率和满意度进行评估。根据考核办法，省文旅厅对考核成绩突出

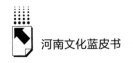

的地区进行奖励，2020 年奖励了 3900 万元，2021 年计划对 7 个省辖市、4 个省直管县奖励 3500 万元。

二 河南省公共文化与社会治理发展特色

近些年来，河南省积极探索公共文化参与社会治理的有效路径，通过不断地尝试创新，如今形成了全省统筹协调、各地市创新发展的特色之路。

（一）树立工作标杆，彰显示范效应

截至目前，河南省创建了 4 个国家级公共文化服务体系示范区、8 个示范项目，创建了 24 个省级示范区和 24 个省级示范项目。在示范区、示范项目的构建中，政府、市场、社会、公民等各个主体的作用都得到了有效发挥，区域内社会成员对公共文化活动、资源、发展共同承担起了参与、支持、维护的责任，逐步实现了人人有责、人人尽责、人人享有的"共建、共治、共享"的社会治理格局。示范区创建的各项指标都是从群众的根本利益出发，既明确了公共服务供给主体的多元化，又体现了供给方式、供给内容、供给对象多样化、专业化。在推进创建工作的过程中，各创建单位严格对照创建标准和验收标准，完善服务设施，提升服务效能，使当地公共文化服务在推动社会治理中扮演越来越重要的角色，发挥越来越大的作用。

焦作市"百姓文化超市"数字化建设项目是第四批国家公共文化服务体系创建示范项目，也是在社会治理构建的时代背景下应运而生的创新实践项目。自 2016 年以来，焦作市以群众需求为根本，建立了"百姓点单、供给主体接单、政府买单"的"百姓文化超市"新型公共文化服务供给模式。焦作市通过委托、政府购买等多种方式引入社会力量参与公共文化，实现了多方主体共同参与、服务内容更加丰富，有效解决了政府供给主体单一及文化服务不能有效满足人民群众需求的问题，使公共文化各方供给主体都充分参与到社会治理中来，为推动社会治理贡献力量。

示范区、示范项目的创建，有效提升了该区域公共文化服务效能，让人

民群众切实享受到了社会治理带来的红利。兰考县投资近 5 亿元，新建或改扩建 13 处公共文化设施，人均占有面积由原来的城市居民人均 0.15 平方米提高到了 0.48 平方米，投资 6000 余万元，完成了 600 个多村级文化服务中心建设。灵宝市积极开展"一乡（镇）一特色、一村一品牌"活动，函谷关镇的老子文化、阳平镇的黄帝文化、寺河乡的果香生态、朱阳镇的红色革命传统教育以及尹庄镇西车村的道情皮影、豫灵镇王家村的亚武天锣等品牌得以彰显，通过整合现有资源优势，实现了在民俗传承、文化体育、乡村旅游等方面的特色化、多元化发展。舞钢市通过创建，使公共文化服务队伍平均年龄由 45 岁下降到 38 岁，大专以上学历人员占比由 46% 提高到 70%，有效改善了文化队伍年龄偏大、知识结构较低的状况，服务群众水平有了显著提高。同时，创建工作带动了各地多方资金投入，省财政厅对每个示范区奖励 200 万元，每个示范项目奖励 50 万元，从创建实际来看，带动了各地民间资本对公共文化建设投入的热潮，撬动地方财政投入和社会资本投入平均达到约 1∶100。灵宝市撬动社会资金 3.6 亿元，林州市民间投资 1.5 亿元用于公共文化设施建设，淮阳县、西平县等示范区引导民间资本投入资金都大大超过了公共财政投入的比例。

（二）建设城市书房，营造书香社会

城市书房建设是公共文化服务的进一步细化，是图书馆功能的延伸，在城市书房的建设与运行过程中，有效地融入政企共建、志愿服务、社区活动等社会治理相关内容，推进社会治理更加精细化。截至目前，河南省共建成投用城市书房 500 余座，其中洛阳 200 余座、郑州 60 余座、驻马店 30 余座、安阳 30 余座，河南省城市书房建设更是受到多家主流媒体关注，中央电视台、《人民日报》、《光明日报》、《中国文化报》等中央和省、市主要媒体持续宣传报道。2019 年 5 月，在文化和旅游部推进公共文化领域重点改革任务落实培训班和全国图书馆总分馆制及城市书房建设研讨班上，洛阳市应邀参加并介绍了城市书房建设工作经验。2019 年 8 月 8 日，央视《走遍中国》栏目播放洛阳市《城市书房》专题片，时长近 30 分钟。洛阳市城

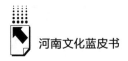
市书房建设成为全省公共文化参与社会治理的创新先行点。

洛阳市紧紧围绕国家开展全民阅读、建设书香社会的部署，将城市书房建设作为百城建设提质和文明城市创建工作的重要抓手，推进"河洛书苑"城市书房建设。在城市书房建设的基础上，洛阳市不断丰富"书香洛阳"的内涵，将每月23日定为"书香洛阳"主题读书日活动，并开设报纸专题专栏，持续深入开展阅读推广活动，2020年，全市城市书房共接待读者904.17万余人，图书借阅量247.3万余册，新增办理读者证5万余张，举办各类阅读推广活动3635余场，参与活动13.9万余人次，在全市形成了"爱读书、读好书、善读书"的文化氛围，产生了良好的社会效益。

洛阳市城市书房的基本建设原则为"政府主导、市区（县）共建、社会参与、全民共享"。洛阳市书房建设过程中，在资金投入上，市区两级共同出资建设，市级财政负责采购图书和设备所需费用，场地、人员、维修等其他费用由区级财政承担，各县（市）独立建设运营。在人员配备上，采用政府购买、服务外包和志愿服务相结合的模式，保证书房有管理人员为读者服务。在建设模式上，以区政府为建设主体，与社会力量共建书房，通过撬动社会力量参与，降低建设投入和运营成本。首批城市书房建成投用后，全市各部门各行业踊跃参与，市总工会出资合作建设城市书房（智慧职工书屋）12座，市城市管理局将部分公园管理用房用于城市书房建设，市教育局将部分初中小学门面房收回用于城市书房建设。洛阳城市书房建设将"共建共治共享"社会治理理念落到了实处。

洛阳市城市书房的建设，既促进了社会矛盾的防范和化解，促进社会公平，又为基层社会治理提供了平台和载体。社会公平是中国特色社会治理的核心诉求，推进城市书房建设，实现公共文化服务均等化，是实现社会公平的重要方式，洛阳市城市书房布局在市区和县市的人口集聚区域，都位于大型街道、社区、繁华商业街、工业园区等的沿街一楼，另在宾馆、医院、机场等建设阅读服务点20余个，基本形成了覆盖全市、城乡一体、功能完备、管理规范的图书馆总分馆服务体系，"15分钟阅读文化圈"得以实现，真正做到了选址的科学合理实用，让社会公平得到了实现载体。同样，洛阳市城市书房也为社区活动的开展提供了绝佳条件，而社区活动是基层社会治理的重要载体和平台。洛阳市城市书房建设，为丰富社区活动提供了充足的空间。社区或社会组织可利用城市书房定期组织读书会、阅读分享会等活动，丰富的阅读资源可极大满足广大群众对阅读文化的需求，舒适的软硬件设施也为相关活动开展提供了场地空间。同时，作为阅读学习场所，城市书房也为中小学生提供了良好的课后学习阅读的环境，学生们既可在城市书房写作业，也可阅读丰富自己的精神世界。城市书房也可根据社区不同群体的不同爱好，如绘画、摄影、健康养生等，进行相关主题活动，丰富群众的业余生活。其社区委员会或业主委员会也可在此进行公共问题沟通协商等事项。这些活动将有效缓解社会矛盾，促进社会和谐，让美好社区的共建共治共享成为可能。

（三）强化志愿服务，繁荣文化活动

志愿服务作为一种公民参与、共同合作的集体行动，对于推动国家治理体系和治理能力的现代化意义重大。河南省作为人口大省和农业大省，一半以上的人口生活在乡村地区，解决好乡村文化建设、让农民群众都享受到基本公共文化权利，将会有效发挥文化育人作用，缓解社会矛盾，促进社会和谐，推动基层社会治理工作有序开展。实现乡村公共文化服务均等化，不仅需要政府来主导，更需要广大人民群众参与进来，真正实现社会治理的多方参与。河南省通过不断地探索，挖掘了一条文化志愿服务引领"群众自办文化"的乡村文化建设新路，充分激发了群众自办文化的积极性，把自上而下的政府力量和自下而上的民间力量统一起来，着力破解工作难题。

志愿服务是国家和社会治理的有生力量，为有效发挥文化志愿者的作用，2019年8月，河南省在全省启动了"寻找村宝——河南省大型文化志愿公益"活动，数千名文化志愿者化身"寻宝使者"，组成团队，深入农村，发动群众开展识宝、赛宝、荟宝等活动，挖掘热爱文化事业、热心群众文化活动的文化能人，让乡村文化更加繁荣，使基层治理更加富有生命力。为推动此次乡村文化志愿服务活动达到预期效果，确保各个环节有条不紊地

推进开展，河南省文化和旅游厅在省文化志愿者办公室的基础上专门成立了"寻找村宝"组委会，由省文化和旅游厅一级巡视员康洁担任主任，下设办公室，安排专人负责寻宝活动。"寻宝办"多次召开会议研究相关工作，先后制定了《"寻找村宝"活动方案》《文化志愿者团队"寻找村宝"工作标准》《"寻找村宝"活动细则》等一系列文件，确保各项活动有章可依。

为确保志愿活动的开展效果，志愿者办公室专门明确细化了志愿工作的各个阶段和流程。一是确定活动乡村。全省各县（市、区）按照各地实际情况，选择三个行政村进行试点。二是招募匹配志愿者。试点村已有"乡村音乐厅""阳光工程""圆梦工程"志愿服务团队的，依托这些志愿服务团队组织实施；没有的，则通过向社会招募有文化特长的志愿者，原则上每个村匹配 1 个文化志愿团队或 35 名志愿者，以"寻宝使者"的名义，深入基层，帮助各村组织开展"寻找村宝"活动。三是前期对接。各县（市、区）文化志愿服务办公室组织志愿者团队或人员与试点村党支部、村委会进行对接、协调和协议签订。四是宣传推荐。试点村成立活动小组，通过召开会议、张贴海报、推广订阅号等，在全体村民中广泛宣传，提高村民对寻宝活动的知晓率，通过组织推荐、群众推荐、个人自荐、媒体发现等多种形式，推荐出一批"村宝"候选人。五是"赛宝"海选。在试点村开展"我村有宝"比赛，村委会、志愿者团队组织全村人员参与"村宝"候选人海选活动，通过现场群众打分、志愿团队评判，每个活动村确定出 5 名左右的"村宝"。六是推进文艺创作。村委会、志愿者团队深度挖掘"村宝"素材，通过对其现实生活的观察、体验、研究分析等，结合当地文化特色，以群众喜闻乐见的形式对"村宝"事迹进行或讲或唱、或舞或演等不同形式的创编，形成"村宝"原创作品。七是表彰先进典型。在各乡镇"赛宝"选拔的基础上，以县为单位开展"我村有宝"比赛。在各乡镇选拔出的"村宝"基础上，评选出"最震撼村宝""最出彩村宝""最感动村宝"等，作为参加市、省级赛宝的基础。省"寻找村宝"办公室通过各市、县（市、区）推选、网络投票、专家点评等，遴选出河南省年度"村宝"及优秀组织奖、优秀文艺节目等，并举行颁奖活动，予以表彰。

文化志愿服务可以充分调动社会主体参与公共文化事务的积极性，从而成为社会治理的有机组成部分，"寻找村宝"活动既是河南省文化和旅游厅对之前"乡村音乐厅"等文化志愿活动的继承和发展，更是一次实践创新，充分调动了社会力量，让文化志愿者下沉到乡村一线进行指导和帮助，将外部"输血"转化为自我"造血"，挖掘出乡村中那些真正热爱文化事业，热心群众文化，不以物质报酬为目的，愿意利用自己的时间、文艺技能等，积极组织和带动村民开展各种文化活动，带动公益性文化艺术服务的文化能人、乡贤、驻村干部、新村民等。这些人是乡村文化振兴的"宝藏"，是激发乡村文化发展的种子和火种，他们扎根乡村、熟悉乡村、热爱乡村，把他们寻找出来、调动起来、组织起来，就能真正实现广大农村地区从"送"文化到"种"文化的转变，就能有效激发农民群众参与乡村文化振兴的热情和积极性。

文化志愿服务活动的开展，不仅进一步加强了河南省文化志愿者的建设，更壮大了基层公共文化队伍。2019年，该活动共招募文化志愿者6339名，志愿者团队356个，涉及的文化志愿服务领域包括戏曲、曲艺、舞蹈、歌咏、乐器、非遗保护等多个方面，参与试点的1048个村共挖掘推选出优秀"村宝"1717名，涌现出一大批扎根乡村的优秀文化人才。截至目前，全省活动注册文化志愿者已达41290名，共4317个志愿团队，参与文化志愿活动的行政村扩大至9600多个。这些文化志愿者和"村宝"已成为河南省农村地区公共文化建设的一支重要力量。河南省积极探索，勇于创新，跳出传统的思维和方式，充分发挥文化志愿者和队伍的作用，让他们从"送"文化变为"种"文化，把群众中间的文化"宝藏"找出来、用起来，给他们助力，让他们发力，使乡里乡亲真正成为乡村文化的参与者、受益者、享受者，通过引导"群众自办文化"开辟出一条乡村文化建设的新路，推动乡村文化的可持续发展，为推进乡村基层治理打下了坚实基础。

（四）联合企业共建，精细社区服务

在城市基层治理实践中，充分发挥经济组织与社区共建共享是城市基层

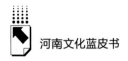

治理的一大特色。郑州市在推进公共文化服务参与社区治理的探索中，促成河南建业物业与社区公共文化建设协同发展，推动了社区公共文化建设，提高了居民文化素养，筑牢了基层治理阵地。

党的十八大以来，随着文化建设的稳步推进，社区公共文化建设取得了巨大进步。但与社区居民多样化文化需求相比，社区公共文化还存在供给主体单一、需求脱节和参与度不高等诸多不足。特别是在文化建设上，街道、社区作为社区文化建设的单一服务主体，服务效果难以完全满足群众需要。而物业企业作为第三方社会力量，可以充分利用自身组织资源和贴近群众的工作优势，以其独有作用补充完善基层公共文化建设的功能，也给社会治理方式的创新提供了机遇。企业参与社区公共文化服务供给，既是市场竞争和品牌塑造的需要，也是履行企业社会责任、满足群众多元化需求的必然要求。河南建业物业围绕着社区文化建设，以"让河南人民都过上好生活"为核心诉求，从社区群众需求出发，一方面与街道社区和公益组织等在公共文化服务和活动方面紧密合作，搭建合作机制，整合多方资源，丰富基层社区的文化供给；另一方面通过建立四级文化专员体系，积极发挥文化专员作用，建立群众需求反馈机制，打造"幸福时光里"社区主题文化活动和"幸福盟"社区文化组织，实现了资源的充分联动，有效满足了社区群众的多元文化需求，促进了社区的和谐与稳定。

河南建业以社区文化专员为主线，建立四级文化专员队伍体系，探索实现各区域物业间文化资源、人力资源等的联动共享。第一级为建业物业总部文化专员，负责整体文化活动方案的规划与设计。第二级为各分支机构社区文化专员，负责区域文化活动的安排与指导。第三级为片区社区文化专员，统筹连片社区的文化活动。第四级为小区社区文化专员，负责对接街道文化活动以及具体文化活动的安排、文化志愿者招募等工作。通过建立总部文化专员—各分支机构社区文化专员—各片区社区文化专员—各小区社区文化专员，形成了四级联动体系，活动联动、宣传联动、资源联动，强资源区域带动低资源区域，在活动打造、宣传打造上形成合力，充分发挥各区域优势资源，取长补短。建业物业以政府为指导，在基层文化工作上紧密结合街道、社区文化服务中心的活动安排，以社区为切入口，与街道社区、公益组织等积极合作，搭建基层文化服务平台，开展丰富多样的文化活动。一是"引进来"，将文化资源嵌入社区内部。建业物业与本源书院基金会合作，建业为其免费提供空间，本源书院基金会提供文化服务内容，建立了本源社区书院，内设社区书房、社区童书馆、社区人文学堂和社区义工中心，不仅向群众免费提供图书借阅，还举行各类读书交流活动，定期开设书法、国画、大极、古琴、礼仪等课程，搭建贴近大众的文化普及平台。二是"走出去"，丰富社区文化服务供给。建业物业走出小区，社区、物业和业主三方各派人员形成局域联盟小组，打造三方联建机制，既整合了各方资源，又针对社区文化活动开展方案共同讨论，联合行动。在文化队伍上，与社区文化服务中心共同建立群众文化艺术团队，定期组织群众文化活动。泰宏建业国际城物业服务中心联动街道社区共同宣传，每逢国庆、中秋等节日，共同组织大型晚会，组织举办包饺子、猜灯谜、亲子手工等社区文化活动。

建业物业通过与街道社区、公益组织等合作开展社区公共文化服务活动，既丰富了基层的文化产品和服务供给，解决了基层公共文化供给主体单一、有效供给不足的问题，同时也增强了群众对于企业品牌和企业文化的认可度，提升了企业的核心竞争力，展示了企业应有的社会责任，实现了社区文化建设和物业发展的共赢。并且，建业物业建立四级企业文化专员制，设置专职的文化工作人员，依托文化专员开展了丰富的群众文化活动，实现了企业文化资源和文化活动的联动效应。建业通过"倒三角"反馈及时掌握群众需求，同时又与多方组织合作，建立"幸福盟"，在礼仪、旅游、舞蹈、运动、音乐、棋艺、国学、亲子娱乐等多方面开展活动，满足了基层群众的多元化、个性化需求，真正实现了精准服务，使社区治理多方参与得以实现。

《中华人民共和国公共文化服务保障法》规定："国家鼓励和支持公民、法人和其他组织通过兴办实体、资助项目、赞助活动、提供设施、捐赠产品等方式，参与提供公共文化服务。"企业要实现可持续发展，必然要寻求与政府利益及社会利益的结合点，这就要求企业在追求经济效益的同时，也要

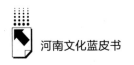

积极兼顾相应的社会效益。建业物业积极履行社会责任，一方面与街道、社区和公益组织合作开展社区文化活动，另一方面从总部到小区建立了四级企业文化专员体系，通过外引内联，精准把握群众文化需求，走出了一条物业企业等社会力量参与社区公共文化建设的新路子，构建起了共建共享共治的社区文化治理新格局。

三　河南省公共文化社会治理的困境

解决文化服务供给和百姓文化需求之间的矛盾，不仅是一个满足民众日常文化生活需求、满足城乡建设对公共文化需求的现实议题，更是一项再造基层社区文化生活、改善政府社会治理方式的综合性系统工程。公共文化服务体系的有序开展和预期目标的实现，将重新塑造基层社会的文化生活面貌，加强文化对公民的凝聚作用，提升现代国家的基层治理能力。

在公共文化服务体系构建中，政府、市场、社会都应是体系运转中必不可少的要素。而充分提高体系构建效能的关键，在于各个主体的职责或角色扮演得到科学界定，即合理划分或定位各自在建设公共文化服务体系中的作用边界。

（一）政府主导作用应进一步完善

1.公共文化领导协调机制的统筹力有待提升

省市县公共文化服务体系建设协调组由同级宣传部门、编办、文明办、发改委、教育部门、科技部门、财政部门、人力资源和社会保障部门、文化部门、质检部门、新闻出版广电部门、体育部门、文物部门、扶贫办、工会、共青团、妇联、残联、科协、标准委等部门组成，各级协调领导小组在整合文化资源、构建大文化格局上发挥了重要作用。在目前的条条管理体制下，公共文化存量资源分散在不同部门，存在大量的碎片化、资源缺乏与资源闲置并存、资源分散与体系化程度低等问题；部门各自为政、多头管理、资源利用率和服务效能不高等现象仍然存在，难以形成合力。

2. 政府提供的公共文化服务内容有待丰富

尽管公共文化的基本属性被认为应包括公益性、基本性、便利性和均等性，特别是将均等性作为核心内容，但基本公共文化服务均等更多地表现为每个社会成员都享有大体均衡的外部条件和平等的机会与权利，而不是绝对相等和简单平均，更不是不论社区实际情况和人群具体特征提供千篇一律的文化服务。

目前在城市和乡村地区所实行的统一兴建社区图书馆、农家书屋的做法，体现了一种标准化、均等化、清晰化、数字化的治理视角，所追求的是名义上的无差别供给、统计学意义上的文化服务设施的概括性把握，而忽略了文化复杂性、族群异质性、地方差异性和个体多样性，相应地，也由于各种原因出现了设施空置、项目遇冷的情况。

服务内容与形式单一。公共文化服务内容必须符合社会主义核心价值观的要求，然而在具体实践中，各级政府提供的公共文化服务内容与群众倾向于通俗化、浅显性、实用性的文化需求和接收能力出现了缝隙。尽管投入了大量人力、物力、财力，却未能对其进行科学合理的有效运用，没有发挥出应有的现实效益。

尽管多数地区已经建设有城市书苑、农家书屋、综合性文化活动中心等，但当前公共文化服务供给总量不足仍是不争的事实。书苑书屋中书籍缺乏针对性，导致有些人没书看，有些书没人看；图书更新缓慢影响群众借阅积极性；服务形式单一，不能激发文化水平较低人群的阅读兴趣。文化活动不够丰富，送戏、送电影数量有限，健康讲堂、科技普及等活动较少，文体活动不多等。

公共文化服务效果与预期仍有差距。目前各级公共文化服务体系建设中，仍处于重设施轻服务、重建设轻管理的阶段，影响公共文化服务效果。部分地区图书馆、农家书院的开放程度、管理制度、管理人员素质的受重视程度不够，导致其现实效用大打折扣。群众参与度不够、文化活动贫乏、设备设施利用率不高、图书资料流通率不高，导致群众无法获得有益的文化体验，使文化惠民政策并未落到实处。部分地区市场化的文化服务思想格调不

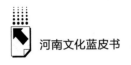

高，价值扭曲、低级趣味、过度娱乐化，使文化业态恶化，对群众的思想道德产生消极作用。

3. 公共文化服务体系的考核机制有待改进

科学、有效、全面的绩效考核机制，对于提高公共文化服务水平，实现公共文化服务的计划性、有效性和科学性，繁荣文化发展具有十分重要的意义。河南省在全国率先推行公共文化服务考评体系，出台了《河南省现代公共文化服务体系建设考核指标体系与考核办法》，2017年开展试点工作，2018年全面施行，2019年、2020年及当前在持续推进。

从区域来看，评估监督从注重城市公共文化服务体系的建设效果向农村公共文化服务体系关注转移；从文化服务机构来看，图书馆、博物馆等领域评价相对充分，对乡镇文化站、农家书屋等基层文化场馆的绩效评价有待强化；各地方政府与第三方机构制定的绩效指标个数参差不齐、指标权重结构比例差异很大、大文化和小文化口径不一。

在河南省近几年公共文化服务体系建设评估中，其考评指标标准是以《关于加快构建现代公共文化服务体系的意见》《关于推进基层综合性文化服务中心建设的指导意见》等国家刚性兜底标准为依据，更多是与国家公共文化服务体系阶段性任务计划保持一致。为稳步推进，考评指标标准与省文旅厅、市县文广新局每年度的公共文化服务体系重点建设任务略有出入，也滞后于部分地区的现实建设成果。

"线上自行填报+线下专家现场考核+线下第三方评估"相结合的考核评估方式，已尽可能地对市县公共文化服务体系建设进行了全面系统的评估监督。但由于各市县自行填报的水平不一，考核评估与实际建设水平略有偏移；线下专家现场考核和第三方暗访评估的随机抽样调查结果，其代表性与普适性也受到部分市县的质疑。

（二）市场的参与作用应进一步加大

推动现代公共文化服务的社会化，是"深化文化体制机制改革"的题中应有之义。"焦作市百姓文化超市""新密市一鸣书居""建业物业社区文

148

化建设"等,是河南省创新公共文化服务的有益实践。公共文化主管机构通过建立社会文化资源库、制定出台社会化运营工作实施办法,加强运营和配送主体的培育监管,制定运营和配送主体绩效评价和考核办法等一系列举措,鼓励企事业文化机构等社会力量积极参与公共文化服务体系建设,实现了文化供给的多元化,激活了市场活力,有效解决了基层文化阵地设施利用率不高、文化资源不优、服务不专业的难题,为文化领域供给侧结构性改革和需求侧服务模式创新提供了可借鉴经验。

但公共文化服务的建设不是一个"跃进"式的过程。从"社会资本"角度来看,"社会管理不是政府对社会事务的管制,更强调社会对于社会事务的管理,它应该是社区、社团、社会组织、企业等各种社会单位、团体和个人对社会公共事务的共管共治"。作为社会公益事业发展的重要内容,公共文化服务体系的构建必须重视各参与主体间利益关系的协调,建立广泛的社会信任,形成覆盖城乡的文化服务共建共享网络。此外,公共文化服务各供给主体间的角色定位与职责划分并不明晰,共建完成后的利益分配也须再做考量。

企业是中国特色社会主义市场经济主体的重要组成部分,也是社会治理的重要参与主体之一。企业积极投身社会发展与建设,承担一定的社会责任,能为企业赢得更好的社会声誉和更好的自身发展社会氛围。其在谋求自身利益的同时,还推动社会治理格局的完善。企业应该利用其对文化需求的敏捷感知力,通过政府购买、补助等方式,提供更能符合居民需求的公共文化服务,担负起公共文化服务合作者、参与者的角色任务。

企业有着资本优势,而且能敏锐地捕捉到居民的文化需求,但是可能基于"理性选择"而不参与公益性极强的公共文化服务供给。当前社会企业参与的河南省各地公共文化建设,更多的是从其企业的战略规划与发展利益出发,有选择性地进行试点,而没有形成规模效应;而且参与的深度不足,各地政府多从公共文化的设施建设、服务内容的购买等方面,在撬动社会资本方面的政策有宽度,在公共文化设施设备的运营和管理机制上则限制较多,为了保证公益性,在增加有偿服务的权限放开方面有限。

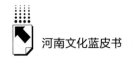

（三）群众的主体作用应进一步凸显

居民是构成社会的最微小的个体，是社会治理工作的最根本的参与者，其在共建共治共享社会治理格局构建过程中主体意识的发挥意义重大，是组织协调的重要因素。居民参与公共文化服务意味着其意图通过与外界互动来重塑自我认同和社会认同，实现自身文化权益。居民在公共文化服务供给过程中有着多重身份，既是文化需求的提供者，也是文化服务的接受者与评估者。

长期以来，公民被视为公共文化服务的被动享用者，其主动参与文化建设的主体性价值往往遭到忽视，然而公共文化服务体系构建不仅是供给主体提供何种服务与如何提供服务的问题，更应是作为需求主体的公众如何表达文化诉求、参与文化创造的问题。

我国群众文化建设长期以来都是由政府部门来主管，受思维定式和运作惯性影响，群众自治文化组织难以直接参与到公共文化建设中去，参与空间狭窄、参与渠道不畅，缺乏成功的可推广、可复制模式路径。群众自治文化组织发展尚不充分，目前仍处于起步探索阶段，远未成长为群众文化建设的有力组织者和管理者，参与水平不高。此外，部分群众自治文化组织受利益驱动影响，缺乏公益精神，造成参与动机不足、意识不强。

四　河南省公共文化社会治理的途径

实现公共文化服务体系共建共享是解决公共服务供给与经济社会发展不平衡问题的策略选择，也是满足城乡居民多元精神文化需求、缓和供需矛盾的现实路径。

共建共享是社会主义的基本原则与基本特征，其价值指向在于不同区域间文化资源的开放互通和服务供给主体间的协同合作，同时在内涵上也涵括了不同区域和各社会主体分享公共文化服务体系经济与社会效益的机会均等性，即全体社会成员对公共文化活动、资源与发展应共同承担起参与、支持与维护的责任。可以说，共建共享是"以人为本"的科学发展理念在文化发展领域的具体体现，也是公正平等价值理念在公共文化领域的延伸。

当前，河南省公共文化服务体系的标准化、均等化、数字化、社会化、制度化建设正向纵深推进，公共文化硬件设施、服务内容已从达标验收向效能提升转变；设施建设后的管理维护、使用效率，文化服务的内容更新、提质增效，服务水平与服务效能的提升，成为公共文化服务体系建设的新内容、新任务。

（一）建立"文化协商治理机制"，增强公共文化管理效能

1.严格落实意识形态责任制

坚持以习近平新时代中国特色社会主义思想为指引，认真落实习近平总书记关于意识形态工作的系列论述及指示精神，严格落实省市县乡村党委（党组）意识形态工作责任制，自觉将意识形态工作融入贯穿公共文化发展工作中。定期听取工作汇报，分析研判意识形态领域形势，切实当好意识形态工作的落实者、推动者和执行者。

将公共文化发展建设纳入省市县乡各级政府重要议事日程，纳入领导班子、领导干部目标管理，与经济、政治、文化、社会、生态文明和党的建设紧密结合，同部署、同落实、同检查、同考核。基层政府结合实际制定实施方案、规划或专项行动计划，明确任务表、路线图和责任清单，形成一级抓一级、层层抓落实的良好工作局面。

2.完善公共文化建设参与机制

（1）推进公共文化机构法人治理结构纵深改革

首先，进一步推进河南省内的省市县乡公共图书馆、博物馆、文化馆等公共文化机构法人治理结构改革，吸纳有关方面代表、专业人士和公众参与管理，组建理事会、搭建管理层、制定机构章程，完善公共文化机构内部管理机制。其次，建立馆际联盟。建立省市县乡公共图书馆、博物馆、文化馆、科技馆等公共文化机构协作联盟，既加强专项馆的上下纵向协作，也推进同一级别各馆的横向平台搭建，提升河南省公共文化机构的协作运行机制

水平，推进公共文化机构互联互通、共建共享。最后，开展总分馆建设。积极探索市县文化馆、图书馆总分馆制建设，推行上下联动、服务优质、有效覆盖的市县级文化馆、图书馆总分馆制；建立健全以"市县文化馆、图书馆为总馆，乡镇（街道）综合文化站为分馆，村（社区）公共文化综合服务中心为支点"的总分馆体系，实现资源共建共享、服务上下联动，解决基层资源和服务总量不足、质量不高的问题。

（2）建立健全群众公共文化理事会

坚持群众主体，归还社会"办文化"自主权利，坚持"主导不包揽、引导不越位"，推进管办分离，建立由基层党委政府有关部门、公共文化机构、农民代表、本地乡贤、本地优秀文化人才、文艺团体和其他方面代表组成的群众文化理事会等基层文化治理组织。群众文化理事会通过自发成立、自治管理、自助服务、自觉监督，建立对接群众需求、开展文化服务的议事决策共治机制，吸收群众意见和扩大群众监督，使文化活动更贴近本地实际，扩大参与覆盖范围，解决农村和农民文化沟通机制不畅问题，推动文化繁荣兴盛。

紧紧围绕"以人民为中心"的工作方向，树立"党政主导、社会主办、群众主体"三位一体原则，建立健全"党委政府领导、理事会决策、文化站执行、农民文化协会参与、监事会监督"的管理体制，改变政府以往"管建设、管投入、管活动"的全包干现状，转变为政府"管舆论导向、管安全维稳、管设备资产、管资金奖补"，推进政府从"办"文化向"管"文化过渡，强化群众主体自我服务，实现政府、群众、社会资源的有效整合。

3. 加快建立多元评估监督机制

（1）完善公共文化服务的政府内部纵向评估机制

建立公共文化服务体系考评系统，完善工作评价机制。进一步完善《公共文化建设考核指标体系与考核办法》，纳入科学发展考核指标；出台"公共文化服务绩效管理体系"，对市县乡各级党委、政府推进公共文化发展体系建设情况进行绩效考核，作为考核评价领导班子和领导干部政绩的重要内容。完善公共文化服务质量检测体系，研究制定公众满意度指标，建立有公众参与的公共文化设施使用效能考核评价制度。

（2）推广第三方评价机制

广泛引入由社会志愿者团体、行业协会、专业评估企业为代表的第三方，健全公共文化发展第三方测评制度，委托第三方测评机构对公共文化建设成效开展暗访巡查和评估，由第三方独立开展评估。建立群众评价和反馈机制，及时反馈测评信息，通报测评结果，保证测评的客观、公正，推动文化惠民项目与群众文化需求有效对接，促进农村文化建设的健康发展。

（二）加强标准化建设，提升公共文化设施整体水平

1.以评促建，巩固公共文化设施建设成果

严格按照国家标准开展公共文化设施、场所达标评估，推动市县级党委、政府加快推进公共文化服务体系建设。运用科学、合理、有效的绩效评估指标体系，对各级地方政府公共文化服务体系建设状况进行客观、规范、全面、公正的评价，依据考核结果奖优罚劣，促动地方各级党委、政府高度重视公共文化服务体系建设，加大资金投入，补齐公共文化服务体系短板，达到国家 2020 年要求的集宣传文化、党员教育、科学普及、普法教育、体育健身等功能于一体，资源充足、设备齐全、服务规范、保障有力、群众满意度较高的基层综合性公共文化设施和场所的目标要求。

2.提高标准，促进公共文化设施提档升级

在国家保底型标准的基础上，各地区应因地制宜提高公共文化设施建设标准，在设施类型和建设规格上提档升级，不断满足群众日益增长的、多样化的精神文化需求。

（1）支持有条件的地方增设多种文化场馆、设施

鼓励地方政府整合学校、艺术院团、社会组织的力量，建设市县级图书馆、文化馆的专业分馆和特色分馆，满足群众的多样化、特色化精神文化需求。鼓励地方政府整合资源，建设人性化、生态化、开放化、智能化、标志化的图书馆，为群众打造身心愉悦、富有美感的阅读空间。鼓励地方政府根

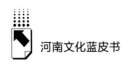

据人口分布、文化特点和自然条件，建设区域公共文化设施，提高公共文化服务体系的可及性。

（2）鼓励有条件的地方将场馆设施提档升级

在准确把握群众精神文化需求新变化的基础上，加快推进市县级图书馆、文化馆、乡镇综合文化站的提档升级建设，全面提升公共文化设施的建设水平；鼓励有条件的地方综合利用各种资源，建设传习所和新时代实践中心。在当前基层综合性文化服务中心建设规定的基础上，适度上调馆舍面积、功能分区、人员设备、服务活动等方面的标准，为群众打造富有吸引力的文化共享空间。

（三）优化投入模式，拓宽公共文化发展融资渠道

1. 加大财政投入力度，优化投入结构

各级政府要充分发挥主导作用，依据各地区公共文化发展规划增加财政投入，优化城乡资金分配结构。为解决历史欠账较多问题，应加大向公共文化财政转移支付力度，依据中央引导、地方统筹、突出重点、注重绩效、专款专用的原则管理、使用专项资金，严格落实资金分配使用方案，及时按照规定程序下达到市、县、乡、村，做到分配合理、使用规范，不挤占、截留和挪用。要优化调整文化事业费的城乡配置比例，适当向农村公共文化机构倾斜，使城乡文化机构所享受的财政补贴达到动态均衡。构建城乡援助体系，坚持发掘优势、共谋发展、长期合作、互利互助原则，推动城市与农村对口帮扶。

2. 创新多元投入模式，撬动社会投资

应充分发挥社会的力量，通过资本市场、非政府组织、社会捐赠等渠道引进社会资金。出台完善的公共文化政策，通过简政放权，放宽审批项目，降低社会力量投资公共文化门槛。创建以政府为主导、以国有企业为主导的投融资平台，激发民营资本、外资或公民个人投资公共文化发展的积极性。运用税收激励杠杆，为参与公共文化建设的企业适当减税贴息，吸引社会资本参与非物质文化遗产、传统村落的保护利用，连片传统村

落、文化生态保护实验区的保护建设，以及大遗址保护单位控制地带开发利用。

运用公益文化项目推介会，搭建文化众筹平台，为社会力量和文化资源牵线搭桥，创建便捷、高效、规范的合作平台。鼓励和支持社会力量通过投资或捐助文化设施设备、兴办实体、资助项目、赞助活动、提供产品或者服务等方式参与公共文化服务事业。

（四）推行"外引内育"，壮大公共文化人才队伍

1.建立文化专员制

在现有行政编制体系下，明确各级公共文化职能部门岗位的任务目标、职责权限，因需定编、因事设岗、因岗设人，建立任职资格、考核标准、晋升条件等规范，通过公务员招录和体制内调岗等方法，实现专职专干，保证公共文化人才的稳定性。

借鉴农村"第一书记"选派与管理办法，从机关、学校、公有制文艺团队等组织中选择有丰富经验的文化人才，担任文化专员，挂钩结对、对口帮扶。在缓解财政压力与体制内扩编的同时，提升公共文化发展指导人才的专业性。尽快出台支持和鼓励行政事业单位文化专业技术人员结对帮扶的指导意见，明确文化专员的选择标准、任职期限、成绩评定、激励办法等标准细则，制定文化专员管理制度、工作制度、考核制度、召回制度等规范，保持公共文化人才的延续性。

2.借力、整合社会各类人才投入公共文化事业

积极引导国家省市文化协会、文艺志愿者协会等各类组织深入基层。依托基层综合文化站、综合性文化服务中心，开展对文化艺人与文化团队的结对帮扶、培训指导，逐步实现由"送文化"到"种文化"。激发文化市场潜力，吸引社会文化人才、文艺团体、文化企业等深入基层、建设基层、留在基层，为公共文化事业注入活力。

培育挖掘本土文化人才，规范引导文艺团队。开展当前文化艺人与文艺团体普查工作，出台文化艺人、文艺团体等评定标准与激励机制，建立具有

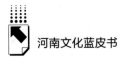

历史价值的传统工艺、文化民俗、非遗等名录台账，编制开发规划。对民间文化艺人、文艺团体、非遗传承人等加强扶持、引导和管理，鼓励和支持其开展文化活动；把老党员、老干部、老教师、群众公认的文明户、文化中心户等有助于公共文化事业的人，纳入文化人才队伍中来，充分发挥其引导辐射效应。

B.5
河南省公共文化和旅游
服务融合发展报告

曹晓丹*

摘　要： "十三五"时期，在以习近平同志为核心的党中央的坚强领导下，文化引领风尚、促进发展、服务社会、教育人民的作用成效显著，旅游对于国民经济和社会发展的综合带动功能更加凸显。本报告从文化和旅游融合发展的角度，通过查阅文献资料和实地走访，对河南省基本公共文化服务现状和文旅融合程度进行调查，发现区域公共文化服务和旅游服务融合度低且在乡村更甚，旅游公共信息服务能够在公共图书馆提供的较少，博物馆、文创体验店、非遗传习场所与研学旅行融合程度不足。基于此，指出新时代制定符合"老家河南"基本省情的基本公共文化和旅游服务政策保障和发展规划，构建标准化高效能文旅融合体系设施网络，建立健全"文化豫约"信息服务平台的资源共享面和覆盖面及其人才储备、资金保障、技术支撑、信息容量、知识产权等内容，是河南省文旅文创融合发展的新要求，也是满足人民美好生活需要，推动河南省文化事业和旅游产业高质量发展的重要支撑。

关键词： 公共文化　文旅融合　河南

---

* 曹晓丹，洛阳师范学院国土与旅游学院助教，主要研究方向为文化旅游、旅游规划与开发。

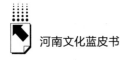

旅游业作为能够让人民更加幸福的产业，对于解决我国社会主要矛盾，满足人民对于美好生活的需求有着重要的作用，也在新的发展阶段为文化和旅游高质量发展提出了新的要求。2018年3月以来，各级文化和旅游行政部门机构改革纵深推进，全面落实"三定"（定职能、定机构、定编制）方案，为推动文化和旅游深度融合奠定了组织基础和行政保障。以政府主导、企业参与、旅游者共创为主要特征的文旅融合在全国范围内掀起了如火如荼的实践热潮，文旅融合迈入了从物理融合向化学融合、从单点融合向系统融合、从初步融合向深度融合，进而实现跨越发展的关键时期。特别是党的十九届四中全会提出"完善文化和旅游融合发展体制机制"，更是从国家体制机制的战略高度对文化和旅游的融合发展给出了强有力的肯定和统一谋划。因此，在文化和旅游融合发展空前繁荣和紧迫的条件下，把脉基本公共文化和旅游融合发展理念、机制、路径和方式，精准刻画基本公共文化和旅游服务融合关系，具有重要意义。

一 河南省公共文化和旅游服务融合发展现状

党的十七届六中全会提出了基本公共文化服务的"六大任务"，即保障人民群众读书、看报、听广播、看电视、进行公共文化鉴赏、参与公共文化活动。《"十三五"全国旅游公共服务规划》和《国家旅游及相关产业统计分类》大致将旅游公共服务分为以下四个方面：一是旅游公共服务基础设施，如公共景观、特色街区、休闲绿地、旅游厕所、游客集散中心、旅游指示标识等；二是旅游公共信息服务，如旅游咨询服务平台/中心、网络信息服务、旅游解说服务等；三是旅游便民惠民服务，如面向公众的旅游消费优惠卡/券、旅游年票套票、特殊群体优惠等；四是旅游安全保障服务，如旅游安全监测、旅游应急值守和服务等。由此可见，公共文化服务和旅游公共服务二者之间既有交集和联系，又有区别和不同。在当前文旅融合成为新时代文旅发展重点的时代背景下，"宜融则融、能融尽融"依然是公共文化和旅游服务发展的基本方针和指导原则。对全省公共文化基础设施供给现状进行摸排，对基本公共文化和旅游产业融合现状进行梳理，对于促进文化事业和旅游产业高质量发展大有裨益。

（一）公共文化基础设施现状

遍地开花的文化场馆、全年不断的文化活动使文化氛围日益浓厚。到2020年底，全省建成各级公共图书馆164个，博物馆340个，文化馆206个，乡镇（街道）文化站2412个，村（社区）综合性文化服务中心5万多个，文化惠民活动丰富多彩（见图1）。探索创新了"文化豫约""寻找村宝""乡村音乐厅""乡村文化合作社"等公共文化服务供给平台。

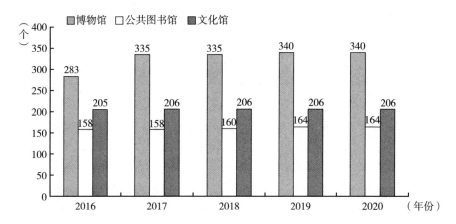

图1　2016~2020年河南省博物馆、公共图书馆、文化馆机构数量

资料来源：河南省统计局、河南省《政府工作报告》。

1.公共图书馆基本情况

2020年底，在全省164家公共图书馆中，少儿图书馆9家，较2015年增加4家。按照隶属关系划分，其中，省级图书馆2家，较2015年没有变化；地市级图书馆20家，较2015年增加2家；县市级图书馆142家，较2015年增加4家。2020年底，全省图书馆总建筑面积为72.63万平方米，比2015年增加17.77万平方米，增幅达32.4%；少儿图书馆建筑面积2.99万平方米，比2015年增加1.31万平方米，增幅达77.8%。按照隶属关系划分，省级图书馆建筑总面积为 3.89 万平方米，与 2015 年相比变化不大；地市级图书馆总建筑面积为 31.8 万平方米，比 2015 年增加 10.14 万平方米，增幅达 46.8%；县市级图书馆总建筑面积为 36.94 万平方米，比 2015 年增加 7.62 万平方米，增幅达 26%（见图 2）。

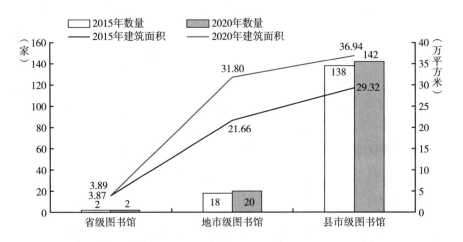

图 2　2015 年、2020 年河南省省市县级公共图书馆数量与建筑面积情况

资料来源：《河南省统计年鉴》、河南省《政府工作报告》。

精彩纷呈的文化活动使得人民对美好生活的追求成为现实。截至 2020 年底，各级图书馆总藏书 3785.06 万册，人均拥有图书 0.4 册；累计发放有效借书证 209.52 万张，少儿图书馆发放有效借书证 21.94 万张。按照隶属关系划分，省级图书馆累计发放有效借书证 19.4 万张，地市级图书馆累计发放有效借书证 93.59 万张，县市级图书馆累计发放有效借书证 96.54 万张。2020 年度，全省公共图书馆共计提供各类活动服务 10920 次，参加人数 310.4 万人次，其中，组织各类讲座 6750 次，举办展览 1708 场，举办培训班活动 2462 个。

2. 博物馆、艺术馆与艺术团体基本情况

2020 年底，河南省共计建成博物馆 340 家，其中，有 295 家面向大众免费开放。与 2017 年相比，博物馆数量增加了 5 家，其中，面向大众免费开放的博物馆数量增加了 6 家。各级博物馆共计拥有从业人员 7400 人，其中，专业技术人员 2046 人。各级博物馆共计拥有藏品数量为 114.83 万件，其中，一级藏品数量为 2318 件，陈列展览 1574 个。博物馆实际使用房屋建筑面积 121.42 万平方米，相较于 2017 年增加了 10.07 万平方米，增长 9.04%。

河南省各类博物馆/文化馆/文化管理机构共有文物藏品 210.26 余万件（套）；疫情期间，河南公共文化服务单位免费开放上级和本地存储资源数据库共 1656 个，用户访问量 418.9 万次，提供电子书 1130 万册。

向广大社会群众公布各类基本公共文化服务机构免费开放时间和开放项目，并接受群众对博物馆、公共图书馆、美术馆、文化馆（站）等公共文化机构免费开放监督，对有条件且人口密度大的公共图书馆、博物馆规定其周服务时长，如开放时间不少于 56 小时等。公共文化产品供给日益丰富，人民群众获得感进一步增强。

截至 2020 年底，全省公共文化机构数 3122 家，共有从业人员近 3.3 万人。其中，公共图书馆从业人员 2910 人，其中专业技术人员 675 人，占比 23.2%；文化馆（站）从业人员 2408 人，其中专业技术人员 482 人，占比 20.02%；博物馆从业人员 7400 人，其中专业技术人员 2046 人，占比 27.65%。高素质公共文化服务队伍为"老家河南"优质公共文化和旅游服务提供了保障。

3. 艺术馆与艺术团体基本情况

河南省现有各类艺术表演团体 2221 个，从业人员 51542 人。全年各类艺术表演团体共计演出 38.98 万余场，吸引观看演出观众达 7201.74 万人次；政府采购的公益演出活动为 2.49 万场次，观众人数为 2506.81 万人次。按照隶属关系划分，省级艺术表演团体 6 个，从业人员 1146 人；地市级艺术表演团体 26 个，从业人员 2134 人；县级及以下艺术表演团体 2189 个，从业人员 48262 人。按照剧种对艺术表演团体进行划分，其中，话剧、儿童剧类艺术表演团体 176 个，从业人员 3534 人；歌舞、音乐类艺术表演团体 138 个，从业人员 2864 人；京剧、昆曲类艺术表演团体 5 个，从业人员 200 人；地方戏曲类艺术表演团体 962 个，从业人员 28827 人；杂技、魔术、马

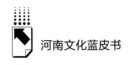

戏类艺术表演团体 87 个，从业人员 2524 人；曲艺类艺术表演团体 229 个，从业人员 4442 人；综合性艺术表演团体 624 个，从业人员 9151 人。

河南省建成各类艺术表演场馆 191 家，从业人员 4483 人。全年共计演出 2 万余场，吸引观看演出观众达 721.11 万人次。按照机构类型进一步细分，剧场数量为 56 家，从业人员 929 人；影剧院数量 85 家，从业人员 1511 人；曲艺场数量 6 家，从业人员 110 人；杂技、马戏场 1 家，从业人员 16 人；音乐厅 7 家，从业人员 249 人；综合性艺术表演场馆 11 家，从业人员 487 人；其他艺术表演场馆 25 家，从业人员 1181 人。按照隶属关系划分，省级艺术表演场馆 2 家，从业人员 195 人；地市级艺术表演场馆 28 家，从业人员 664 人；县级及以下艺术表演场馆 161 家，从业人员 3624 人。

2020 年，全省公共文化机构共举办展览、培训、讲座、文艺演出等活动 39 万场，其中，举办"出彩河南人"等各类群众文艺精品展演、话剧、歌舞艺术表演 38.98 万次，举办各类讲座展览 8458 场次，举办培训班 2462 场次。

（二）公共文化与旅游服务产业融合业态现状

1. 公共文化和旅游服务基本情况

截至 2020 年末，全省建成公园 523 个，较 2015 年增加 197 个，增幅为 60.43%；公园绿地面积为 35361 公顷，比 2015 年增加 10160 公顷，增幅为 40.32%；人均公园绿地面积为 13.6 平方米，较 2015 年增加 3.4 平方米，增幅为 33.33%。改造户用卫生厕所 150 万户，新改建农村公路 1.4 万公里。

2020 年，省文化和旅游厅组织暂退旅行社质量保证金共计 2 亿多元，帮助 392 家文旅企业贷款 229 亿元，一般公共预算收入增长 2.8%，全年全省旅游市场恢复到了 2019 年的 61%，高于全国平均水平 10 个百分点。

河南多地旅游景区、多个文旅项目、多家文旅企业进入全国甚至全球榜单，显示河南文化影响力与文旅产业服务实力不断提升（见表 1）。

表1 河南省文旅项目进入全国或全球榜单项目一览

榜单名称	入选内容
2020 年度中国旅游影响力品牌案例	河南云台山"峡谷奇观"
2020 非遗与旅游融合发展优秀案例	河南焦作叫响"太极功夫之旅"品牌
2020 年度中国康养旅游目的地案例	河南省焦作市
2020 年度中国旅游影响力营销案例	河南(洛阳)"快手网红文旅大会"系列营销
2020 年度中国乡村旅游发展名县(区)案例	河南省栾川县
2020 年度中国高铁旅游名城案例	河南省郑州市
2020 年度中国冬游名城案例	河南省三门峡市
2020 年度中国旅游影响力社会责任企业案例	河南建业文化旅游地产发展有限公司
2020 中国旅游集团 20 强	建业集团
世界旅游联盟旅游减贫案例 100	河南省信阳市新县田铺乡大湾村:耳目一新的"文创小店＋乡舍农家＋特色商品"旅游扶贫模式;河南省济源市:农旅融合创新帮扶,精准施策兴村富民;河南豫西百草园:景区带村创新"三金扶贫"模式;河南栾川重渡沟:水＋竹、农家特色旅游扶贫
2020 年最美生态文化旅游名县	河南省中牟县
2020 年中国美丽休闲乡村	河南省信阳市商城县伏山乡里罗城村 河南省洛阳市嵩县黄庄乡三合村 河南省南阳市邓州市十林镇习营村 河南省开封市鼓楼区仙人庄街道余店村 河南省商丘市虞城县李老家乡刘庄村 河南省三门峡市陕州区张卞乡曲村 河南省济源示范区大峪镇王庄村 河南省漯河市郾城区新店镇尧河庙村

资料来源:根据河南省文化和旅游厅网站相关资料整理。

2."非遗＋旅游"融合基本情况

2020 年,河南省非遗工作者用奋斗的汗水践行初心和使命,依托"文化豫约"公共文化服务平台,策划非遗日系列活动 162 场(见图3),聚力推进以"'太极拳'被成功列入人类非物质文化遗产代表作名录""成功创建国家级河洛文化生态保护实验区"等为代表的十件大事(见表2)。

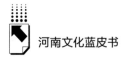
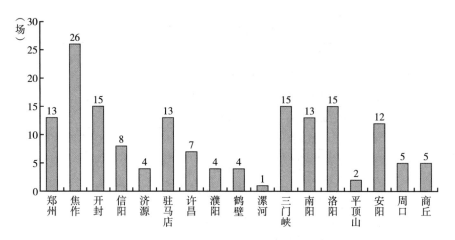

图3 2020年河南省各地市非遗日系列活动数量

资料来源：文化豫约。

表2 2020河南非遗十件大事

事件名称	事件内容
"太极拳"被成功列入人类非物质文化遗产代表作名录	2020年12月17日,联合国教科文组织保护非物质文化遗产政府间委员会会议宣布,太极拳被列入人类非物质文化遗产代表作名录。太极拳成为我国传统武术类第一个人类非物质文化遗产,也是河南省第一个牵头申报被列入人类非物质文化遗产代表作名录的项目
成功创建国家级河洛文化生态保护实验区	2020年6月3日,文化和旅游部正式批复同意洛阳市设立"河洛文化生态保护实验区"。至此,河南共有2个国家级文化生态保护实验区(全国共有23个国家级文化生态保护实验区)
非遗在疫情防控中发挥重要作用	疫情期间,省文化和旅游厅下发了《关于征集"非遗战疫,我们在行动"—河南省疫情防控非遗先进事迹和优秀作品的通知》,面向全省征集疫情防控先进事迹和优秀作品。河南非遗传承人充分发挥特长,通过编排文艺节目、开设线上非遗公开课、创作非遗作品等形式,推出了河南坠子《村支书》等一大批短小精悍、易于传播的抗疫专题非遗作品,配合宣传抗疫常识,鼓舞一线抗疫人员士气、丰富群众精神生活
黄河流域非物质文化遗产保护展示中心在洛阳市开工	2020年4月11日,黄河流域非物质文化遗产保护展示中心在洛阳市动工。该项目位于洛阳市洛龙区古城路与龙门大道交叉口东南角,占地93亩,规划建筑面积约18.5万平方米,总投资18亿元,计划2021年10月竣工,建设期18个月。项目建成后,将成为展示黄河历史风貌的重要窗口、感知黄河风土人情的重要载体、弘扬黄河文化活的名片、吸引游客的重要旅游目的地

续表

事件名称	事件内容
河南省 2020 年"文化和自然遗产日"非遗宣传展示活动主会场首次设在景区	2020 年 6 月 13 日前后，重点围绕传统体育、传统医药和餐饮类非遗项目，全省广泛开展非遗展演展示、宣传传播、研讨交流等活动 328 场。其中主场活动采取线上线下相结合的方式，在焦作市云台山景区进行，主要包括开幕式及《为了人民健康》非遗展演、非遗购物节、微视频展播、随手拍大赛、有奖知识竞答、课堂抖音直播 6 项内容。据不完全统计，网络相关话题阅读量约 2163 万人次，直播观看人数超过 928 万人次
首届"河南省非遗曲艺展演周"成功举办	2020 年 10 月，河南省郑州市举办非物质文化遗产——曲艺展演周系列活动。此次展演周活动会聚了河南省主要曲艺种类和主要代表性传承人，近 20 个曲艺品种、约 400 名演员通过专题演出、传统大书专场、曲艺轻骑兵演出等形式，向广大观众展示了近年来河南曲艺保护传承的最新成果
"老家河南 黄河之礼"2020 国际文旅创意设计季活动举办	"老家河南 黄河之礼"2020 国际文旅创意设计季活动聚焦河南省内黄河流域九个地市的非遗资源及相关文化旅游内容，通过腾讯"科技+文化"的数字创意能力，以数字化、国际化、时尚化、品牌化为目标，将河南具有丰富黄河文化内涵，地域性、标志性的非遗 IP 打造转化为"黄河之礼"。2020 年 12 月 22 日，首个河南非遗数字馆官方微信小程序"老家河南 黄河之礼"上线，将黄河非遗"吃喝玩乐"一网打尽，让人深入了解它们的演变以及非遗传承人的故事，直观感受非遗魅力
黄河流域非物质文化遗产保护传承弘扬协同机制秘书处在河南省文化和旅游厅正式设立	2020 年 10 月 20 日，文化和旅游部非物质文化遗产司印发《黄河流域非物质文化遗产保护传承弘扬协同机制工作方案》，决定建立黄河流域非物质文化遗产保护传承弘扬协同机制，协同机制秘书处设在河南省文化和旅游厅，主要承担协同机制日常工作事务，完成召集人交办的其他工作。河南省文化和旅游厅抽组人员成立工作专班，先后承办了黄河流域非物质文化遗产保护传承弘扬协同机制会商活动，2020 年度黄河流域国家级非物质文化遗产代表性传承人研修班等
沿黄九省区暨第四届晋冀鲁豫传统戏剧展演活动在洛阳市举办	2020 年 12 月 13~30 日，"沿黄九省区暨第四届晋冀鲁豫传统戏剧展演活动"在洛阳市举办。活动共邀请青海、四川、甘肃、宁夏、内蒙古、山西、陕西、山东、河北等 10 个省区的 11 个省级以上传统戏剧类非遗代表性项目参演，可谓是好戏连台，精彩不断
河南非遗项目及传承人在全国活动中亮点频现	河南光山花鼓戏入选中国非遗博览会"感悟习近平总书记的非遗情缘"专题展； 全省 12 个民俗非遗项目共计 1818 名非遗传承人和群众演员参加 2020 年央视春晚，向全国人民展示了河南非遗的魅力； 平乐郭氏正骨法国家级代表性传承人郭艳幸、陈氏太极拳国家级代表性传承人陈正雷、当阳峪绞胎瓷烧制技艺国家级代表性传承人柴战柱、河南省国脉文化产业园有限公司董事长李翔入选 2020"中国非遗年度人物"候选人名单；

续表

事件名称	事件内容
河南非遗项目及传承人在全国活动中亮点频现	信阳市毛底布鞋手工制作技艺省级代表性传承人黄建华入选全国非遗扶贫优秀带头人； 逍遥胡辣汤制作技艺省级代表性传承人高群生、孟津剪纸市级代表性传承人畅杨杨、郏县金镶玉市级代表性传承人李冰、洛宁竹编县级代表性传承人杨守明入选全国 2020 年度乡村文化和旅游能人，信阳皮影戏入选全国"非遗进校园"十大创新实践案例，焦作市"太极功夫之旅"入选全国非遗与旅游融合发展优秀案例

资料来源：根据河南省文化和旅游厅及河南省各地市政府网站相关资料整理。

截至 2020 年全省拥有人类非物质文化遗产代表作名录项目 3 个，新增的太极拳是我国传统武术类非遗项目中唯一的人类非物质文化遗产（也是我国第 41 个被列入联合国教科文组织非物质文化遗产名录的项目）。国家级代表性项目 113 个、代表性传承人较 2019 年新增 43 名，共 127 名，省级代表性项目 728 个、代表性传承人 832 名（2019 年数据）。

非遗产业仍以"非遗＋旅游"为主，非遗产业结构呈金字塔结构，拥有足够造血能力的非遗仅在少数，建设良态的非遗市场环境仍需政策倾斜支持、产业融资、文创产权规范等方面的保驾护航。部分"非遗＋旅游"旅游线路如表 3 所示。

表 3　部分"非遗＋旅游"旅游线路

地方	旅游线路
郑州	郑州非物质文化遗产展示馆—郑州博物馆—河南戏曲声音博物馆
开封	开封市朱仙镇木版年画展示馆(开封市博物馆)—朱仙镇尹氏老天成木版年画传习所—汴绣展示馆—汴京灯笼张彩灯展示馆—七盛角非遗体验馆
洛阳	洛邑古城园区：河洛大鼓—唐白瓷烧制技艺(牡丹瓷)—孟津剪纸—皮雕—洛绣
汝州	中国汝瓷博物馆—汝州小镇大师传承基地—汝州汝瓷烧制技艺传习所—宝丰县清凉寺汝窑博物馆
三门峡	窑洞营造技艺—地坑院民俗—陕州人马寨王玉瑞澄泥砚展示馆—陕州秀云民间艺术馆
焦作温县	温县太极拳博物馆—温县陈家沟太极拳学校—温县和氏太极拳学院

资料来源：根据河南省文化和旅游厅及河南省各地市政府网站相关资料整理。

3. 代表性的市公共文化和旅游服务典型情况

（1）郑州市文化和旅游工作成绩及亮点

郑州市共建成基层综合性文化服务中心 2769 个，290 个贫困村按照"七个一"标准全部完成综合性文化服务中心建设任务，建成城市书房 65 个。郑州文化馆、图书馆、美术馆均为国家一级馆，14 个县（市）区的"两馆"达到国家三级馆以上标准，公共服务设施实现全覆盖。"全国戏曲进乡村"现场会在郑州市召开，全民阅读领跑全国，郑州市成为全国最爱阅读城市之一。郑州市精品剧目演出累计引进、组织优秀剧目 43 台，演出 86 场，惠及市民 200 多万人次。文化和旅游产业融合发展速度不断提升，3 家文化产业示范性基地达到国家级标准，18 家文化产业示范性基地达到省级标准，1 家文化旅游出口企业达到国家水平，4 家文化产业特色乡村被列为省级重点培养对象。文旅志愿服务形式多样，开展绿城"春雨行动"文化旅游志愿服务工作，招募志愿者 14000 余人，开展"迎民族盛会·庆七十华诞"等志愿服务活动 4800 多项，影响带动群众 23 万人次。通过城市大脑平台，实现"郑州文旅云""码上游郑州"智慧小程序与"郑好办"等信息平台的联网联动，为市民群众提供更加优质的文化和旅游服务。

（2）洛阳市文化和旅游工作成绩及亮点

洛阳市加快推动文旅融合发展，着力打造"古今辉映、诗和远方"的国际文化旅游名城和国际人文交往中心。在公共文化服务体系示范区建设中，探索了"以节会促消费"的洛阳特色模式，出台《洛阳市国家文化消费试点城市工作方案》，成为国家首批文化消费试点城市；颁布实施《洛阳市非物质文化遗产保护条例》，加强黄河文化、大运河文化、河洛文化生态保护；持续加强"书香洛阳"建设，建成开放 200 座城市书房，"爱读书、读好书、善读书"已成为洛阳人的生活时尚；加强传统媒体宣传，聚力新媒体，精准投放文化旅游广告，举办"遇见快手·嗨在洛阳"河南（洛阳）快手网红文旅大会，文旅宣传推广多点开花；优化文旅发展环境，坚持全景引客，大力实施城市绿化、美化工程，全市现有博物馆、纪念馆 82 家，推出 10 条博物馆旅游精品线路，建成投用 249 个城市游园，规划建设 1000 公

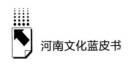

里"洛阳乐道";规范研学旅行基地建设,打造国内一流的研学旅行产品,培育建设 23 家研学旅行基地,推出 6 条研学旅行线路,叫响"研学洛阳、读懂中国"文旅品牌;全方位提升旅游服务品质,实现由"旅游城市"向"城市旅游"转变。

(3)平顶山市文化和旅游工作成绩及亮点

平顶山市先后投资 10 亿多元,建成平顶山博物馆、马街书会民俗园等一批特色文化设施,在全省范围内率先配备村级文化管理员。持续推进文化惠民入人心,年均举办书画展、戏剧演出和电影公益放映等群众文化活动 3 万多场,受益群众 500 多万人次。在慕课平台开设公益课堂——"文化客厅",围绕"文化客厅"推出系列"宅家享文化"课程 30 多门,主要包括宅家瑜伽、宅家舞蹈、宅家摄影等,受益群众 5 万多人次。创新公共文化品牌,在河南省第三批公共文化服务体系评选中,"茉莉芬芳"鹰城名家讲读音乐会成功入选。其中,宝丰县为河南唯一一个国家级说唱文化生态保护实验区。

(4)濮阳市文化和旅游工作成绩及亮点

濮阳市现有 918 处不可移动文物古迹,其中,8 处为国家级文物保护单位,29 处为省级文物保护单位;国家级非物质文化遗产 8 项,省级非物质文化遗产 50 项;市级公共文化场馆 13 个;综合性文化服务中心 2868 个。颁布实施濮阳市第一部地方性法规——《戚城遗址保护条例》,全国重点文物保护单位保护利用工作成绩斐然。非遗工作位居全省前列,开通全国首部非遗保护热线,被评为第二批省级传统戏剧文化生态实验保护区。河南省唯一地市级杂技文化出口基地,形成了综合演艺、人才培养、旅游体验、衍生品开发的全产业链条。

(5)永城市文化和旅游工作成绩及亮点

永城市目前有国家一级文化站 8 个、国家二级文化站 8 个、国家三级文化站 4 个,"中国民间文化艺术之乡"2 个,"河南省民间文化艺术之乡"5 个,河南省文化产业特色乡镇 2 个。采取以市文化馆、图书馆为总馆,乡镇文化站为分馆,若干基层服务点为补充延伸的模式,按照"因地制宜,试点先行"的工作思路，创新管理运行机制，建立乡镇文图分馆 29 个，在城区广场先后设立 5 座 24 小时自助图书馆，采购了流动图书车和文化流动服务车。坚持基层文化阵地与基层党组织共建共享，已完成 707 个村级综合性文化服务中心新、改（扩）建任务，已形成市、乡、村三级公共文化服务网络。做好"两馆一站"免费开放工作，保证市图书馆每周 56 个小时和文化馆（站）每周 42 个小时的免费开放时间，发挥主阵地作用。实施文化惠民工程，年"政府买单、群众看戏"送戏下乡演出 200 场，舞台艺术送基层演出 29 场，戏曲进校园演出 270 余场，民营剧团送戏下乡演出 200 场，"红色文艺轻骑兵"下基层演出 400 多场。利用传统节日和重要节庆日，常态化举办春节联欢会、国庆等活动。乡镇、社区举办的书法、美术、摄影、节日演出活动、文体赛事接连不断。着力构筑了"天天有活动、周周有演出、月月有赛事"的群众性文化活动体系。打造了"永城之春"广场文化活动、小戏小品曲艺大赛、马桥戏曲文化周、鄡阳腰鼓大赛、城关镇文化艺术节等特色文化活动品牌。开展道德模范事迹宣传、非遗项目展演、艺术普及、全民阅读、法制及科普技能培训等多样化活动内容。

人才队伍不断壮大。一是实施文化扶贫，选拔农村贫困家庭子女、孤儿免费送往专业戏曲艺术学校学习。二是明确乡镇文化站编制（4 人），建立了 116 人的乡镇文化专干队伍，每个行政村配备文化管理员 1 名。三是在乡镇深入开展广场舞培训，培养了一大批基层文艺人才。四是定期对公共文化服务人才和文化志愿者开展业务技能和文化政策法规的培训，不断提升业务能力。五是打造了"戏迷俱乐部"文化志愿服务品牌，常年在街头巷尾、乡镇社区义务演出，成为永城市一道靓丽的文化景观。

二 河南省公共文化和旅游融合发展特色

（一）政策保障不断强化

2020 年，河南省在公共文化和旅游服务方面的政策保障不断加强，陆续出台了《河南省人民政府办公厅关于促进全民健身和体育消费推动体育产业高质量发展的实施意见》《河南省旅游条例》《河南省人民政府办公厅关于加快推进农业信息化和数字乡村建设的实施意见》《河南省人民政府办公厅关于进一步激发文化和旅游消费潜力的通知》《河南省文化和旅游厅关于落实公共文化服务领域基层政务公开标准指引和编制本地标准目录的通知》《河南省人民政府办公厅关于加快推进新型智慧城市建设的指导意见》《河南省人民政府关于印发中国（洛阳）跨境电子商务综合试验区实施方案的通知》《河南省人民政府关于印发河南省数字政府建设总体规划（2020～2022年）的通知》等文件，为完善河南省公共文化法制和制度体系建设提供了强力保障。

为进一步支持和鼓励企业复工复产，河南省积极响应财政部与国家税务总局发布的《关于电影等行业税费支持政策的公告》（财政部、税务总局公告2020年第25号），明确自2020年1月1日至2020年12月31日，免征文化事业建设费。20余条扶持中小微企业的发展政策被提出，通过单项和组合减少、免除、放缓、降低和返还资金等税收政策和社保收费政策的推出，促进街角便利店、传统商业街区等消费设施的改善。同时，广泛联合区域餐饮、零售、商贸行、旅行社等行业，举办促销优惠活动，向广大市民发放补贴券、消费优惠券、减免券等，激发广大消费者的消费行为，促进消费行业不断回暖。持续完善提升区域公共服务基础设施，优化公共服务，推进百城建设提质工程深入发展，基本建成覆盖城乡的公共文化服务设施网络。

（二）设施网络日趋完善

围绕补短板、惠民生、增后劲，优化投资环境，不断建设完善各级文化和旅游设施，逐步形成主体场地设施完善、互联网基建设施畅快、文化和旅游流动设施完备的基本公共文化和旅游设施网络。

设立文化旅游融合发展基金，构建完善旅游发展投资网络链条，组建文化和旅游发展投资集团。加快推进大运河文化旅游带中的隋唐洛阳城遗址复建、宋都古城保护与修缮等文旅项目，巩固考古工作中双槐树遗址取得的重大成果，创新石窟市保护的有效措施，总结学习太极拳入选人类非物质文化遗产代表作名录的成功经验。以省、市、县级图书馆、文化馆、博物馆、艺术馆、城市书屋、文化广场，乡镇文化中心（文化驿站），农村行政村和城市社区文化大院、文化合作社为骨干，完善形成省、市、县、乡、村五级公共文化服务供给平台。

深入推进数字化公共文化服务工程，成功举办河南省 2020 年公共图书馆数字文化工程培训活动，建设"文化豫约"公共文化供需服务平台，平台通过设立产品申报、文化豫约、豫见活动三个板块，在供应主体、文化场馆、群众三者之间形成服务闭环，收集群众的公共文化需求，根据群众的共性需求找到可以提供服务的供应主体，再配送至文化场馆为群众提供服务，实现线上发布线下配送，真正形成"百姓点单、专业机构接单、政府买单"工作机制，为受众提供互联互通、方便快捷、优质均等的公共文化服务，使之真正成为河南公共文化的大数据中心。其中，在豫见活动板块设立了"春满中原　老家河南""少儿艺术展演""寻找村宝""黄河少年""非遗传承"五个特色文化和旅游活动区，以促进和完善河南省公共文化和旅游服务的数字化和融合化发展。

（三）产品供给日益丰富

以人民群众的文化需求为导向，有针对性地建设并持续强化公共文化资源利用率，不断丰富公共文化服务内容，促进公共文化服务品质提升，通过文化走亲、送戏下乡等群众喜闻乐见的形式，提升人民群众休闲文化生活，丰富其精神文化追求，从而实现公共文化建设成果切实惠及广大人民群众的目的。

2020 年底，各级图书馆总藏书 3785.06 万册，人均拥有图书 0.4 册；各类博物馆文物藏品 210.26 余万件（套）；疫情居家隔离期间，共计 1656 个上级和本地存储资源数据库被河南公共文化服务单位免费开放，总计 418.9 万次用户访问量，提供电子书 1130 万册；非遗日系列活动 162 场；各类艺术表演场馆 191 家，各类表演艺术团体 2221 家。2020 年，全省公共

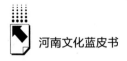

文化机构共举办展览、培训、讲座、文艺演出等活动 39 万场，其中，举办"出彩河南人"等各类群众文艺精品展演、话剧、歌舞艺术表演 38.98 万次，举办各类讲座展览 8458 场次，举办培训班 2462 场次。

公共图书馆、文化馆（站）、博物馆、美术馆等公共文化机构免费开放，免费开放时间、开放项目向群众公示，接受群众监督，其中公共图书馆每周开放时间不少于 56 小时。公共文化产品供给日益丰富，人民群众获得感进一步增强。

（四）人才队伍不断壮大

进一步完善人才队伍的录用、培训、志愿服务机制，全省各级公共文化机构从业人员的队伍不断壮大，人员结构不断优化，专业素质不断提高。

2016 年，河南省文化厅联合洛阳师范学院成立河南省公共文化研究中心，文化厅最大范围提供后备力量支持，洛阳师范学院则立身自身师资优势，聚焦第三方公共文化评估服务，广泛开展关于公共基础文化的理论研究工作，探索公共文化基础服务的实践应用，通过智力服务、信息技术支持和理论知识积累，搭建了全国闻名的公共文化服务体系新型智库，得到了社会各界领导和同仁的赞誉与好评。

同时，河南省公共文化研究中心积极探索，整合学校多个学院的相关专业，充分发挥学校的教育师资优势和科学研究能力，面向全社会招收全日制本科生，开设行政管理（公共文化服务与管理方向）专业，开展广泛的公共文化服务管理人才培育工作，截至 2020 年底，共计培养人才 128 人。在公共文化服务人才培养中，坚持课堂理论学习与校外实践实习并重的宗旨，先后与河南省各地市文化旅游局签订战略合作协议，广泛利用节假日、寒暑假组织学生前往实习实践，承接河南省现代公共文化绩效考核群众满意度调查工作，组织学生参与其中，到郑州、荥阳等 1131 个村庄开展广泛的社会实践调查活动。并与洛阳市市域 58 家城市书房及其下辖 20 个行政村的基层文化服务站合作，成立公共文化服务志愿者团队——"河洛书苑"志愿服务团，组织志愿者到洛阳市各个文化点开展志愿服务工作。通过科学研究、教学培养和社会服务活动的有机结合，培养了一大批有扎实的公共文化理论知识、熟悉现代公共文化服务发展态势、掌握现代公共文化服务政策法规，并愿意投身现代公共文化事业的高素质人才队伍。

此外，近三年来，依托洛阳师范学院高素质的现代公共文化服务人才队伍的优势，面向社会开展基于公共文化绩效考核的培训会多次，累计培训包括全省各个图书馆馆长、文化和广电旅游局局长、科长等工作人员 600 余人次，对口扶贫新疆哈密市基层服务工作，对其基层文化站站长进行对口定点培训，以此不断提升基层公共文化服务提供者的业务能力和专业素养。

（五）创新品牌与旅游线路服务基本形成

鼓励省域各地创新公共文化和旅游服务模式，以项目促发展，通过组织省域各地市申报文化示范项目，做好区域公共文化和旅游服务的改革提升工作，一定程度上实现基本公共文化和旅游服务的效益最大化，"豫"字号公共文化和旅游服务的网络传播阵营基本形成。

2020 年，持续推进河南省大型文化志愿公益活动——虞城"寻找村宝"（简称"寻找村宝"活动）、深化洛阳河洛文化品牌、深耕信阳茶文化主题服务，谋求以新的公共文化服务形式，促进其在乡村振兴中持续发力，探索了"基层文化带头人带动基层文化，基层文化促进基层和谐"的基层文化发展新途径，先后形成并举办"寻找村宝""老家河南""出彩河南""豫见快手·嗨在洛阳""穿越壮美太行"等文化赛事品牌活动。打造"书香河南"品牌，充分利用先进技术手段，建设"智慧阅读空间"，实现 24 小时全自助免费阅读，在全省各区县广泛开展阅读活动，不断激发全民阅读热情。

（六）效率效能持续提升

围绕以人民为中心的基本公共文化服务宗旨，不断完善基本公共文化服务体制机制及其综合考评机制，坚持政府主导地位不动摇，鼓励社会力量以多种形式参与到公共文化建设和管理服务中，从而不断强化基本公共文化服

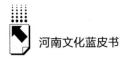

务市场竞争力，丰富基本公共文化服务产品种类，通过竞争提升其服务质量，以此向广大人民群众提供令大家满意且乐于参与的基本公共文化产品。

省、市、县三级均按要求成立公共文化服务体系建设协调组，每年定期召开会议，跨部门、跨行业、跨区域整合公共文化服务资源的成效显著，公共文化服务管理机制运行良好，实现了公共文化服务资源共建共享、网络互联互通。

健全考核体制机制，在全省所有县（市、区）政府考核工作体系中设置公共文化考核指标项目。以满足最广大人民群众的文化需求为目标，政府向第三方团体和专业的社会力量购买基本公共服务的力度不断加大，成效喜人，群众参与度持续提升。

（七）区域发展逐步均衡

将城乡基本公共文化服务均等化纳入河南省国民经济和社会发展规划及城乡规划，采用制度引领、财政保障、标准化认定等方式持续推进公共文化服务均等化，逐步实现区域均衡发展。

设立公共文化服务专项资金（省直补助资金艺术创作项目）。2020年9月，开展2021年度河南省级公共文化服务专项资金申报工作。此次申报指出，对新创大型舞台剧目和作品，中型、小型剧（节）目和作品，美术展览、书法展览、摄影展览等优秀作品，按照创作、加工提高、展览展演3个类别择优重点扶持。就创作类项目来说，演出时长90分钟以上的新创大型舞台剧和作品，戏曲、话剧项目不超过300万元，歌剧、舞剧、音乐剧（歌舞剧）项目不超过400万元，杂技剧项目不超过200万元，交响乐、民族管弦乐项目不超过200万元，主题晚会等艺术表演形式项目不超过300万元。加工提高类项目，加工提高大型舞台艺术作品每项不超过300万元，中型舞台艺术作品每项不超过50万元。展览展演类项目，美术、书法、摄影等其他艺术门类重要时间节点的展览与舞台艺术活动系列展演，大型展览展演项目每项不超过300万元，小型展览展演项目每项不超过50万元。此外，在艺术人才培养项目上，通过举办各艺术门类培训班、实施"河南省艺术名家推介工程"、实施"河南省青年艺术人才扶持计划",全方位培养艺术人才队伍。其中,每个培训班根据不同艺术门类、时间、人数扶持不超过60万元;推介各艺术门类名家每人扶持20万元;扶持45周岁(含)以下的优秀青年艺术人才,帮助其立戏、创作、宣传、推介,根据艺术门类,每项不超过50万元;扶持已有代表作品的优秀青年人才,对其进行宣传推介,每项不超过15万元;扶持艺术理论研究成果出版及剧本征集、研讨,开展文艺批评,重点艺术作品、艺术活动宣传等,每项不超过100万元;获得省部级一等奖以上的大型舞台艺术作品,每部奖励10万元;入选国家级展览展演活动的大型艺术作品给予每部10万元奖励,小型艺术作品给予每部5万元奖励。

截至2020年底,全省所有县(市、区)都通过了省定基本公共文化服务标准认定,标准化基本公共文化服务全面实现。

三 河南省公共文化和旅游融合发展的不足

立足我国文化和旅游融合发展实际,考察河南省公共文化和旅游服务融合发展现状,结合当前人民持续增强的对于美好生活的现实追求和需要,河南省公共文化和旅游服务发展存在以下不足之处。

(一)区域基本公共文化设施与旅游服务融合度不足

当前,公共文化和旅游产业服务的融合尚处于意识萌芽阶段,是简单的合并融合。这种融合在一定程度上推动了公共文化和旅游服务的融合发展。但是,长期行政体制障碍壁垒,使得区域地方政府在布局和建设公共文化设施的时候较少考虑旅游发展需求,同时,旅游的公共属性和文化属性在旅游产业建设者规划开发旅游度假区、旅游休闲空间和旅游咨询服务的时候没有被充分地认识和考究。

新时代在对旅游的文化性和文化的旅游性提出新的要求的背景下,公共文化设施与旅游服务区域相融合是发展的应有之义。文化和旅游"联姻"

融合的创新做法需要被发扬。例如，北京市海淀区推广实施"一步书香"读书方式，打通酒店、景区与文化的最后一公里，安置图书 5 万册、数字阅读器 60 台于其辖区内 100 家星级酒店和景区，通过"书香进景区、进宾馆工程"，实现让品读文化在基础旅游设施空间随处可享。又如，福建在全省境内统一统筹谋划布局，将以"清新书苑"为标识的基础公共阅读空间散布在省域旅游景区/景点，同时，在旅游区内配置数字服务设备——"文化一点通"，使得游客在福建省内任何标有"清新书苑"标识的景区/景点，可以畅通、快捷下载阅读关于所在区域自然文化的电子书。再如，浙江省玩转"当民宿遇上图书馆"，打造了一批文化艺术气息浓厚的特色民宿，满足民宿旅居者的阅读渴望；广东省、上海市、南京市等多家博物馆与当地机场深度合作，将当地最具代表性的非遗、文创展示体验项目搬进人流量密集的航站楼，设立非遗、文创展示体验馆和销售馆。

目前，河南省通过设置专项"非遗+旅游"的旅游线路来串联标志性文化设施，促进公共文化嵌入旅游产业中是很好的尝试，但还远远不够。未来，河南省文化和旅游厅等部门应广泛学习国内外各地成功的公共文化设施嵌入旅游景区、服务点的案例经验，同时结合"老家河南"自身特色，充分利用旅游景区景点休憩场所、旅游交通服务区域、慢游绿道等，嵌入公共阅读、文化展示和体验等设施设备，不断扩大公共文化设施在旅游空间的"嵌入"深度。

另外，公共文化设施与旅游空间的融合，不能是简单粗暴的相加或者生搬硬套，而应该深入研究公共文化的旅游属性与旅游空间的公共文化需求点，从形式到内容进行由浅入深的深度化合作融合。此外，由于旅游活动具有综合性、多样性等特点，在不同类型的旅游景区、景点配置基本公共文化资源设施的时候也应该具有差异性。比如，在乡村民宿、山水类景区与旅游交通中转区等地方配置的公共文化设施和服务内容在形式、内容上应该有所不同。因此，只有充分了解公共文化的属性和旅游产业服务的特点，把脉问诊、精准研判，才能避免基本公共文化设施嵌入旅游服务产业的过程流于形式的问题出现。

（二）乡镇文化馆/站/合作社等综合性文化服务中心和乡村旅游服务中心融合不足

乡村旅游作为乡村振兴和美丽中国建设的重要路径得到了迅猛的发展，具有乡村独特韵味的乡村旅游服务中心在旅游资源富集的乡村开始出现。但是，由于服务认识不足、用地紧张、资金不足、内容单薄、人员短缺等，乡村旅游服务中心的建设困难重重。

首先，忽视或者没有能够充分认识到乡村公共文化服务的重要作用。在我国经济由高速发展向高质量发展转变的过程中，乡村建设者仍思想认识不足，循迹传统的地方经济发展，而忽视或者没有充分认识到文化建设在乡村发展中的作用。缺少系统性规划的文化建设措施，同时，主导者积极性、主动性缺乏，导致目前乡村基本公共文化设置基本没有或者零星分布，且利用率不高，缺乏维护修缮，服务管理水平低下，更遑论乡村基本公共文化服务标准化建设了。

其次，配套的乡村基本公共文化服务资金投入力度不足。薄弱的农村集体经济基础不能够支撑基本的乡村文化建设，政府财政也缺乏完备的统筹机制，导致很多乡村没有划拨专项的基本公共文化建设经费。同时，由于乡村基层领导者对于乡村基本公共文化建设认识不足，缺乏有效的文化建设措施和积极激励政策，在一定程度上也制约了社会力量补充到乡村基本文化建设中。

最后，乡村文化传承创新人才队伍严重缺乏。一方面，文化专才引入乡村困难；另一方面，引进来的人才流失严重。这使得民间传统老匠人后继无人，技艺难以传承，非物质文化遗产失传现象严重。同时，由于村镇生活资源较之城市匮乏且工资水平过低，乡村读书驿站、文化馆管理者工作积极性不高，且多数由当地文化水平较低的村民担任，削弱了基本公共文化的服务教育功能。农村基本公共文化活动数量逐年递减、活动内容丰富度不足、活动形式单调、活动质量参差不齐等，农民积极参与文化活动的热情和自觉性也逐年减弱。

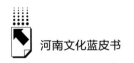

随着近年来乡村旅游、周边休闲游进程的推进，乡村旅游服务提供者和村镇文化工作者应该充分认识文化和旅游"联姻"的双赢优势，强化乡村基本文化和旅游服务产业的深度融合发展。一方面，乡村旅游服务因为文化的渗入，强化了其旅游服务的深度和内涵；另一方面，乡村文化驿站借助旅游强大的客流量和经济性，可以改变传统文化驿站闲置、利用率低下的局面，同时，也可以借助旅游的经济性增强文化设施的更新维护，实现文旅融合互利互惠的共赢效应。

（三）旅游公共信息服务能够在公共图书馆提供的较少

在旅游飞入寻常百姓家的今天，旅游信息服务的需求越来越被重视。公共图书馆作为市民休闲的重要场所，应该在发挥自身文化休闲供给作用的同时，积极与旅游行政部门、旅游企业合作，通过在图书馆咨询台摆放旅游百事通、各地旅游指南或者设置专门的旅游类书籍、文献摆放点与书架等为广大市民提供旅游信息服务，从而进一步提升公共图书馆的服务效能。例如，日本的基层公共图书馆主动适应居民旅游需求，在图书馆入门醒目位置摆放旅游指南。目前，河南省有一些旅游热点城市零星试点了此类做法，如以河南省图书馆为代表的地市大型图书馆在报刊阅览室设立了旅游地图专架，也有部分公共图书馆在举办展览会、讲座、读书专题会等活动中会顺势进行区域旅游推介活动，甚至在一些大型晚会中插入旅游元素。总体而言，旅游公共咨询服务融入基本公共图书馆中尚处于起步阶段，是零星的、自发性的，尚没有成为图书馆日常化、普遍性的基本服务内容。在当前文化和旅游融合新常态化发展背景下，强化旅游信息服务咨询活动与省市县等区域图书馆的公共文化服务融合势在必行、意义重大。

此外，在谋划布局旅游服务咨询信息嵌入公共图书馆基本文化服务的过程中要把准市场脉搏，精准定位旅游者需求。得益于便捷的互联网通信和发达的交通网络，旅游者能够轻松且完备地下载一二线城市或者闻名国内外的著名旅游景区景点的攻略信息，然而处于三四线等巷子深处的、旅游资源丰富度较高、有一定知名度的乡村旅游地、全域旅游示范区等由于受众较少、市场宣传不足等，能够获取的基础旅游信息和配套产业信息相对较少。因此，各地公共图书馆在积极谋划嵌入旅游基本信息服务的时候，一定要充分认识到旅游者的需求痛点，主动与文化和旅游行政部门、旅游企事业单位以及交通业、住宿业、餐饮业等部门对接，有针对性地推出城市到旅游景区（点）"最后一公里"的吃喝玩乐服务，如"最后一公里"交通接驳工具，"最后一公里"的公共交通换乘车次、时间、地点，"最后一公里"的住宿、餐饮，最值得打卡的小众旅游地等，以此实现公共图书馆与旅游服务对接的精准化、专业性，提高市场竞争力。

（四）博物馆、文创体验店、非遗传习场所与研学旅行融合程度不足

2013 年，鼓励各地市积极组织开展中小学生研学旅行项目在《国民旅游休闲纲要（2013～2020 年）》中正式被提及，至此各地区积极响应教育部政策，在九年义务教育阶段教学计划中加入研学旅行课程项目。通过研学旅行项目的开展，实现以实践促进立德树人教育，促进我国素质教育创新改革，谋求旅游转型发展。截至 2020 年 8 月末，全国中小学生研学实践教育基地超过 1600 个，全国中小学生研学实践教育营地有 177 个。据不完全统计，2019 年，研学旅游市场份额达到 164 亿元，国内参与研学旅游的旅游者人次数达到 400 余万，研学旅游市场需求大，发展前景广阔。其中，研学文化旅游成为研学旅游中的明星产品，许多大型博物馆、文创体验基地、非物质文化遗产传习所等从自身厚重的文化资源优势和较为完备的旅游活动设施场所出发，跻身国内首批文化研学旅游实践基地主场所。"为一座博物馆赴一座城"成为旅游项目新卖点，博物馆、文创体验店、非物质文化遗产传习场所与研学旅行相结合，成为基本公共文化和旅游产业服务融合发展的最有利形式与方式。

目前，河南省已经设置专门"非遗+旅游"研学路线，很多博物馆也安装有用于研学的设施设备和相应的课程，但是，课程比较基础、深度不够。博物馆、文创体验店、非物质文化遗产传习场所等文化旅游研学基地在提供研学旅游产品的过程中，要注意以立德树人为宗旨，寓教于乐，既要满

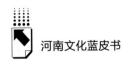

足小小研学者"游"的渴望，又要使其在研学过程中有所得，实现"学"的目的和"研"的启发。在研学旅游课程设计过程中，要不忘初心，紧密围绕社会主义核心价值观，为培养德智体美劳全面发展的社会主义建设者和接班人而不懈努力，通过深度的书本内容挖掘、行之有效的研学活动开展，激发研学者民族自豪感、自信心和爱国情，增强其社会实践动手能力。

总的来讲，河南省基本公共文化和旅游服务融合发展的脚步已经迈出，但是，尚处于起步阶段，河南省公共文化服务提供者已经有意识地在其服务过程中加入旅游服务元素，旅游产业服务提供者也能够在旅游建设中嵌入公共文化服务内容。但是，由于理念融合目标不清晰、融合建设缺乏创新、功能挖掘不足等，河南省基本公共文化和旅游产业服务融合问题矛盾突出，要想实现中共中央关于"提高国家文化软实力和中华文化影响力，为经济社会发展提供强大新动能"的深层谋划还有很长的一段路要走。

四 河南省公共文化和旅游融合发展策略与展望

面对新的发展时期对文化产业和旅游业发展提出的新要求、新格局、新使命，为了更好地满足目的地居民和旅游者对于美好生活的热切渴望，建设完成全区域覆盖、服务高效且便捷、基本性公平的基础公共文化服务和旅游服务融合发展体系，就要求文化和旅游行政主管单位、企业和行业协会全面发力、通力合作、因地制宜、系统科学地厘定基本公共文化和旅游服务产业融合的基本概念、发展原则、建设标准、规划指引、实施保障等问题。

一是明确公共文化和旅游服务的内涵和外延，并研究制定符合"老家河南"基本省情的基本公共文化和旅游服务政策保障和发展规划。立足"老家河南"经济发展现实水平和基本社会保障供给能力，以满足广大河南人民基本的出游需求和文化诉求为准绳，通过广泛的走访、调研，明晰河南省基本公共文化和旅游产业服务融合的产品内容、产品构成、产品规模、产品特色，同时结合辖区县域、乡域文化旅游特色和当地风土民情，明确各地市政府、企业和行业协会的责任和义务。

深入推进乡村基本公共文化和旅游产业服务融合供给的结构性改革。深入贯彻落实习近平新时代中国特色社会主义思想，充分认识乡村文化建设在新时代新阶段的重要地位，通过强化基层领导班子尤其是村/镇主要负责人、德高望重者的思想认知和文化素养，营造良好的乡土文化根据地；谋划研究乡土文化创新化发展，搭建乡土邻里俗约、行为规范走向社会主义现代化价值核心的路径桥梁；创新谋划，构建省、市、县、乡、村多级联动的基本公共文化和旅游服务供给体制机制，不断完善链条化供需信息反馈路径，同时，针对老少边穷地区和老弱病残障特殊人群，提供个性化定制服务，进而扩大基本公共文化和旅游服务融合的供给覆盖面。

二是谋划构建基本公共文化和旅游服务标准体系，强化服务效能。以河南省深厚文化底蕴为支撑，立足"老家河南"经济社会发展实际，充分借鉴吸收习近平总书记关于博物馆、图书馆、乡镇文化馆、读书驿站等以及基本公共文化的重要批示，围绕基本公共文化和旅游服务融合的国家标准体系，建立具有"老家河南"特色的基本公共文化和旅游服务融合发展实施标准。同时，注意基本公共文化和旅游服务融合发展实施标准的发展性、适应性和效能性，注意随着经济社会进步而灵活调整体系指标。实施总分馆体制机制，省级、市级、县级、乡镇各级文化服务中心要在统筹协调的基础上，根据服务对象的差异，注意创新发展各自的特色和重点，从而更好地为各级基层居民和不同旅游者服务。谋划布局"文旅＋数据"工程，强化基本公共文化和旅游服务融合数字化建设，推进资源共享服务。

三是加强现有公共文化设施和旅游公共设施的整合。深入领会贯通习近平总书记关于文旅融合的深远谋划思想，坚持"宜融则融、能融尽融"基本发展原则，坚持"以文塑旅、以旅彰文"基本融合方向，通过深入融合、制度规范、落地可行的文旅融合项目谋划，打造互利共赢的新发展环境。着力培育文旅融合行业明星企业，努力打造文旅融合强势 IP 项目，创新开发文化内涵丰富、旅游受众喜爱的旅游产品、旅游商品和旅游纪念品，综合谋划一批融合地方特色、文化内涵丰富、宜居宜游的城市休闲度假综合体空间。

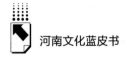

在文旅融合谋划中，注重文化空间、文化设施、旅游空间、旅游设施的融合共享，在基本公共文化服务中注意挖掘其旅游功能，在基本旅游服务空间和设施中注意文化内涵的营造和嵌入。在城市、乡村规划发展中，注意充分考虑当地居民和外来旅游者生产生活空间需求的共融性、共享性，谋划布局既能满足居民生活舒适性，又能给旅游者带来惊喜的、主客共享的文化和旅游基本服务设施空间，实现基本公共文化服务机构既满足老乡的生活需求，又实现为外来旅游者提供服务。在融合发展中，注重在博物馆、图书馆、文化馆、艺术馆、城市书房、乡村读书驿站、流动图书馆同区域各级游客咨询服务中心统筹建设规划与运营，实现旅游空间走进老乡生活中、文化空间嵌入旅游景区/景点中的热闹景象。推进志愿者服务深度融合，打造一批文化素质过硬、旅游服务良好的基本公共文化和旅游服务融合的志愿者队伍。

四是扩大"文化豫约"信息服务平台的资源共享面和覆盖面，强化"文化豫约"人才储备、资金保障、技术支撑、信息容量、知识产权等内容。持续强化"文化豫约"河南省基本公共文化与旅游服务平台建设，统筹协调各部门、各公共文化、旅游服务供给者之间的合作，完善"文化豫约"在党建思想教育、宣传河南文化、推广河南旅游、科技法制普及、休闲娱乐健身等方面功能。不断吸收先进互联网数字技术，提高"文化豫约"平台数字化供给能力。

建设开放性、市场化、主体多元化的基本公共文化和旅游服务投融资合作渠道。坚持以政府财政资金补助为主要力量，吸纳社会资本，采用特许经营、服务购买、产业基金、兼并收购等方式，畅通社会力量在基本公共文化和旅游服务中的作用，广泛吸引社会组织、民间资本参与公共文化服务，发挥社会资本的助推作用，探索乡村公共文化设施公益性和市场化有效结合，更好地满足人民群众多样化、多层次的文化需求。

拓宽乡村文化人才培育渠道。广泛推广乡村文化员"县聘乡用"模式，向省级中心镇和人口五万人以上的镇（街道）派驻文化员；协商省教育厅等部门，委托洛阳师范学院参与定向培养提升乡村文化和旅游服务专业人才队伍,强化基层人才服务队伍素质提升培训;营造良好的乡村文化和旅游服务环境,鼓励有情怀、有热情的乡土人才返乡建设美丽家园;实施资金奖励机制,开展"我为基层乡村文化代言"等活动,努力发展基层有才干的文化和旅游服务人才,吸纳其进入基本公共文化和旅游服务队伍,健全基层公共文化和旅游服务人才机制,强化大家的工作积极性、主动性。

因地制宜繁荣乡村体育活动。根据乡村山区、平原、丘陵的地域特点,因陋就简、因地制宜,把改善农村体育健身条件与改善村容村貌结合起来,组织开展健身走、登山、走绿道等群众性文体活动,策划推广武术、太极拳、健身气功等民族民俗民间传统和乡村农味农趣运动项目,广泛吸引城乡群众参与。

专 题 篇

Special Report

B.6
乡村振兴战略下农村文化发展
战略和具体路径研究

时明德　李茜*

摘　要： 农村文化振兴是乡村振兴战略的重要组成部分，必须坚持物质文明和精神文明一起抓，提升农民精神风貌，培育文明乡风、良好家风、淳朴民风，不断提高乡村社会文明程度。新时代农村文化发展必须充分发挥县级党委、政府的统筹协调作用，沿着"示范引领、重心下移、分类服务、文化+"的思路，由县级党委、政府负责辖区内农村文化发展的规划、协调、培训和资源配置，开展乡镇"一馆一站"建设，推进公共文化供给侧改革，建立"文化协商治理机制"，加强标准化建设，优化投入模式，推行"外引内育"，壮大农村文化人才队伍，从而最终打赢脱贫攻坚战，实现乡村振兴。

---

* 时明德，博士，教授，河南省公共文化研究中心主任，主要研究方向为公共文化服务与管理；李茜，河南省图书馆馆员，主要研究方向为公共文化和图书管理。

关键词： 乡村振兴　农村文化　公共文化　文化振兴

习近平总书记在党的十九大报告中提出了"产业兴旺、生态宜居、乡风文明、治理有效、生活富裕"乡村振兴战略总要求。中共中央、国务院在《关于实施乡村振兴战略的意见》中提出农村文化振兴是乡村振兴战略的重要组成部分，必须坚持物质文明和精神文明一起抓，提升农民精神风貌，培育文明乡风、良好家风、淳朴民风，不断提高乡村社会文明程度。研究农村文化的发展战略和具体路径，探索新时代农村文化发展的主要目标、主要思路、主要任务、战略举措、具体路径，对于打赢脱贫攻坚战，实现乡村振兴，增强文化自信，全面建设小康社会，最终实现中华民族的伟大复兴具有重要的战略意义。

一　我国农村文化建设的内容与现状

在中国特色社会主义进入新时代的背景下，乡村振兴得到空前重视，农村文化发展也进入了新的历史阶段，其理论内涵与实践经验均被赋予了全新的时代意蕴。

（一）农村思想道德建设

在农村文化建设中，应贯彻主导性质的政治思想观念和优良的道德价值观念。首先，大力弘扬以社会主义核心价值观为引领的、代表当代中国政治社会主流趋势的思想理论体系，深化中国特色社会主义和中国梦的宣传教育，加强爱国主义、集体主义、社会主义教育，深化民族团结进步教育，弘扬民族精神和时代精神。其次，着力推动公民道德建设工程，充分发挥农村传统文化优势，借助和挖掘农村的传统道德教育资源，在乡村范围内推进社会公德、职业道德、家庭美德、个人品德和诚信建设，运用多种途径和手段强化农民的社会责任意识、规则意识、集体意识、主人翁意识。

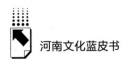

（二）农村优秀传统文化的传承发展与创新

农村优秀传统文化是农村文化得以持续发展的根基。农村文物古迹、传统村落、民族村寨、传统建筑、农业遗迹、灌溉工程等优秀传统农耕文化遗产，蕴含着丰富而又富有价值的思想观念、人文精神、道德规范，能够在农村生活中凝聚人心、教化群众、淳化民风。在推动发展农村文化的过程中，必须始终立足于农村的优秀传统文化，力求创造性转化与创新性发展，充实其时代内涵，丰富其表现形式。在中国经济社会发展过程中，农村文化与城市文化、外来文化相互渗透、相互影响，随着工业化、城镇化的发展，依附于土地的农耕文明嬗变流失，农本价值体系空间被不断压缩。自觉保护、自发唤醒、自主发展优秀的农村传统文化、农村改革产生的文明成果等是当前农村文化发展亟须解决的课题。

（三）农村公共文化建设

农村公共文化服务体系建设是发展农村文化的"火车头"。农村文化建设成效很大程度上依赖于公共文化服务体系的建设水平。要建立健全农村公共文化服务体系，需要从标准、网络、内容、人才等方面入手，紧密依托县级和基层两级公共文化服务机构，按照文化惠民的宗旨向农村倾斜供给公共文化资源、产品和服务。同时，努力培育挖掘乡土文化人才，让文化队伍在农村落地生根，繁荣农村文化市场。

"十二五"以来，党中央、国务院高度重视农村公共文化服务体系建设，出台了一系列政策法规，深入开展文化惠民工程，有序推进国家公共文化服务体系示范区示范项目建设，显著提高了公共文化服务水平。当前，农村公共文化服务体系的标准化、均等化、数字化、社会化、制度化建设正向纵深推进，农村公共文化"五个一"硬件设施、"七个一"服务内容的全覆盖正处于达标攻坚阶段；与此同时，设施建设后的管理维护、使用效率，文化服务的内容更新、提质增效，服务水平与服务效能的提升，成为农村公共文化服务体系建设的新内容、新任务。

（四）移风易俗行动

农村传统文化遗产中也存在不符合现代文明价值标准的内容，因此应该坚决加以清理。要大力遏制广大农村普遍存在的大操大办、厚葬薄养、人情攀比等传统文化糟粕和不良风气，抵制和杜绝封建迷信活动，宣传马克思主义无神论思想，推进农村殡葬改革。同时，还要运用多种教育宣传手段广泛开展文明村镇、星级文明户、文明家庭等群众性精神文明创建活动，丰富农民群众精神文化生活，加强农村科普工作，提高农民科学文化素养。激浊扬清，以正面文明的思想观念占据农村文化的阵地，营造风清气正的农村文化环境。中国农村传统风俗内容极其丰富复杂，良风美俗与陈规陋习并存。风俗的历史性、地方性、传承性、稳固性和变异性特性，决定了移风易俗的艰巨性、复杂性、广泛性和长期性。要实现移风易俗，必须认真研究和把握农村风俗的传承演变规律，建立标准、分类识别、渐进引导，推陈出新移风易俗的方式方法。

二　农村文化发展的突出问题

（一）乡镇综合文化站地位薄弱

作为农村文化最主要的推动力量，县乡村三级公共文化服务机构承担着主导农村文化发展的重任。但实际上，农村公共文化服务乡镇综合文化站的承接作用没有得到应有发挥，存在弱化和边缘化的问题。

1. 乡镇综合文化站向上承接不力，向下指导协调乏力

在广大农村地区，县规模较大，通常下辖上百个行政村。受地理环境阻隔、经济欠发达和交通不便利等因素的影响，县级文化机构对行政村的辐射作用有效，无法直接、有效、及时地将优质的文化产品和服务输送到行政村。作为县村中间环节的乡镇文化站，如果能有效地承接县级文化产品和服务，并将其组织、配送到乡村则能大大提升公共文化服务的成效。

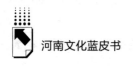

然而由于乡镇文化站在公共文化服务体系建设中一直处于被忽视的状态，人、财、物资源缺乏，文化服务平台、设施、技术手段落后，无法有效地承接县文化机构的文化服务并将其传动到村，从而限制了县级文化机构的辐射带动作用。

2. 乡镇综合文化站自身建设滞后，导致辐射带动能力不足

中共中央办公厅、国务院办公厅下发的《关于进一步加强农村文化建设的意见》和《关于加强公共文化服务体系建设的若干意见》，明确提出为丰富农村文化而建设乡镇综合文化站。按照其精神，乡镇综合文化站的基本职能是提供公共文化服务，指导基层文化工作和协助管理农村文化市场，集书报刊阅读、宣传教育、文艺娱乐、科普培训、信息服务、体育健身等各类文化活动于一体，属于政府领导下的服务于当地农村群众的综合性公共文化机构。尽管职能规定详细，大部分乡镇综合文化服务站的核心功能却未凸显出来。

总之，由于乡镇综合文化站的枢纽地位薄弱，限制了县级文化服务机构对村级文化的影响，事实上既无法发挥次级文化中心的辐射作用，又无力改变村级文化服务中心的现实困境。

（二）农村文化服务有效供给不足

1. 服务内容与形式不丰富

农村文化服务内容必须符合社会主义核心价值观要求。然而在具体实践中，公共文化活动内容与农民倾向于通俗化、浅显性、实用性的文化需求与接收能力出现了明显的缝隙。尽管投入了大量的人力、物力、财力，却未能对其进行科学合理的有效运用，没有发挥出应有的现实效益。

尽管当前大多数农村地区已经建设有综合文化站、农家书屋、综合性文化活动中心等，但当前农村地区的公共文化服务供给总量不足仍是不争的事实。农家书屋中书籍缺乏针对性，导致有些人没书看，有些书没人看；图书更新缓慢影响群众借阅积极性；服务形式单一，不能激发文化水平较低人群的阅读兴趣。文化活动不够丰富，送戏下乡、送电影下乡数量有限，健康讲

堂、科技普及等活动较少，村中文体活动不多等。农村文化服务不足直接导致群众沉迷酒桌、牌桌和麻将桌，陷入封建迷信。

目前各级农村文化服务体系建设中，重设施轻服务，重建设轻管理，影响农村公共文化服务效果。部分地区农家书院、图书分馆的开放程度、管理制度、管理人员素质的受重视程度不够，导致其现实效用大打折扣。农民参与度不够、文化活动贫乏、设备设施利用率不高、图书资料流通率不高，导致农民无法获得有益的文化体验，使文化惠民政策并未落到实处。部分农村地区市场化的文化服务思想格调不高，价值扭曲、低级趣味、过度娱乐化，使农村文化业态恶化，对群众的思想道德产生消极作用。

2. 服务手段落后

发展农村文化，离不开现代化的信息管理手段和充足的文化信息资源。只有充分借助现代的信息传输手段和技术，以即时性传播媒介将最新的文化信息输入农村，才能给农村文化建设提供源源不断的新鲜服务内容。但农村在这方面的短板缺陷仍然显得十分明显，亟须寻求解决良方。

（1）数字化基础设施尚未健全

由于经济发展水平不高，农村地区宽带网络和第四代移动通信网络覆盖率不高，与城市地区存在较大的鸿沟。2017年工信部发布的数据显示，全国农村宽带用户达到9377万户，全年净增用户1923万户，在固定宽带接入用户中占26.9%。[①] 但与"宽带中国战略"提出的"2020年我国宽带网络全面覆盖城乡，行政村通宽带比例超过98%"的目标仍有不小的差距。

（2）文化服务供给的互联网意识不足

受传统生活思维和经济发展水平限制，现代信息技术、网络文化尚未在农村中深入人心，文化服务机构对文化信息化趋势没有给予充分重视，对信息办公设施投入少，对农村网络专业技术人才的培养和吸引不够重

---

① 《2017年通信业统计公报》，电子信息产业网，http://www.cena.com.cn/ia/20180205/91790.html。

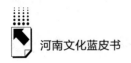
视，其结果就是农村文化发展的信息化程度很低。乡镇、村级文化服务机构很少开办独立的门户网站，文化数据资源的网络平台构建也存在诸多不足。

（三）农村文化管理机制不完善

1.协调机制作用不突出

乡村基层文化服务中心受到多头指挥，协调性不足。"省市县公共文化服务体系建设协调组由同级宣传部门、编办、文明办、发改委、教育部门、科技部门、财政部门、人力资源和社会保障部门、文化部门、质检部门、新闻出版广电部门、体育部门、文物部门、扶贫办、工会、共青团、妇联、残联、科协、标准委等20个部门组成"，各级协调领导小组在整合文化资源、构建大文化格局上发挥了重要作用。在目前的条条管理体制下，基层公共文化存量资源分散在不同部门，缺乏统筹，难以形成合力，仍存在部门职能交叉、多头管理、重复建设、资源利用率和服务效能不高的问题。在实践中存在大量的碎片化、资源缺乏与资源闲置并存、资源分散与体系化程度低等问题。①

2.参与机制不健全

农村自治文化组织发展尚不充分，目前仍处于起步探索阶段，远未成长为农村文化建设的有力组织者和管理者，参与水平不高。此外，部分现有农村自治文化组织受利益驱动影响，缺乏公益精神，造成参与动机不足、意识不强。

我国农村文化建设长期以来都是由政府部门来主管，受思维定式和运作惯性影响，农村自治文化组织难以直接参与到农村文化建设中去，参与空间狭窄、参与渠道不畅，缺乏成功的可推广、可复制模式路径，导致农村文化供给不足、水平不均、质量偏低、效率不高等现象。

---

① 闫小斌、朱琦芳：《城乡公共文化服务体系建设联动机制研究——以西安市创建国家公共文化服务体系示范项目为例》，《情报探索》2018年第3期。

3. 考核机制不完备

科学、有效、全面的绩效考核机制，对于提高农村公共文化服务水平，实现基层公共文化管理的计划性、有效性和科学性，对于农村文化的繁荣发展具有十分重要的意义。当前的公共文化体系建设评估是以《关于加快构建现代公共文化服务体系的意见》《关于推进基层综合性文化服务中心建设的指导意见》等国家刚性兜底标准为依据，采用自上而下的行政考核。从区域来看，评估监督注重城市公共文化服务体系的建设效果，对农村公共文化服务体系的关注不多；从层级来看，评估监督聚焦国家和省级政府的整体文化服务，对基层政府的文化服务评价较少；从文化服务机构来看，图书馆、博物馆等领域评价相对充分，对乡镇文化站、农家书屋等基层文化场馆绩效评价有待强化；公共文化服务绩效评价指标筛选维度涵盖政府投入、运作机制、发展规模、文化活动、公众满意度、文化享受、社会参与、成本效率、服务效率等，但各地方政府与第三方机构制定的绩效指标个数参差不齐，指标权重结构比例差异很大，大文化和小文化口径不一。

（四）农村文化设施存在短板

1. 农村公共文化设施建成率不高

近年来乡村文化设施建设取得了巨大成就，乡镇综合文化站、行政村基层综合文化服务中心已经成为传达党的路线方针政策的重要阵地和群众文化活动的主要场所。然而就全国范围来看，农村基层文化设施建设仍有短板。首先，乡镇综合文化站尚未实现全覆盖。根据《中国文化文物统计年鉴2017》数据，全国31个省区市乡镇综合文化站的建成率为85.2%，仍有14.8%的乡镇没有综合文化站。[①] 其次，行政村基层综合性服务中心尚未普遍建成。据不完全统计，全国11个省区市行政村基层综合文化服务中心的建成率平均为74.2%，其中河南省为51.45%，江苏省为

---

① 《中国文化文物统计年鉴2017》，国家图书馆出版社，2017。

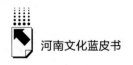

47.95%，与 2020 年国家基层综合性文化服务中心建设目标仍有差距（见表 1）。

表1　11个省区市行政村基层综合文化服务中心建成率

单位：%

地区	区域	建成率	地区	区域	建成率
北　京	东部	98	甘　肃	西部	72
江　苏	东部	47.95	青　海	西部	87
山　东	东部	95.60	宁　夏	西部	56.80
广　东	东部	63.22	江　西	中部	60.20
内蒙古	西部	89.60	河　南	中部	51.45
云　南	西部	89.80			

资料来源：中央人民政府网站、各省文化厅网站。

2. 农村公共文化设施达标率不高

依据当前国家乡镇综合文化站、村基层综合性文化服务中心建设标准，各省、市、地区乡镇综合文化站建成率和达标率较高，但行政村基层综合文化服务中心达标率不高。有关资料显示，山东省行政村基层综合文化服务中心达标率为 60%，河南省仅为 38.04%。新疆维吾尔自治区塔城在第三批国家公共文化服务体系示范项目建设上，80% 的村基层综合文化服务中心达到国家规定的目标要求，尚有 20% 的仍未达标。

（五）农村文化资金投入不够

2016 年，全国文化事业费为 770.69 亿元，其中农村文化事业费约 400 亿元，占全国的 51.9%。2017 年农村文化事业经费投入达到 457.45 亿元，比 2016 年增长了 14%，占全国的 53.5%。然而，在 1995～2010 年间，农村文化经费投入一直处于低水平状态，占全国文化事业费的不足 40%，农村文化发展历史欠账较多（见图 1）。就图书馆建设而言，受城乡经济发展水平、财政资金投入导向的影响，城乡图书馆的专项投入经费差距较大。2016 年全国图书馆购书专项经费 19.05 亿元，城市图书馆购书专项经费占到 90.83%，而县级图书馆购书专项经费仅为 1.75 亿元，占比 9.17%[①]。

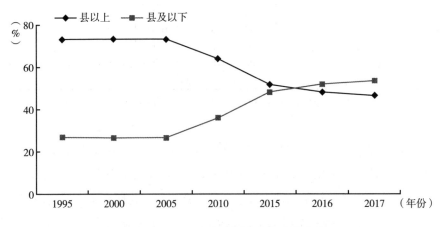

图 1   1995 ~ 2017 年全国文化事业费占比

资料来源：《中华人民共和国文化和旅游部 2017 年文化发展统计公报》。

（六）农村文化人才缺乏

1. 管理人才数量不足，结构不合理

乡镇综合文化站干部队伍作为农村文化生活的组织管理者，是开展农村基层文化建设的"关键少数"。乡镇文化站干部平均人数相对值低、数量不足。2016 年，平均每个乡镇综合文化站从业人员为 2.98 人、专业技术人员为 0.87 人，与城市文化馆平均从业人员 16.70 人、专业技术人员 12.30 人相比，总量明显不足（见表 2）。在空间范围广、人口分布散的广大农村地区，每个乡镇文化站 2 ~ 3 个的人员编制，无法有效履行繁重的文化管理职责。

---

① 《中国文化文物统计年鉴 2017》，国家图书馆出版社，2017。

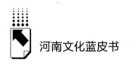

表 2　2015 年、2016 年河南城市文化馆、乡镇综合文化站相关情况

指标	城市文化馆			乡镇综合文化站		
	2015 年	2016 年	增长率（%）	2015 年	2016 年	增长率（%）
机构数（个）	3315	3322	0.21	34239	34240	0
从业人员（人）	55307	55491	0.33	95939	101970	6.29
每个（馆）站平均从业人员（人）	16.68	16.70	0.12	2.80	2.98	6.43
专业技术人员（人）	40405	40852	1.11	26121	29836	14.22
每个（馆）站平均专业技术人员（人）	12.19	12.30	0.90	0.76	0.87	14.47

资料来源：《中国文化文物统计年鉴 2017》、国家公共文化服务体系示范区相关数据。

乡镇文化干部构成存在结构性矛盾。从文化专业技术人员占从业人员比例来看，乡镇综合文化站干部队伍不到 1/3，城市文化馆高于 70%，农村专业性文化干部人才严重不足、补充艰难。河南省公共文化研究中心对河南省 300个乡镇文化站以及 1500 个村基层公共文化服务中心的调研发现，在编的乡镇综合文化站干部大部分要兼顾乡镇机关其他工作，或者乡镇机关其他干部兼职文化站工作，"专干不专"，乡镇综合文化站干部职责不明。

2. 文艺人才数量不足

农村文化艺人与文艺团队是农村开展文化活动的有生力量。从 2015 年、2016 年乡镇综合文化站指导的群众业余文艺团队总量上看，农村文艺团队每年增长率仅为 4%，每个行政村平均拥有的文艺团队数量甚至不增还降，满足不了农民日益增长的文化需求（见表 3）。伴随乡镇综合文化站辖区内行政村数量的扩张，2016 年每个行政村的群众业余文艺团队还不足 1 支。

表 3　2015 年、2016 年全国乡镇综合文化站指导的群众业余文艺团队情况

指标	2015 年	2016 年	增长率（%）
文艺团队（支）	229120	238661	4.16
乡镇（个）	31830	31755	-0.24
每个乡镇平均拥有的文艺团队（支）	7.20	7.52	4.44
辖区行政村（个）	360409	455338	26.34
每个行政村平均拥有的文艺团队（支）	0.64	0.52	-18.75

注：乡镇个数未统计行政区划中乡镇级别含的街道数，行政村个数未含辖区内的社区个数。

资料来源：2016 年和 2017 年《中国统计年鉴》《中国文化文物统计年鉴》

3. 文艺创作人才不足

随着城镇化和工业化的持续发展，农村劳动力向城市转移趋势延续，农村空心化、"389961"人口结构以及比城市更严重的老龄化等实情，使农村文化发展"随人而去"。2012～2016年中国城镇人口由71182万人增至79298万人，城镇化率由52.57%增至57.35%，乡村人口由64222万下降至58973万，占总人口的比重由47.43%降至42.65%。[①]农村文化消费市场萎缩，导致围绕农村题材进行艺术创作的专业人员严重匮乏。此外，由于农村的空心化，乡村本土文艺创作人员的后备力量不足，农村文化发展的人才梯队存在空悬化风险。

三　农村文化发展战略

（一）目标任务

按照党的十九大报告提出的全面建成小康社会、分两个阶段实现第二个百年奋斗目标的战略安排，依据乡村振兴战略的发展规划，农村文化发展战略的目标任务是，到2025年，农村文化取得大发展。农村公共文化设施进一步扩容，在县级打造包括图书馆、文化馆、博物馆、美术馆在内的四馆服务设施；在乡级形成以乡图书馆为总馆，以行政村农家书屋、乡贤书院为分馆的总分馆体系，打造智能化、多样化、专业化的乡镇综合文化站；在乡、村建设设施完备的农村文化传习所。丰富文化服务内容，实现"读书看报、收听广播、观看电视、观赏电影、送地方戏、设施开放、文体活动、阅读活动、文艺鉴赏、数字文化、专题讲座、艺术普及"十二项公共文化服务有效供给。公共文化服务总量、服务水平以及群众的参与度、满意度得到极大提升。乡村文化产业稳步、有序发展。到2035年，农村文化实现全面繁荣，农民精神风貌得到提升，文明乡风、良好家风、淳朴民风达到新高度。农村

---

① 2013～2017年《中国统计年鉴》。

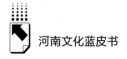

文化服务结构合理，公共文化服务效能显著提高，群众性文化活动丰富多彩，农村文化产业繁荣发展。讲好农村文化故事，开发农村文化项目资源，实现农村文化与旅游的深度融合。

（二）发展思路

落实农村文化发展的战略目标与任务，必须充分发挥县级党委、政府的统筹协调作用。沿着"示范引领、重心下移、分类服务、文化＋"的思路，由县级党委、政府负责辖区内农村文化发展的规划、协调、培训和资源配置，指导乡镇公共文化服务体系建设；由乡镇党委、政府具体指导行政村文化设施建设、管理工作，快速推进农村文化的大发展与大繁荣。

1. 示范引领

在县级党委、政府的统筹下，运用示范点建设，带动乡村文化发展。就现阶段而言，国家通过公共文化服务示范区以及示范项目建设，在东中西部地区文化基础设施建设上取得了巨大成就，示范效能显著。借鉴国家示范区以及示范项目建设经验，县级党委、政府应统筹规划，整合文化、村庄传统、特色资源，以点带面，连面成片，实现乡村文化基础设施的全面覆盖，打造文化型美丽乡村。

2. 重心下移

坚持重心下移、力量下沉，在基层群众中把文化工作扎实深入地开展起来，不断开创农村文化发展新局面。将图书馆总分馆制建设下沉到乡村，构建以乡图书馆为总馆，以行政村农家书屋、乡贤书院为分馆的总分馆体系；将县文化馆的优秀文艺作品和服务通过互联网和智能终端下送到乡村，为群众提供优质、多样的文化产品；依托文化专员制度，将专业文化人才下移到乡村，壮大乡村文化人才队伍。

3. 分类服务

坚持均等化原则，根据不同区域、不同人群的需求提供文化服务。建设区域分馆，填补当前农村文化体系的服务空白，提升文化服务的可及性和便捷性。建设特色分馆，为老年人、未成年人、残障人士、农民工、农村留守妇女儿童、生活困难群众等特殊群体提供基本公共文化产品和服务。建设专业分馆，为群众提供个性化、特色化的专业服务。

4. "文化 + "

发挥文化在贫困地区的"扶志""扶智"作用。补齐贫困地区文化基础设施"短板"，在保基本、促均等、提效能上下功夫。加大现有扶贫题材、"三农"题材作品的巡展巡演力度，推动实现文化励民、文化育民。统筹规划文化扶贫和乡村振兴，保障文化脱贫，助力乡村振兴。建构"地方 + 文化 + 旅游"的新模式，将贫困地区历史文化资源与旅游深度融合，探索贫困地区特色文化产业发展路径，鼓励支持贫困地区依托特色文化旅游资源发展文化旅游产业。培养农民传承、保护、发扬非物质文化遗产的理念，利用非物质文化遗产展演和体验等方式，让非物质文化遗产"活"起来。创设农村"文化 + 互联网"行动计划，建构适合农村文化传播的信息共享平台，利用互联网技术促进农村文化资源产品化、市场化、产业化和国际化。

四　农村文化发展的具体路径

（一）开展乡镇"一馆一站"建设，打造乡村文化活动中心

乡镇政权是最低一级基层政权，是政权建设的前沿阵地，对乡村振兴和农村文化发展承担直接领导责任。行政村（社区）的公共文化服务规划指导监督职责应由改造升级之后的乡镇文化机构承担。公共文化服务的核心问题是阅读和文艺活动。因此，在发展农村文化过程中，大力推进乡镇"一馆一站"建设，积极承担行政村阅读与文艺活动的组织管理工作，充分发挥枢纽作用。

1. 一馆：总分馆制下沉，构建以乡镇为中心的图书馆总分馆制建设

现有图书馆总分馆制是将总馆设在县城，将分馆设在乡、村。实践中，乡村图书分馆往往流于使用率低效的图书室、流动图书车，图书资料数量有限，图书品种多样性不足，管理不善，图书借阅率不高，服务效能低下。而

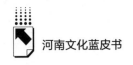

远在县城的图书总馆又无法对乡村图书馆形成就近、有效指导。因此，需要将总分馆制下沉，在乡镇设立图书馆总馆，在行政村设立图书馆分馆，建立"省市制定标准，县区建设考核，乡镇具体负责"的管理体制，形成采购、编目、借还以乡镇图书馆总馆为中心的运行模式。

乡镇图书馆总馆在县图书馆的业务指导下，负责乡、村两级图书馆总分馆的建设、运营、管理等方面工作，负责辖区内图书的统采统编、通借通还，开展辖区内书香社会建设和阅读推广活动，统筹辖区内图书馆分馆的建设与规划，就近指导图书馆分馆的图书阅读活动，培训各类图书馆管理、服务人员，直接参与、具体领导农村图书事业。乡镇图书馆总馆要加强与行政村图书馆分馆的人才、业务交流，实现两级图书馆业务的有效衔接，充分借助数据网络信息手段和文化云管理模式，推动两级图书馆图书资源的信息共享、数字互联、终端直送。乡村两级图书馆要密切合作，共同搭建集移动图书馆、微信图书馆、电子图书云阅读、公开课数字通、一卡通等形式于一体的数字网络服务平台，推动数字化图书馆全覆盖，实现在电子移动设备终端借还、查询便捷使用，弥补传统图书借阅的局限。

行政村应在乡镇图书馆总馆的统一指导下，根据情况因地制宜建设特色行政村图书分馆。图书分馆原则上设立在行政村中，也可以根据区域文化的类型特色建设跨村图书分馆，也可以根据文化资源的类型特色建设特色图书分馆，为村民提供专门性的图书借阅服务。

2. 一站：全面提能增效，充分发挥乡镇综合文化站的枢纽作用

在乡村振兴战略下，要不断满足群众日益增长的文化需求，丰富群众文化生活，就必须对乡镇文化站全面提能增效，将之打造成乡村文化的枢纽。

（1）重塑乡镇综合文化站的职责

首先，要将乡镇文化站打造为创新农村文化的核心力量。乡镇文化站与自然村落关系最为密切，是村落与外部世界文化的联系通道，也是农村文化初次提炼凝聚的中心。村落的文化信息总是先汇总到乡镇，经过初步汇聚提炼之后再由乡镇转达到县城以至外部世界。乡镇文化站掌握村落文化信息十分便捷，精通熟悉当地的民风、民情、民俗，能深入理解农民自发形成的文化表达方式及其背后的运作机理，因而对农村文化内在的生命力及其弊病陋习的继承改造也就容易切中要害，得其要领。由其承担农村文化的提炼与凝聚工作，最有效率、最切实际，也最贴近乡土，更有利于推动农村文化的发展创新。

其次，要将乡镇综合文化站打造为城乡文化交流的中心舞台。在乡村振兴战略背景下，不仅要挖掘和发扬农村本身的优秀传统文化，而且还要把城市的生活观念和文化价值观以恰当的方式输入乡村，使之与农村文化充分融合，打造既符合现代文明方向，又保有优秀传统文化基因的新农村文化。这就要求乡镇文化站主动承担起城乡文化交流融合、以现代文明生活方式引领农村文化的重任。

最后，要将乡镇综合文化站打造为社会主义农村文化建设的前沿阵地。乡镇是国家政权建设的前沿地带，面临着与基层村落的封建迷信、陈规陋习、愚昧文化等进行长期斗争的时代课题。在乡镇综合文化站的建设过程中，应大力弘扬文化主旋律，始终坚持正确的政治思想导向，把塑造和传承社会主义核心价值观作为一项全局性、根本性的明确任务。在具体职责的规划中，乡镇文化站应主动承担起思想政治教育的使命，站稳把牢文化意识形态的前沿阵地，主动与有违国家文化政策方针、不符合社会主义价值观念的歪理邪说、地下文化、极端思想进行坚决斗争，为农村文化发展维护良好的文化秩序。

（2）拓展乡镇综合文化站的功能

在新时代背景下，乡镇文化站在农村文化发展中的功能应加以全面拓展，起到引领、组织、考核、培训的作用。

首先，乡镇文化站要引领农村文化的发展方向。乡镇文化站要积极宣传党的方针政策，丰富农村文化生活，促进农村经济社会协调发展。要努力维护和大力弘扬社会主义核心价值观，要加强爱国主义、集体主义、社会主义教育，强化国家认同和民族团结进步教育，同时着力突出和强化乡镇综合文化站对农村文化的聚合功能。对乡村特色文化的发挥不能仅仅停留在搜集、整理民族民间文化艺术遗产这一点上，还应该全方位留心观察并深入挖掘乡

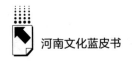

村的民约规则文化、道德礼让文化、家族家庭文化、教育文化、生产文化、商业文化等多方面的文化信息和文化内容。

其次，乡镇综合文化站要组织农民开展各种文化活动。组织文体娱乐活动，组织影视作品放映；开展各类培训班、知识讲座，培养文艺骨干；开办图书室、文化室、俱乐部，扶持文化大户，积极发动农家书屋、文化大院、文化活动室组织农民文化活动。一方面着力将城市文化资源、文化观念、文化设施大量引入农村，经过初步整合后再通过各种样式的活动和组织融入农村文化；另一方面，要主动引导农民吸收现代文化的精华，结合本地实际情况进行创造性发挥和发展，并以此激发出农村文化全新的生命活力。

再次，乡镇综合文化站要开展公共文化服务的绩效考核工作。采取机制创新、统一标准、优化管理等多种举措，强化乡镇、村公共文化服务质量评估和成绩考核，并将之纳入政府年度工作的实绩考评，制定出考核细则，将考核结果与年度排名及扶持补助挂钩。积极开展群众满意度测评，制定各种规范细则和评估办法，引导乡村文化机构以群众需求为导向开展各种文化活动。

最后，乡镇综合文化站要对农民进行培训指导，综合提高农民科学文化素质。乡镇文化站通过互联网、云平台的资源手段，借助县文化馆的文化资源和人才优势，并广泛采取政府购买服务、扩大文化志愿者规模等方式，面向村民组织开展各类知识讲座、技能培训活动，发动群众积极参与，大力提升村民的科学知识水平、思想文化道德素质和综合文化素养。

（3）升级乡镇综合文化站的规模

首先，强化业务分工和机构细化。在文化站内设置简单分工的内部机构。设置专门负责收集、整理、创新农村文化资源的农民采风办公室，主要以提炼分析农村文化优秀资源为主要职责；设置专门负责对接城市文化机构、引进城市文化资源并将之在农村基层加以推广的城乡交流办公室，主要以引导现代文明辅助农村移风易俗并对外来文化资源进行适度调整为主要职责；设置专门负责宣传国家政策法规、把握政治思想导向的政策法律办公室，主要提供政治政策、意识形态、法律法规、法治思维等方面具体指导和政策把关。每个办公室都应该由专职人员担任，至少1人以上。在具体工作中，乡镇文化站所组织的文化活动，三个办公室都应该同时参与，从各自不同的职能角度分工合作，全程负责。

其次，组织乡村两级讲习所。由乡镇综合文化馆负责组织设立乡村两级讲习所，整合乡、村两级文化资源与文化力量，通过盘活存量、调整置换、集中利用等方式，建设集文化宣传、党员教育、普法教育、道德教育、科学普及于一体的农村文化讲习所。农村文化讲习所主要承担政策法律解读普及、道德思想教化引领、科技生产知识培训等文化任务，综合提高农民的法制观念、道德水准、生产技能。乡镇综合文化站统筹负责辖区内两级文化讲习所的规划、建设工作，对讲习所进行资金投入、人员培训、场地选定，直接组织乡镇讲习所开展多样化的讲习活动，具体指导行政村的讲习活动，重视讲习所人员的培训与选拔，组建一支立场坚定、政治可靠、文化素质过硬、服务热情充沛的讲师队伍。

最后，提升建设规格。鉴于乡镇综合文化站职责的重塑、功能的扩展和机构的细化，有必要扩大其建设规模，提升其建设规格，将其建成为乡镇中心的地标性建筑，成为周围农村文化的核心舞台。乡镇综合文化站的建设规格，可以综合考虑自身职能发挥与农村文化团体培育两个方面的功用。一方面，在各活动用房之外，还应增加管理机构具体各办公室的用房，以保证文化员的基本办公需要；另一方面，可以在文化站周边外围留出足够的房屋用于廉价租给各民间文化组织、文化企业积极参与农村文化建设之用，以便在文化站周边形成强大的文化聚光灯效应，凸显乡镇文化站在整个农村文化发展振兴事业中的枢纽地位和主导作用。

（二）推进供给侧结构性改革，满足群众多样化文化需求

1. 提升农村文化服务内容的数量与质量

（1）增加农村文化服务的数量

农村文化服务要保证服务产品的数量充足、内容丰富，向农民提供大量的文化产品，组织农民进行多种样式的文化活动。

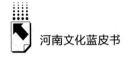

乡镇图书馆总馆、文化站要增加服务项目，拓展业务功能，扩充服务空间，提升服务质量，在原有"读书看报、收听广播、观看电视、观赏电影、送地方戏、设施开放、文体活动"等公共文化服务项目之外，增加"阅读活动、文艺鉴赏、数字文化、专题讲座、艺术普及"文化服务项目。

图书总、分馆要提供大量的有形图书刊物和电子图书资料，尤其是要针对农民的现实需求提供多层次、思想性、趣味性的图书；文化馆、文化室要积极投入人力、物力和财力为农村文化活动提供统筹、组织、培训、考核方面的具体指导和活动组织。政府还可以引导支持各种社会力量建立各种形式的民间文化组织，积极吸引农民广泛、深入参与农村文化共建活动。

（2）提供以农民文化需求为导向的高质量文化服务

提供农村文化服务，需要紧密贴近农民文化消费的特点，在引导农民提升文化消费层次、提高思想道德境界的同时，兼顾农民现有的文化接收能力、认知能力和兴趣喜好。一方面，对于图书馆、文化馆而言，在对有形文化资源和文化活动进行选择规划时，要充分考虑农民的接收能力和兴趣爱好。在图书采购上，可充分摸底农民的阅读兴趣，然后根据他们明示或默示的"点单"行为，再组织图书购买的"买单"内容，让群众不仅有书读，而且有更好、更实用的书读。另一方面，对于借助网络等多媒体方式加以引进的文化信息资源，可以采取更为多样的形式，运用农民群众熟悉易懂的语言，将所需要传达的思想道德和价值观念以农民喜闻乐见的形式表达出来，从而增强文化引导和提升的客观效果。

2. 加快农村文化服务的网络化传播技术建设

（1）建立云管理平台

通过建立云管理平台，实现对农村文化支撑平台计算资源、存储资源的集中统一管控。通过文化资源的云管理平台，可以有效解决农村文化信息资源的共享问题，同时还有助于推动农村软硬件基础设施的建设，有效管理和利用各种软硬件基础设施，以达到良好的文化信息供给效果。同时，还可以将各地的云管理文化信息平台与全国公共文化发展中心的相关管理系统和云管理视图进行对接，构建资源信息共建共享的业务平台系统，推行统一规范的建设标准，尽可能提升现有资源数据库的现实应用效能。

（2）依托并活用各类文化信息共享平台

依托并活用各类文化信息共享平台，为农村文化建设提供丰富的内容保障。各级农村文化服务机构可以按照严格要求和高标准起点的原则，积极尝试建立健全有关公共文化信息网络平台的各种规范制度和运行机制。引导农民通过各种灵活的网络数据技术，如 IPTV、互联网电视、双向数字电视等通道以及电视、手机、PAD、投影仪等，加入这个平台，充分共享平台的优秀数字资源。

积极创建集数字资源、领域专家资源、特色文化展示、学习中心、交流分享、文化动态信息展示于一体的网络公共文化空间，有效整合各级图书馆自建资源和外购的数据库资源、资源检索平台等应用系统的相关资源，传送到城乡基层广大人民群众身边，丰富人民群众的精神文化生活。

（3）创建并开发农民网络培训学校的文化功能

发挥各地教育机构职能，紧密围绕农村本土特色资源，组建各级各类农民网络技术培训学校。尝试构建"农民网络技术培训学校＋农村基层文化综合服务中心＋农户"的运行模式，紧密结合农民的具体需要，开展形式多样的技能培训，提高广大人民群众的科技文化素质。紧密结合当地文化特色，努力发掘各类农民网络培训学校的文化阵地作用，向农民提供先进的网络科技知识技能和科学文化知识，以便最大限度地将现有的文化信息资源转化为现实的精神财富生产力。

（三）建立"文化协商治理机制"，增强农村文化管理效能

1. 严格落实意识形态责任制

坚持以习近平新时代中国特色社会主义思想为指引，认真落实习近平总书记关于意识形态工作的系列论述及指示精神，严格落实县乡村党委（党组）意识形态工作责任制，自觉将意识形态工作融入贯穿乡村振兴与农村文化发展工作。定期听取工作汇报，分析研判意识形态领域形势，切实当好意识形态工作的落实者、推动者和执行者。

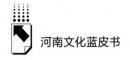

将农村文化发展建设纳入县乡两级政府及上级政府重要议事日程，纳入领导班子、领导干部目标管理，与经济、政治、文化、社会、生态文明和党的建设紧密结合，同部署、同落实、同检查、同考核。基层政府结合实际制定实施方案、规划或专项行动计划，明确任务表、路线图和责任清单，形成一级抓一级、层层抓落实的良好工作局面。

2. 完善农村文化建设参与机制

（1）推进乡镇馆站法人治理结构改革

借鉴省市县公共图书馆、博物馆、文化馆等公共文化机构法人治理结构改革经验，在乡镇馆站建设过程中，吸纳有关方面代表、专业人士和公众参与管理，组建理事会、搭建管理层、制定机构章程，完善基层文化机构内部管理机制。

（2）建立乡村农民文化理事会

坚持群众主体，归还社会"办文化"自主权利，坚持"主导不包揽、引导不越位"，推进管办分离，建立由乡村党委政府有关部门、公共文化机构、农民代表、本地乡贤、本地优秀文化人才、农民文艺团体和其他方面代表组成的乡村农民文化理事会等基层文化治理组织。乡村农民文化理事会通过自发成立、自治管理、自助服务、自觉监督，建立对接群众需求、开展文化服务的议事决策共治机制，吸收群众意见和扩大群众监督，使文化活动更贴近本地实际，扩大参与覆盖范围，解决农村和农民文化沟通机制不畅问题，推动文化繁荣兴盛。

（3）健全乡村农民文化理事会体制建设

紧紧围绕"以人民为中心"的工作方向，树立"党政主导、社会主办、群众主体"三位一体原则，建立健全"党委政府领导、理事会决策、文化站执行、农民文化协会参与、监事会监督"的管理体制，改变政府以往"管建设、管投入、管活动"的全包干现状，转变为政府"管舆论导向、管安全维稳、管设备资产、管资金奖补"，推进政府从"办"文化向"管"文化过渡，强化群众主体自我服务，实现政府、群众、社会资源的有效整合。

3. 加快建立多元评估监督机制

（1）完善农村文化发展的政府内部纵向评估机制

建立农村文化发展考评体系，完善工作评价机制。推动出台《农村文化建设考核指标体系与考核办法》，纳入科学发展考核指标；出台《农村文化服务绩效管理体系》，对县乡两级党委、政府推进农村文化发展体系建设情况进行绩效考核，作为考核评价领导班子和领导干部政绩的重要内容。完善农村文化服务质量检测体系，研究制定公众满意度指标，建立有公众参与的农村文化设施使用效能考核评价制度。

（2）推广第三方评价机制

广泛引入由社会志愿者团体、行业协会、专业评估企业为代表的第三方，健全农村文化发展第三方测评制度，委托第三方测评机构对农村文化建设成效开展暗访巡查和评估，由第三方独立开展评估。建立群众评价和反馈机制，及时反馈测评信息，通报测评结果，保证测评的客观、公正，推动文化惠民项目与群众文化需求有效对接，促进农村文化建设的健康发展。

（四）加强标准化建设，提升农村文化设施整体水平

1. 以评促建，推动乡村公共文化设施全面覆盖

严格按照国家标准开展乡村公共文化设施、场所达标评估，推动县级党委、政府加快推进基层公共文化服务体系建设。运用科学、合理、有效的绩效评估指标体系，对各级地方政府农村公共文化服务体系建设状况进行客观、规范、全面、公正的评价，依据考核结果奖优罚劣，促动地方各级党委、政府高度重视公共文化服务体系建设，加大资金投入，补齐乡村公共文化服务体系短板，达到国家 2020 年普遍建成集宣传文化、党员教育、科学普及、普法教育、体育健身等功能于一体，资源充足、设备齐全、服务规范、保障有力、群众满意度较高的基层综合性公共文化设施和场所的目标要求。

2. 提高标准，促进农村公共文化设施提档升级

在国家保底型标准的基础上，各地区应因地制宜提高农村公共文化设施

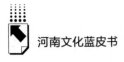

建设标准，在设施类型和建设规格上提档升级，不断满足群众日益增长的、多样化精神文化需求。

（1）支持有条件的地方增设多种文化场馆、设施

鼓励地方政府整合学校、艺术院团、社会组织的力量，建设县级图书馆、文化馆的专业分馆和特色分馆，满足群众的多样化、特色化精神文化需求。鼓励地方政府整合乡镇资源，建设人性化、生态化、开放化、智能化、标志化的乡镇图书馆，为群众打造身心愉悦、富有美感的悦读空间。鼓励地方政府根据人口分布、文化特点和自然条件，建设区域公共文化设施，提高农村公共文化服务体系的可及性。

（2）鼓励有条件的地方将场馆设施提档升级

在准确把握群众精神文化需求新变化的基础上，加快推进县级图书馆、文化馆、乡镇综合文化站的提档升级建设，全面提升公共文化设施的建设水平；鼓励有条件的地方综合利用乡村各种资源建设农民传习所。在当前行政村基层综合性文化服务中心建设规定的基础上，适度上调馆舍面积、功能分区、人员设备、服务活动等方面的标准，为群众打造富有吸引力的文化共享空间。

（五）优化投入模式，拓宽农村文化发展融资渠道

1.加大财政投入力度，优化投入结构

各级政府要充分发挥主导作用，依据各地区乡村文化发展规划增加财政投入，优化城乡资金分配结构。为解决农村历史欠账较多问题，应加大向农村财政转移支付力度，依据中央引导、地方统筹、突出重点、注重绩效、专款专用的原则管理、使用专项资金，严格落实资金分配使用方案，及时按照规定程序下达到县、乡、村，做到分配合理、使用规范，不挤占、截留和挪用。要优化调整文化事业费的城乡配置比例，适当向农村公共文化机构倾斜，使城乡文化机构所享受的财政补贴达到动态均衡。构建城乡援助体系，坚持发掘优势、共谋发展、长期合作、互利互助原则，推动城市与农村对口帮扶。

2.创新多元投入模式，撬动社会投资

应充分发挥社会的力量，通过资本市场、非政府组织、社会捐赠等渠道

引进社会资金。出台完善的公共文化政策，通过简政放权，放宽审批项目，降低社会力量投资乡村文化的门槛。创建以政府为主导，以国有企业为主体的投融资平台，激发民营资本、外资或公民个人投资农村文化发展的积极性。运用税收激励杠杆，为参与乡村文化建设的企业适当减税贴息，吸引社会资本参与非物质文化遗产、传统村落的保护利用，连片传统村落、文化生态保护实验区的保护建设，以及大遗址保护单位控制地带开发利用。

运用公益文化项目推介会，搭建文化众筹平台，为社会力量和文化资源牵线搭桥，创建便捷、高效、规范的合作平台。鼓励和支持社会力量通过投资或捐助文化设施设备、兴办实体、资助项目、赞助活动、提供产品或者服务等方式参与乡村公益文化服务事业。

（六）推行"外引内育"，壮大农村文化人才队伍

1. 建立文化专员制

在现有行政编制体系下，明确乡镇综合文化站岗位的任务目标、职责权限，因需定编、因事设岗、因岗设人，建立任职资格、考核标准、晋升条件等规范，提高乡镇综合文化站职位的吸引力，通过公务员招录和体制内调岗等方法，实现专职专干，保证乡镇综合文化站干部的稳定性。要满足乡镇文化站职责拓展后的实际需要，乡镇文化站人员编制配备不少于4名，规模较大的乡镇（街道）可适当增加。在村（社区）综合文化服务中心设有由县级政府购买的公益性文化岗位不少于2个。

（1）推广"文化专员制度"

借鉴农村"第一书记"选派与管理办法，从机关、学校、公有制文艺团队等组织中选择有丰富经验的文化人才担任乡村文化专员，挂钩结对、对口帮扶。在缓解财政与体制内扩编压力的同时，提升农村文化发展指导人才的专业性。尽快出台支持和鼓励行政事业单位文化专业技术人员结对帮扶乡村文化振兴的指导意见，明确文化专员的选择标准、任职期限、成绩评定、激励办法等标准细则，制定文化专员管理制度、工作制度、考核制度、召回制度等规范，保持农村文化发展指导人才的延续性。

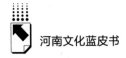

（2）借力、整合社会各类人才投入乡村文化振兴

积极引导国家省市文化协会、文艺志愿者协会等各类组织深入农村。依托乡镇综合文化站、行政村基层综合性文化服务中心，开展对农村文化艺人与文化团队的结对帮扶、培训指导，逐步实现由"送文化下乡"到"种文化在乡"。激发农村文化市场潜力，吸引社会文化人才、文艺团体、文化企业等深入农村、建设农村、留在农村，为乡村文化振兴注入外部活力。

2.培育职业文化农民

（1）培育挖掘乡土文化人才，规范引导农村文艺团队

开展当前农村文化艺人与文艺团体普查工作，出台农村文化艺人、文艺团体、新乡贤等评定标准与激励机制，建立农村具有历史价值的传统工艺、文化民俗、非遗等名录台账，编制开发规划。对农村民间文化艺人、文艺团体、非遗传承人等加强扶持、引导和管理，鼓励和支持其开展文化活动；下大力气培育新时代乡贤，把老党员、老干部、老教师、群众公认的致富带头人、文明户、文化中心户等有助于乡村文化振兴的人，纳入新乡贤群体中来；充分发挥其引带辐射效应，逐步扩大农民文化活动的参与面，不断提高广大农民文化生活质量，引导广大农民群众自觉形成健康文明的生活方式和良好的道德风尚，促进农村文化振兴人才内生增长。

（2）推进文化农民培育工程

《"十三五"全国新型职业农民培育发展规划》明确提出"加快构建一支有文化、懂技术、善经营、会管理的新型职业农民队伍"，各试点县在《新型职业农民培育试点工作方案》指引下，进行了有效探索，"生产经营型、专业技能型和社会服务型职业农民"培训初见成效。在职业农民培训过程中，仅以技术培训为重点，不能缓解农村文化的断裂现象。"实施乡村振兴战略不能光看农民口袋票子有多少，更要看农民精神风貌怎么样。"①要在当前新型职业农民培育的过程中，同步甚至优先推行文化培训。农民既

---

① 《习近平：农村要发展需要好的带头人》，新华网，http：//www.xinhuanet.com/politics/2017 - 12/12/c_ 1122100825. htm。

是农村公共文化服务的消费者，也可以是农村公共文化服务的供给者，农民对自己需要什么样的公共文化服务有更多发言权，在推进文化农民培育工程中要坚持农民主体地位，形成磅礴之力。

（3）将基层文化服务专业人才培养纳入国民教育体系

四川省乐山市与乐山师范学院合作共建四川基层公共文化服务研究中心，开办公共文化与管理方向班，为基层文化从业人员培养了"懂行实用"的专门人才。河南省文化厅与洛阳师范学院合作成立河南省公共文化研究中心，洛阳师范学院开设公共文化服务与管理专业方向，进行全日制本科生招生培养教育。文化部在对公共文化系统人员开展有针对性的系列培训的同时，建立与教育部等其他部门的联动机制，引导各级政府与高职院校、高等院校合作，定向、委托培养乡村两级公共文化服务人才。

案 例 篇
Case Reports

B.7

志愿服务寻村宝　美丽乡村"种"文化

——河南省"寻找村宝"大型文化志愿公益活动创新实践

郭　强 *

摘　要： 河南省文化和旅游厅在 2019 年开启了"寻找村宝"活动，为了
使活动达到良好效果，专门明确细化了寻宝工作的各个阶段和流
程，各部门对寻宝活动高度重视，充分调动公共文化机构、社会
团体、志愿者队伍等各级各类文化组织参与到寻宝工作当中，有
效激发了农民群众参与乡村文化振兴的热情和积极性，壮大了公
共文化服务力量。

关键词： "寻找村宝"活动　乡村文化振兴　公共文化　河南

---

* 郭强，洛阳师范学院法学与社会学院讲师，主要研究方向为公共文化绩效考核。

一　背景

习近平总书记反复强调指出"乡风文明，是乡村振兴的紧迫任务"，"我们要深入挖掘、继承、创新优秀传统乡土文化"。2020 年中央一号文件也提出，要"实施乡村文化人才培养工程"。为了进一步贯彻党中央精神，挖掘传承乡村优秀文化，丰富基层文化活动，满足人民群众日益增长的精神文化需求，推动新时代乡村文化振兴，提升基层尤其是广大农村地区的公共文化服务效能，河南省文化和旅游厅于 2019 年 8 月在全省启动了"寻找村宝——河南省大型文化志愿公益"活动。数千名文化志愿者化身"寻宝使者"，组成团队，深入农村，发动群众开展识宝、赛宝、荟宝等活动，挖掘那些热爱文化事业、热心群众文化活动的文化能人，让乡村文化更加繁荣，更富有生命力。

二　主要做法

（一）建章立制，规范"寻"

为使"寻找村宝"活动达到预期效果，确保各个环节有条不紊地推进开展，省文化和旅游厅在省文化志愿者办公室的基础上专门成立了"寻找村宝"组委会，由省文旅厅巡视员康洁担任主任，下设办公室，安排专人负责寻宝活动。"寻宝办"多次召开会议研究相关工作，先后制定了《"寻找村宝"活动方案》《文化志愿者团队"寻找村宝"工作标准》《"寻找村宝"活动细则》等一系列文件，确保各项活动有章可依。

为形象直观地指导各地开展"寻找村宝"工作，在活动开展伊始，省文化和旅游厅专门在巩义市组织了示范展演活动，选择较为成熟的 5 个"村宝"典型进行展演，组织各省辖市、济源示范区、直管县（市）文广旅

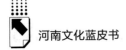

局、文化馆、基层乡镇文化站负责人进行现场观摩。并针对村级"识宝"、乡镇"赛宝"、县市"荟宝"等寻宝活动各阶段所涉及的"志愿者匹配、签订协议、村宝海选、作品创编"等全过程录制了《"寻找村宝"河南省大型文化志愿公益活动巩义示范展演》视频资料，引导全省科学、规范、有序开展寻宝工作。

（二）细化流程，深入"寻"

为确保"寻找村宝"活动的开展效果，"寻宝办"专门明确细化了寻宝工作的各个阶段和流程。一是确定活动乡村。全省各县（市、区）按照各地实际情况，选择 3 个行政村进行试点。二是招募匹配志愿者。试点村已有"乡村音乐厅""阳光工程""圆梦工程"志愿服务团队的，依托这些志愿服务团队组织实施；没有的，则通过向社会招募有文化特长的志愿者，原则上每个村匹配 1 个文化志愿团队或 3～5 名志愿者，以"寻宝使者"的名义，深入基层，帮助各村组织开展"寻找村宝"活动。三是前期对接。各县（市、区）文化志愿服务办公室组织志愿者团队或人员与试点村党支部、村委会进行对接、协调和协议签订。四是宣传推荐。试点村成立活动小组，通过召开会议、张贴海报、推广订阅号等，在全体村民中广泛宣传，提高村民对寻宝活动的知晓率，通过组织推荐、群众推荐、个人自荐、媒体发现等多种形式，推荐出一批"村宝"候选人。五是"赛宝"海选。在试点村开展"我村有宝"比赛，村委会、志愿者团队组织全村人员参与"村宝"候选人海选活动，通过现场群众打分、志愿团队评判，每个活动村确定出 5 名左右的"村宝"。六是推进文艺创作。村委会、志愿者团队深度挖掘"村宝"素材，通过对其现实生活的观察、体验、研究、分析等，结合当地文化特色，以群众喜闻乐见的形式对"村宝"事迹进行或讲或唱、或舞或演等不同形式的创编，形成"村宝"原创作品。七是表彰先进典型。在各乡镇"赛宝"选拔的基础上，以县为单位开展"我村有宝"比赛，评选本级优秀村宝，作为参加市、省级赛宝的基础。省"寻找村宝"办公室通过各市、县（市、区）推选、网络投票、专家点评等，遴选出河南省年度"村宝"及优秀组织奖、优秀文艺节目等，举行颁奖活动，予以表彰。

（三）各方联动，立体"寻"

各省辖市、济源示范区、直管县（市）文化行政部门对寻宝活动高度重视，充分调动公共文化机构、社会团体、志愿者队伍等各级各类文化组织参与到寻宝工作当中。洛阳市在《洛阳日报》开辟"村宝亮亮相"专栏，从各县（市、区）推选出 10 位最有代表性的"村宝"，逐个推送报道。商丘市把"寻宝"活动作为提升公共文化服务效能的有效抓手，全市文化馆站 255 名工作人员在活动中实行"目标管理、绩效争优"，扎实开展寻宝活动。焦作市文化广电和旅游局在完成评选"最震撼村宝""最出彩村宝""最感动村宝"这些省里规定动作的同时，还创新推出具有焦作特色的"最具号召力村宝""最具传承力村宝"等自选动作。平顶山市组成"寻找村宝"调研督导小组，走进各试点村，帮助总结经验，答疑解惑。

"寻找村宝"活动非常重视运用各种现代媒体和渠道，形成了强大的宣传网络。一是搭建自媒体平台。开通官方微信公众号"河南文化志愿乡村行"、抖音短视频"魅力村宝"，每日发布"寻找村宝"实时动态及资讯；利用各地百姓文化云等平台展示"村宝"典型事迹；在文化和旅游部"文旅中国"开通"河南文化志愿乡村行"公众号，将"寻找村宝"活动推广至全国。二是加大主流媒体宣传力度。人民日报客户端、人民网、新华网、央广网、大公网、新浪网、《中国文化报》、文旅中国、《河南日报》、《大河报》、河南电视台等主流媒体和电视台均对"寻找村宝"活动进行了宣传报道，"寻找村宝"百度搜索词条最高达到近 500 万条。三是积极利用网络扩大活动影响力。策划了河南省"寻找村宝"荟宝网络票选活动；对各地的"村宝"展演进行网络直播，在线观看人数高达数十万人次；通过点赞、评论、留言等方式和网友进行实时互动，极大地调动了网民的参与热情和积极性。

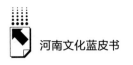
三 取得的成效

（一）创新了公共文化社会化实践

文化志愿者是公共文化服务的重要力量，中共中央办公厅、国务院办公厅发布的《关于加快构建现代公共文化服务体系的意见》中明确提出，要"构建参与广泛、内容丰富、形式多样、机制健全的文化志愿服务体系"。"寻找村宝"活动既是河南省文化和旅游厅对之前"乡村音乐厅"等文化志愿活动的继承和发展，更是一次实践创新。它充分调动社会力量，让文化志愿者下沉到乡村一线进行指导和帮助，将外部"输血"转化为自我"造血"，挖掘出乡村中那些真正热爱文化事业，热心群众文化，不以物质报酬为目的，愿意利用自己的时间、文艺技能等，积极组织和带动村民开展各种文化活动、带动公益性文化艺术服务的文化能人、乡贤、驻村干部、新村民等。这些人是乡村文化振兴的"宝藏"，是激发乡村文化发展的种子和火种，他们扎根乡村、熟悉乡村、热爱乡村，把他们寻找出来、调动起来、组织起来，就能真正实现对广大农村地区从"送"文化到"种"文化的转变，就能有效激发农民群众参与乡村文化振兴的热情和积极性。

（二）壮大了公共文化服务力量

"寻找村宝"活动的开展，不仅进一步加强了河南省文化志愿者的建设，更壮大了基层公共文化队伍。2019 年，寻宝活动共招募文化志愿者6339 名，志愿者团队 356 个，涉及的文化志愿服务领域包括戏曲、曲艺、舞蹈、歌咏、乐器、非遗保护等多个方面，参与试点的 1048 个村共挖掘推选出优秀"村宝"1717 名，涌现出了崔明军、李翠丽、董军政、周营贤、牛子福等一大批扎根乡村的优秀文化人才。截至 2020 年 8 月，全省活动注册文化志愿者已达 38290 名、3713 个志愿团队，参与寻宝活动的行政村扩大至 9600 多个。这些文化志愿者和"村宝"已成为河南省农村地区公共文化建设的一支重要力量。

（三）繁荣了乡村文化活动

"寻找村宝"活动使普通乡亲成了乡村舞台的主人，土生土长的街坊邻居成了演出的主角。虞城县百场"寻找村宝"公益活动遍地开花，人民群众共享文化盛宴。鲁山县瓦屋镇楼子河村"寻找村宝"文化会演，吸引了十里八村 5000 余名群众前来观看。宜阳县高村镇高村"村宝"史现忠组建了农民志愿者剧团，带领大家为全县 16 个乡镇敬老院义务演出，还组成了文艺小分队送戏到全县 218 户贫困户、残疾户、老红军、老党员家中。截至 2019 年 12 月，在各级文化志愿者的指导帮助下，全省由农村群众自我编排、自我展示的文艺展演活动达 3000 多场，村民们通过地方戏曲、快板、鼓乐、三句半、小品、舞蹈等各种群众喜闻乐见的方式赞颂身边典型，歌颂美好生活。2020 年，省文化和旅游厅在"寻找村宝"的基础上，又延展了"同绘村画、同唱村歌、共享村晚"等主题内容，进一步丰富和繁荣了广大农村地区的群众文化活动。

"寻找村宝"工作开展一年多来，取得了令人瞩目的成绩。2019 年，在全国文化和旅游志愿服务典型案例征集中，"寻找村宝"活动被文化和旅游部评为典型案例。2020 年 4 月 2 日的《人民日版》以将近整版报道了"村宝"经验，并刊发评论。《光明日报》《经济日报》《中国文化报》等国内知名媒体也纷纷对活动进行了报道。

四　启示

河南作为人口大省和农业大省，公共文化建设的重点和难点都在乡村。解决好乡村文化建设，让广大农民群众能够充分享受更好的公共文化服务，就抓住了全省公共文化建设的"牛鼻子"。以往的文化服务，是文化团体、志愿者到基层送戏曲、送书画、送演出、送培训等，送完就走。随着社会经

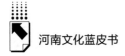

济的发展，这种公共文化服务方式已经无法满足丰衣足食后的村民精神追求。为了解决这个问题，河南省文化和旅游厅积极探索，勇于创新，跳出传统的思维和方式，充分发挥文化志愿者和队伍的作用，让他们从"送"文化变为"种"文化，把群众中间的文化"宝藏"找出来、用起来，给他们助力，让他们发力，使乡里乡亲真正成为乡村文化的参与者、受益者、享受者，通过引导"群众自办文化"开辟出一条乡村文化建设的新路，推动乡村文化的可持续发展。

"寻找村宝"是河南省文化和旅游厅破解农村公共文化服务难题的第一步。接下来，要进一步通过技能培训、资金支持和政策扶持等多种方式，深入激发"村宝"的潜力和动力，让他们带动村民开展更多喜闻乐见的文化活动，提升文化服务水平。要充分发挥"村宝"的支点作用和辐射能力，织就一张越来越密、越来越广的文化大网，真正激活乡村文化的内生动力，为乡村文化振兴作出更大贡献。

歌声聚民心　文化兴乡村

——登封市大冶镇垌头村乡村文化建设新模式创新实践

周显峰*

摘　要： 近年来，登封市大冶镇垌头村以文化兴村创出一条文化兴村之路。垌头村通过歌唱活动，把村民聚在一起，成立了合唱团，并进一步升级为文化合作社。垌头村农民文化合作社的成立与发展，使垌头村在没有自然资源和旅游资源依托的情况下，闯出了一条依靠文化发展乡村进而振兴乡村的路子，是村民建立文化自信、进行乡村治理、实现乡村文化振兴的基层创新典型案例。

关键词： 乡村文化　文化兴村　文化振兴　垌头村

一　背景

实施乡村振兴战略，是党的十九大做出的重大战略部署，是党的"三农"工作一系列方针政策的继承和发展，是决胜全面建成小康社会、全面建设社会主义现代化国家的重大历史任务。乡村振兴就要破解乡村发展的难题，找到发展的突破点。

登封市大冶镇垌头村作为千万个农村中的一个村，非常普通，不靠山不临水，没有矿产资源，也没有旅游景点，发展成为一个大难题；改革开放

---

* 周显峰，河南省公共文化研究中心副教授，主要研究方向为公共文化、教学方法改革。

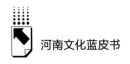

后，不少青壮劳力外出打工，村里人以留守妇女和儿童为主，婆媳矛盾、邻里纠葛、干部冲突时有发生，乡村振兴成为老大难问题。在这种复杂的局面下，2008 年村委换届选举后，新的领导班子经过认真讨论，决定以"文化兴村"，以农民合唱团为形式，凝聚民心，勇敢探索，创出一条垌头村文化发展之路和乡村振兴之路。

二 主要做法

（一）初期：用歌声凝聚人心

2008 年垌头村流传着"垌头垌头，年年动头"的说法，垌头村作为一个远近闻名的乱村，打架斗殴、上访告状等时有发生，甚至一年换了 9 个支部书记，也不能改变这种局面。面对村民人心涣散、村子发展落后的不利局面，新当选的村党支部书记兼村委会主任董军政一上任便召集村委班子和党员代表商议破局之法。经过多次讨论，村委提出了"文化兴村"的战略：唱歌！决心用歌声让民心聚在一起，让群众"心里乐起来"，继而"腰包鼓起来"。

村两委认为，随着改革开放包产到户，人与人之间的交流越来越少了，隔阂自然就越来越多了；通过歌唱活动，特别是合唱，把村民聚在一起，交流多了，村民之间的感情自然就融洽了。只要大家统一了思想，村子的发展就有了希望，村民就能过上幸福生活。董军政自掏腰包购买了音响设备，从老百姓最熟悉、最简单的红色歌曲入手，动员全村男女老少学习演唱《团结就是力量》《没有共产党就没有新中国》《在希望的田野上》等人民群众耳熟能详而又意义深远的爱国歌曲。随着歌唱活动的持续开展，婆媳矛盾缓和了，邻里纠纷解决了，干部之间统一了认识；整个垌头村听不见麻将声，更是杜绝了上访事件。

（二）发展：由合唱团到合作社

人心齐，泰山移。在村两委、党员们的不断努力下，到村文化广场唱歌的人从最初的 10 个人逐渐发展壮大，如今已有 800 多人。人多了，自然而然分成几个队伍；为了便于管理，同时提高歌唱水平，董军政和村两委组织成立了合唱团。如今合唱团进一步升级为农村地区公益文化活动的组织——垌头村文化合作社。文化合作社不仅有合唱团，还有舞蹈队、秧歌队、乐鼓队、书画社等。垌头村文化广场也由一处变为多处。此外，还建成了垌头村图书室、垌头村休闲广场、垌头村知青纪念馆等公共文化场所。

垌头村文化合作社以党支部书记为第一责任人，党支部和村民委员会是文化合作社的主体和核心，由村民特别是留守妇女、老人组成；全村所有文化能人和文化爱好者都加入了文化合作社。文化合作社农闲时勤练内功，夯实合唱功底，节假日时公益演出。村集体拿不出活动经费，董军政就自己捐资，村民们也自发地带上干粮。待节目成熟，文化合作社又琢磨外出义演之路。垌头村农民合唱团先后前往革命圣地西柏坡、韶山毛主席铜像广场、郑州二七广场、碧沙岗公园等地进行义演。其演出歌曲主要是歌唱祖国、歌唱社会主义、歌唱新生活之类。

随着时代的发展，农民文化合作社一步一步发展壮大，不再局限于红色歌曲，开始涉足一些传统文化；随后，相继编排出了《垌头村村歌》、《朝阳沟新唱》歌舞、《少林少林》农民扇子舞、《大鼓声声唱河南》河洛大鼓等一系列村民喜闻乐见、表演符合本地文化特质、弘扬社会主义核心价值观的优秀文艺作品，甚至还排练了大型歌舞剧《东方红》。

与此同时，董军政和村两委班子利用合唱团排练间隙，积极公开村务工作、财务工作，让村民都知晓村两委已经干了什么、正在干什么、准备做什么，将新时代基层党支部工作融入文化合作社的活动中去。排练结束，演出之余，村两委带领群众义务劳动，整治村容村貌，用文化的力量引领全村建设。仅仅两三年的时间，垌头村就呈现出了一个完全不同于以往的崭新面貌。

（三）升级：农民开办文化传播公司

垌头村选择文化兴村战略，从文化上破题，而如何提质升级并向专业化发展作为一个难题，始终摆在垌头村每一位村民面前。大家经过多次讨论，都认识到要引进专业人才，与专业化公司合作是唯一出路。2019 年 11 月，垌头村文化产业进一步升级，由垌头村村委和河南红妞文化传播有限公司共同出资 3800 万元的垌头村大剧院开工建设。同时，由专业导演负责的大型沉浸式实景体验剧《再现朝阳沟》开始排练；演出内容以杨兰春先生原著《朝阳沟》为基础，进行艺术化改编，融合戏曲、舞蹈、话剧、歌曲等多种艺术形式；演职人员 90% 以上为垌头村文化合作社社员。《再现朝阳沟》以再现传统豫剧经典《朝阳沟》的方式，让垌头村文化合作社走上了文化产业化发展道路；合唱团、舞蹈团、话剧团、秧歌队、乐鼓队虽然还是以本村农民为主，但有了专业人士的指导，逐渐向专业化方向发展；编创和演出开始正规起来，文化品位提升了，管理规范了。

下一步，垌头村将和郑州大学戏剧影视文学专业合作，争取每家每户都有节目，每个村民都能做导演，让游客也参与到垌头村特色"演出"中来。

（四）跨越：用文化推动乡村振兴

垌头村文化大舞台经过众乡亲集体努力逐渐搭建起来，而如何再让老百姓腰包鼓起来，就成为摆在垌头村决策者面前的又一个难题。为了让大家开阔眼界，董军政出资带领村民前往沿海地区、全国名村考察学习。随后，垌头村建设了集知青招待所、知青酒店、生态美食苑、水上乐园、果园、钓鱼池、室内游泳馆于一体的文化休闲产业园，搞起了乡村旅游。为留住游客，垌头村又着手打造特色乡村民宿，大力发展文化研学游，进一步丰富乡村旅游业态，塑造"垌头村"乡村旅游品牌。

2016 年，垌头村农民经济合作社手工艺加工车间建成。农民经济合作社以服装、手工艺品加工等为主，以村中的留守妇女为主要成员，意在让每个留守在家的妇女也成为家庭增收致富的主力军。

目前，垌头村作为河南省文化研学基地，每周都有研学学生到村里来，垌头村文化大舞台每天至少有 4 场演出。垌头村单是大剧院演出一项，每年就至少收入 3000 万元。

三　取得的成效

（一）以文化人，乡风文明建设卓有成效

自从 2008 年选择以文化发展破解乡村振兴难题之后，丰富多彩的文化活动使垌头村十多年间发生了翻天覆地的变化，留守的垂暮老人开启了新的生活，爱扯闲话的家庭妇女爱上了唱歌跳舞，婆媳之间、邻里之间、干部之间的矛盾和纠葛在基层文化活动中无形化解了。邻里之间互帮互助蔚然成风，干部群众一起义务劳动，关系日益紧密，心贴着心，文化气息日渐浓厚，每日都能听到歌声在村子上空飘荡。垌头村 12 年来无一起治安案件、无一起刑事案件、无一起上访案件，成为闻名乡里的乡村治理典范村。垌头村之前脏乱差，现在村子面貌焕然一新，并且被授予"美丽乡村"称号。

（二）自发自觉，群众自办文化能力显著提升

2008 年建立的垌头村农民合唱团是垌头村文化合作社成立的第一支文化队伍，有着极大的示范效应，产生了积极的影响。随后，村两委和群众一起又相继组建了少林书画团、农民豫剧团、半边天表演团、花儿舞蹈团、垌头厨艺团、垌头手工艺团等多支农民文艺团队。农民文化合作社各团队之间互相交流学习，不同的文艺表演形式时有碰撞和融合。另外，村两委主动联系省市专家到垌头村来为社员培训提升，各社员在每年垌头村的乡村春晚舞台统一展示汇报。通过一系列的文化活动，极大地调动了全村群众投身文化的热情和积极性。

目前，垌头村 80% 的村民参与到文化合作社中来。垌头村大剧院演员除个别演员外，大都是本村群众。垌头村群众精神文化需求得到极大满足，村民幸福感满满。

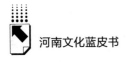

（三）双轮驱动，事业产业并举发展

峒头村的文化事业从自发到自觉，越做越大，业已形成一条文化产业链条。文化合作社各团队吸收了绝大部分村民，这些村民中的一部分还要兼顾文化产业发展中的相关事项，譬如管理峒头村舞台相关设备；峒头村没有参与到文化合作社的群众，则负责文化产业其他相关事宜，譬如营销、接待等。文化事业和文化产业二者相得益彰，并举发展，促进了峒头村文化振兴。

（四）由点及面，社会影响不断扩大

如今的峒头村，已经由大冶镇出了名的"乱村"变成了在全国小有名气的明星村。2012 年，CCTV1 以"会唱歌的村庄——峒头村"为题做了特别报道；2013 年，CCTV 音乐频道邀请峒头村农民合唱团赴京参加《歌声与微笑》节目录制，《峒头村村歌》《在希望的田野上》《朝阳沟新唱》等荣获央视"优秀特色奖"。联合国人口基金会、国家发改委、商务部、国务院农民工工作领导小组办公室、中共中央党校、中国人口文化促进会、河南省文化和旅游厅以及省内多个市县和社会团体纷纷前来参观、调研。中国国际合唱艺术研究会会长海燕、总政文工团李晓娟、中央戏剧学院教授朱振山、著名作曲家陈光等艺术名家也走进峒头村，为文化合作社作技术指导。2008 年以来，峒头村先后被授予中国新农村建设示范村、全国生态文化村、中原经济区生态文明建设示范村、河南省传统村落等荣誉称号。中央党校倡导男女平等课题组把峒头村作为示范点，河南电视台《翰墨春秋》栏目把峒头村设为拍摄基地，中国人民解放军防空兵学院研究生管理大队把峒头村作为军民共建联系村，中国少林书画研究院把峒头村设为采风基地。另外，由于有特色知青文化，峒头村还是河南知青联谊会活动基地。

当前的峒头村经济趋向繁荣，设施基本完善，环境日臻优美，文明和谐的社会主义新农村建设取得了长足发展，社会影响力持续扩大。

四　启示

乡村文化振兴是决胜全面建成小康社会、全面建设社会主义现代化强国的重大历史任务，是新时代做好乡村精神文明建设的总抓手。农民既是乡村文化振兴的主力军，又是乡村文化振兴的受益者。尊重农民主体地位，最大限度调动农民参与乡村文化振兴的积极性、主动性、创造性，不断提升农民的文化参与感、获得感、幸福感，是乡村文化振兴的根本所在。垌头村以乡村文化互助合作组织的形式，用文化凝聚人心、教化群众、淳化民风、引领发展，不仅能够让群众组织起来，壮大乡村文化组织和文化人才队伍，而且对于巩固拓展乡村文化阵地、推进农村精神文明创建、带动乡村特色文化产业发展，实现农村地区公共文化的自我管理、自我服务、自我发展有着积极而重要的作用。

习近平总书记指出："改革开放在认识和实践上的每一次突破和发展，无不来自人民群众的实践和智慧。要鼓励地方、基层、群众解放思想、积极探索，鼓励不同区域进行差别化试点，善于从群众关注的焦点、百姓生活的难点中寻找改革切入点，推动顶层设计和基层探索良性互动、有机结合。"乡村文化振兴既要搞好顶层设计，又要鼓励敢想敢试，尊重基层首创精神，依靠广大农民的聪明才智，绘就乡村文化建设美好蓝图。垌头村农民文化合作社的成立与发展，使垌头村在没有自然资源和旅游资源依托的情况下，硬生生闯出了一条依靠文化发展乡村进而振兴乡村的路子，是村民建立文化自信、进行乡村治理、实现乡村文化振兴的基层创新典型案例，对其他地区的示范引领作用不言而喻。

借 鉴 篇
Reference Reports

B.9
山东推动公共文化
精准供给的实践

苏 锐*

摘　要:　山东近年来在推动公共文化服务体系建设上始终坚持精准供给的
理念。精准聚焦百姓的精神文化需求,探索文旅需求征集和评价
反馈机制;细化公共文化服务方案,坚持惠民导向;突出地域特
色,结合本土文化实现公共文化产品的高质量供给;巧妙运用有
限资源,配合社会力量加入,实现了财政资金的高效使用。

关键词:　公共文化　精准供给　山东

　　山东是文化大省,常住人口超过1亿人。丰富的资源储备与体量巨大的
精神文化需求,让齐鲁大地多年来形成了"高度重视公共文化服务"的惯

＊ 苏锐,《中国文化报》驻山东记者站站长。

性思维。从设施建设到软件服务提升，从队伍组织到品牌打造，山东近年来推动公共文化服务体系建设始终坚持精准供给的理念。近几年为提升公共文化服务效能、推动高质量发展，山东坚持全链条精准推送，在公共文化服务供给侧结构性改革领域牵住了"牛鼻子"，获得了百姓认可。

一　精准聚焦——充分反馈群众现实需求

推动公共文化服务高质量发展，必须要精准聚焦百姓的精神文化需求。具体实践中，山东各地通过系列接地气的举措，充分反映民意，并在服务中予以落实。

胶东半岛的烟台市，经济发展基础好，在保障民众基本文化权益方面财政投入力度大。在三馆一站覆盖率有较大提升的基础上，2019～2020年，烟台开始试点文旅需求征集和评价反馈机制。

烟台市文化和旅游局探索的文旅需求征集和评价反馈机制，包括文旅需求征集、项目评审、供给预告、反馈处置四项基本内容，旨在畅通问需渠道，促进文化和旅游服务"菜单式""订单化"发展，实现文化和旅游服务供需有效对接。

为顺应新的时代发展形势，烟台还提出用数字技术助力公共文化服务圈打造。比如打造"烟台文旅云"数字服务平台，通过完善提升智慧服务、管理、营销、统计四大功能，将其打造成为省内一流、国内领先的公共服务云平台，加快建设数字博物馆、数字文化馆、数字图书馆和数字美术馆，为广大市民提供全天候、全时空、融入式的云上文旅新体验。

烟台市文化和旅游局主要负责人介绍，供需不对接是制约公共文化服务圈落地实施的关键因素。评价反馈机制解决的不是产品质量问题，而是对需求端如何更加精准把握的问题。评价反馈机制是一项长期工作，不能一蹴而就，必须静下心来，认真聆听百姓的心声，只有这样才能实现公共文化服务为人民的目标。

山东省文化和旅游厅这几年一直在开展现代公共文化服务体系建设调

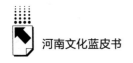

查，厅里公共服务处更是将乡村公共文化建设作为重点。

应当承认，尽管这些年上级部门对基层公共文化服务体系建设愈发重视，从建房子到添置图书再到修建小广场，阶段性成效不可谓不显著。但也要看到，在部分乡村，公共文化建设的短板依然存在。房子有了，书籍有了，但百姓的文化获得感并没有显著增强。问题到底出在哪？供需错位了。

每个人都有精神文化需求，只是内容不同。比如，城市退休职工，他们爱好的是打打排球、看看新闻、写写诗歌。而在乡村，类似的倾向爱好就少一些。很多乡亲们受学历、眼界等限制，可能更愿意去跳跳广场舞或者看看戏。文化需求没有高低优劣之分，但内容的不同却给供给方提出了难题。

乡村文化建设需回应关切，这是由两点决定的：乡村文化建设要满足百姓需求，乡村文化建设要起到引导作用。因为要满足需求，所以提供的公共服务要符合群众的预期。只有符合群众的预期，需求才能满足，才能起到引导作用。

可现在的情况是，很多地方花了很多钱，建的乡村文化设施不可谓不"高大上"。但作用发挥并不大，很多成了摆设，虽然上级部门一直要求大家提升服务效能，但成效并不明显。

山东省文化和旅游厅将乡村文化建设的内容决定权交给村里，让百姓通过村民委员会等平台，通过投票议事来决定到底要利用财政资金做什么文化项目。县里的文化和旅游部门、镇上的综合文化站，起到辅助和甄别作用，帮大家出主意，做好后勤保障。具体要开展什么活动，每个村的百姓自己说了算。

二 精致规划——遵循行业规律行稳致远

公共文化服务是一项民生事业，需要细致合理的规划。近几年，山东注重细化公共文化服务方案，坚持惠民导向，提供贴心服务。

2021年4月，山东省文化和旅游厅发布《关于进一步加强城市书房和乡村书房建设的意见》（以下简称《意见》），决定在现有公共图书馆提供阅读服务的基础上，以财政投入带动社会力量参与，开拓性地推进城市书房和乡村书房建设，逐步实现阅读便捷化、均等化、社会化。

山东省文化和旅游厅相关负责人介绍，今后每年年初由各市文化和旅游局研究确定本年度城市书房和乡村书房建设计划，并指导各县（市、区）开展城乡书房的选址、设计、建设等工作。除各市文化和旅游局确定的年度建设计划外，鼓励各县（市、区）结合自身实际，采取自筹、争取社会资金参与或捐建等多种方式开展城乡书房建设。山东省文化和旅游厅引导、支持和鼓励各种社会力量以多种方式参与城市书房和乡村书房建设，政府给予社会参建方以冠名、形象宣传等政策，形成多方共赢的城乡书房建设新机制，保障城乡书房可持续发展。

《意见》明确，自 2021 年开始，山东按照合理安排、统筹兼顾原则，确定年度建设计划。力争到 2025 年底，全省 16 市每市建成不少于 50 家城市书房和乡村书房，打造 15 分钟城乡阅读圈，形成覆盖全城、布局合理、方便快捷、全民共享的城乡书房服务网络。山东城乡书房的建设，包括后来《意见》的发布，是一种"自下而上"的民意转规划过程。

城乡书房正成为推动山东公共文化服务高质量发展的新切口。截至 2021 年元旦，山东济南、烟台、威海、日照等地启用城乡书房总计约 300 家。这些书房大都由政府财政投资建设，后期运维也有财政资金保障。在有效助力全民阅读的同时，各地城市书房的"溢出效应"也逐渐显现：不仅服务本地民众，还成了对外文化宣传的窗口；激发了社会力量参与公共文化服务体系建设的积极性；提升了城市文明水平，弘扬了志愿服务精神。

据威海市文化和旅游局统计，2017～2021 年，威海共启用城市书房 41 处。城市书房选址考虑人流集中、群体多元、区域均等诸多因素，保证各书房的服务半径不互相重叠，尽最大努力实现服务人群的多样化、服务内容的标准化。

在日照，城市书房的数量已达 24 家。建设选址方面，日照市文化和旅游局坚持"把书房建在城市最繁华、离老百姓最近的地方"，方便群众阅

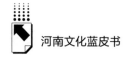
读。重点在人群较为密集的社区、学校、景区、商圈附近选址布局，丰富完善"一刻钟公共服务圈"，最大限度方便群众阅读。同时，日照还结合当地阳光海岸品质提升工程，在沿海地区规划建设 3 处城市书房，满足外地游客的阅读需求，打造主客共享的文化空间。

2019 年，《烟台市全民阅读促进条例》颁布实施，成为全国为数不多的地市级全民阅读地方性法规之一。其特别规定："市、县（市、区）人民政府应当因地制宜规划城市书房的数量、规模和分布，规范基本服务内容。"烟台市文化和旅游局副局长翟明江表示，城市书房从建设到运行管理，其基本的标准模板探索出来后，后期复制相对简单。问题的关键是如何打造出特色，如何通过"标准外的自选动作"提高书房吸引力。

近几年在城市书房建设中，烟台"不求体量求质量、不追规模追效益"，为每一座书房量身定做"文化 IP"：有的突出海洋文化特色，有的专注胶东民俗展示，还有的主打亲子乐园主题。

三　精心设计——地域文化融合时代审美

突出地域特色，结合本土文化实现公共文化产品的高质量供给，是山东近年来推动文化服务提质增效的又一条经验。

2021 年 3 月，山东省文化和旅游厅发了一个通知，接收单位是各市文化和旅游局、省直文化和旅游系统有关单位，内容是让各地报送"五个大家"系列活动具体内容。"五个大家"，包括大家创、大家唱、大家演、大家拍、大家评。熟悉公共文化服务工作的人知道，这基本涵盖传统意义上的群众文化的全部内容。

"五个大家"真正做起来是在 2020 年。当年 6 月，经省政府同意，山东省文化和旅游厅印发了实施意见，对"五个大家"是什么、为什么、怎么办进行了介绍。归根结底分析，"五个大家"之所以被提出，是相关方面坚持问题导向的结果。群众文化这几年繁荣发展的形势，民众有目共睹。其中的道理不难理解：人们生活水平提高了，兜里有了钱，解决了饿肚子问题，理所当然要考虑怎么休闲。尤其是我们国家正处在进入老龄化社会进程中，一批不愁吃、又有闲的老年人，需要载体和平台来释放休闲需求。为精准对接新时代群众的需求，山东提出"五个大家"。

以"大家演"为例。"五个大家"相关实施意见明确提出，通过开展广场舞展演、送戏下乡等示范活动，带动群众参演热情。这基本抓住了群众文化的关键核心点，即让群众文化停止"系统内自娱自乐"或者"少部分人自娱自乐"的趋势，真正回归群众文化的初心，让万千大众走上舞台，激发大家的参与热情，把舞台真正变成人民的舞台。

2020 年 11 月 10～12 日，山东省文化馆、济宁市委宣传部、济宁市文化和旅游局联合主办"大家演——四省八市群众艺术展演"，旨在通过展演红色经典节目，传承革命基因，让更多群众感受红色文艺的魅力。歌舞《再唱沂蒙山》《血乳交融》，以弘扬传承沂蒙精神为主线，艺术化表现了人民对党的款款深情。歌曲《俺家乡的包楞调》《茶香中国》，则以歌手的视角，望向祖国的大好河山，为观众描绘了一幅壮丽的山水画。《十送红军》《东方红》等经典红歌的旋律，让人们仿佛立即回到了那激情燃烧的岁月。此外，快板书《祖国颂》、相声《说学逗唱》和山东琴书《退彩礼》《板块馍》等，也以诙谐幽默的方式，在舞台上重现了当下民众的幸福生活，赢得台下阵阵掌声。

山东省文化馆相关负责人表示，文艺只有紧随时代，才更有生命力。"四省八市群众艺术展演"聚焦红色文化主题，创新舞台呈现形式，探索出了红色故事讲解的新路径，受到了群众欢迎。群众文艺工作的一个重要使命，是增强大家的文化自信，坚定跟党走的信心，凝聚强大的合力，助力建设社会主义现代化国家新征程。很多时候，不是没有好故事，而是通过怎样的途径和方法去阐释出来。

进入新时代，民众的精神文化需求发生很大变化，尤其是欣赏水平在逐步提升。在此背景下，包括群众文艺在内的公共文化服务，必须以提升服务效能为抓手，多出精品，多出人才，推出更多符合民众口味的文化大餐。聚焦红色文化传承和讲好山东故事，山东将结合群众需求和时代发展需要，继

续办好红色文化传承活动，发挥群众文艺"举旗帜""聚民心""展形象"
的积极作用。

四　精巧组织——有限资源打造无限空间

设施，是开展公共文化服务的基础和必备条件。但"设施不达标""够
用""超豪华"这三者之间还是有区别的，不能混淆。总的来看，绝大多数
地方的公共文化设施，如今是处于"够用"水平，"不达标"的极少，"超
豪华"的也不多。但是有些公共文化机构负责人，当然是出于好意，眼睛
总盯着啥时候建成"超豪华"设施，却没花心思来用好现有设施。

近几年，山东文旅系统在提升公共文化服务效能的过程中，把主要精力
放在软件服务塑造上。通过巧妙运用有限资源，配合社会力量加入，实现了
财政资金的高效使用、有限资源的无限放大。

城市书房在山东各地广受青睐的背后，是公共服务从业人员对城乡均衡
理念的认同与重视。此前经过多年建设，山东乡村综合性文化服务中心基本
实现全覆盖，但缺少吸引群众的服务项目是个大问题。不是每个村的百姓都
需要一处文体广场，也不是每个村都渴望配发三五千册种植类主题图书。

山东省文化和旅游厅提出，尤其要关注在城镇化进程中公共文化服务需
求端的新变化，实事求是打造"轻型服务阵地"。举例说，某镇工业发达，
年轻人多，阅读服务应有针对性地向数字化领域倾斜，增加吸引力；如果某
村留守老人和儿童居多，该村的图书服务重点不是"纸质阅读"，而是创新
性开展阅读推广活动。

为吸引更多社会力量参与公共文化服务体系建设，济南推出泉城书房公
益众筹项目。项目由政府统筹布局，把控标准，通过"嫁接"不同的社会
力量，筹集资金、书刊、场地、装修和运行设备等，真正形成了共建共治共
享的泉城书房建设格局。

2020 年举办的首届济南国际双年展是济南乃至山东近年来极为特殊的
一个美展，原因在于其社会关注度是如此之高，影响力是如此之大，且吸引

了大批年轻人前去"打卡",山东美术馆、济南市美术馆门口甚至出现多次"队伍迤逦而行"的壮观景象。

山东美术馆曾分析展览受欢迎的原因,主要包括以下几个方面:一是围绕展览主题的策划与创作,与济南这座城市、山东这个省在文化气质上有耦合性;二是国际视野,吸引了喜欢欣赏前卫作品的年轻人前去参观;三是网红特质,设计了能吸引人们去"打卡"体验的艺术品。双年展的一个聪明之处在于,尽管一些观众看完展览也不懂得展品的具体表达,但是组织方的目的达到了,那就是通过一些网红特质吸引百姓走进去,进而接触,有个大概印象。我们常说艺术是陶冶情操的,文化是浸润心灵的。不一定每个人都懂得艺术,但是要让每个人都接触艺术,这是十分必要的做法。只要观众走进美术馆这个门,就已经是巨大的成功,其他的都是后话。

2020年初新冠肺炎疫情发生以来,济南市文化馆线上培训进入"高速发展阶段",但也清醒地认识到,不能盲目录制课程,必须提高精准度。秉承精准聚焦理念,济南市文化馆探索与部门镇街、社区联合,广泛征集大家意见,首先确定好受众面广的项目,进而再开展培训,被百姓亲切地称为"拼单服务"。

2020年初至今,济南市文化馆克服重重困难,让"拼单"服务理念从市馆向区馆发展。一些社区群众听闻消息后,表现出极大的热情,认为这是真正实现了"以人民为中心的服务"。

B.10
山西省新时期公共文化服务
体系建设发展报告

郭志清*

摘　要： 近年来，山西省坚持以人民为中心的发展思想，高度重视公共文化服务体系建设并取得了明显成效。项目品牌活动持续开展，打造文化惠民活动"山西样板"；重视公共文化设施建设与管理，高标准建成了一批公共文化设施；以标准化促进均等化，填平补齐公共文化资源，推动城乡间公共文化服务均衡协调发展；政府主导，社会参与，让全社会共建共享文化建设成果。

关键词： 公共文化　服务体系　文化惠民　山西

"人民对美好生活的向往，就是我们的奋斗目标。"近年来，为满足广大人民群众的精神文化生活新需求，打通公共文化服务"最后一公里"，山西省委省政府坚持以人民为中心的发展思想，高度重视公共文化服务体系建设，深入贯彻习近平总书记视察山西重要讲话和指示精神，围绕《山西省"十三五"文化强省规划》加强战略部署，不断加强文化领域地方立法，持续加大公共文化事业投入，多措并举推进公共文化设施网络建设，扎实推动实施文化惠民工程，全面壮大公共文化人才队伍，公共文化服务体系建设取得了明显成效，广大人民群众的获得感幸福感日益增强。

＊　郭志清，《中国文化报》驻山西记者站站长。

一 抓项目创品牌，打造文化惠民活动"山西样板"

在全国率先提出并实施"五个一批"群众文化惠民工程及"十大群众文化活动"，开辟了群众文化活动规范化开展的新路径。贯彻落实省委省政府关于变"送"文化为"种"文化更要"兴"文化的精神，高起点谋划，启动实施"2020 年山西省群众文化惠民工程""山西省十大群众文化活动"。文化惠民工程提炼形成"五个一批"具体内容，即打造一批群众文化惠民服务品牌，培育一批乡村群众文艺队伍（文艺小分队），挖掘一批乡土文化能人艺人，培养一批乡村文化带头人，送一批专业文艺演出。群众文化活动主要将部分文化惠民工程品牌升级为赛事，在全省组织开展。各项活动和品牌服务项目既遵循群众文化活动特性及规律，又突出活动地域文化特点，以打造省级服务品牌示范活动为引领，注重品牌活动的内涵品质，带动各级自创、自办独具地方特色的活动品牌，扩大活动的参与度和覆盖面。重点立足群众文化活动的规范化、常态化、品牌化，着力培育队伍的本土化、群众化。活动坚持"四个统一"总体布局，即统一活动主题、统一活动 logo 标识、统一活动口号（文化三晋乐万家）、统一活动主题曲（《山西好风光》），省、市、县、乡、村五级联动，层层发动，全面铺开。

2018 年以来，连续三年开展省、市、县、乡、村五级联动和全民参与的群众文化系列活动，先后以庆祝改革开放 40 周年、新中国成立 70 周年为主题，以"文化三晋乐万家"为口号，以基层为主阵地，全面铺开。5 万余场活动激发了最广泛的群众热情，惠及人数达 2000 余万人次，百万人次通过网络直播观看，单次最高在线观看人数为 23.7 万人。

山西鼓乐《保卫娘子关》夺得全国第十二届艺术节暨第十八届"群星奖"比赛音乐类第一名，荣获第十八届"群星奖"政府奖，舞蹈《乐秋》获第十八届"群星奖"入围奖。"奋进山西"国庆彩车荣获"华美奖"并在全省巡游展览，极大地提高了群众的文化获得感、幸福感。

2020 年，群众文化服务品牌共开展活动 2164 场次，完成总任务量的

108%；乡村群众文艺队伍（文艺小分队）共开展活动 123280 场次，完成总任务量的 103%；乡土文化能人艺人共开展活动 26126 场次，完成总任务量的 109%；乡村文化带头人共开展活动 51573 场次，完成总任务量的 108%。已完成免费送戏下乡演出 12631 场，其中面向贫困地区完成 5438 场，超额完成了年度任务。"十大群众文化活动"按县级初赛、市级复赛、省级决赛分级推进，共举办各类比赛性活动 1700 余场，34 万余人次直接参与，惠及群众 800 余万人次。

依托山西公共文化超市云平台开通"山西省群众文化惠民工程"网络活动专栏，开辟了"群文服务品牌""文艺队伍""能人艺人""文化带头人""各地风采"等活动栏目，以视频、音频、图文、活动直播等数字多媒体的形式，将全省丰富多彩的群众文化活动动态呈现，为广大群众文化爱好者提供"零门槛"的网络展示平台，同时也实现了对各项活动情况的数字化动态监管。

二　强建设重管理，公共文化服务硬件软件建设凸显"山西成效"

"十三五"以来，各级政府、单位及社会力量更加重视公共文化设施建设与管理，高标准建成了一批公共文化设施，部分设施甚至成为当地文化名片、新地标和网红打卡地。

全省各级公共文化设施建设步入快车道。山西青铜博物馆一年内完成筹建并开馆试运行，为人民群众享受精神文化生活再添新去处，受到国家和省领导的肯定；晋中、临汾等市级图书馆，大同、运城等市级博物馆实现了从"无"到"有"的转变，太原市图书馆、大同市群众艺术馆、山西慧光古灯博物馆、山西晋韵砖雕艺术博物馆等场馆实现了从"有"到"优"的华丽转身；运城市永济市图书馆、临汾市洪洞县文化馆、长治市襄垣县下良镇文化站、吕梁市孝义市贾家庄村综合性文化服务中心等成为全国文旅公共服务功能融合试点单位。

全省公共文化服务场馆全部实现免费开放"零门槛"进入,省级公共文化数字资源建设累计达 74TB,省市县三级公共文化网络平台全部建成;县级图书馆文化馆总分馆、乡镇(街道)综合文化站及基层村级综合性文化服务中心(含文化活动室)覆盖率均达 100%,统筹城乡的场馆服务、流动服务、数字服务相结合的服务设施网络基本形成。全省共有公共文化机构 20633 个,包括图书馆 128 个、文化馆(群众艺术馆)130 个、博物馆(纪念馆)196 个、美术馆(含画院)39 个、广播电视播出机构 112 个、综合文化站 1409 个(其中,乡镇文化站 1196 个、街道文化站 213 个)、村级综合性文化服务中心 18619 个。全省共有广播电视播出机构 112 个,其中省级 1 个(山西广播电视台)、市级 11 个、县级 96 个,教育电视台 4 个,共开办 274 套广播电视节目。

为确保全省公共文化设施建设快速推进,山西省采取多种形式保障公共文化资金使用,基层权益全面加强。全省各级不断完善公共文化服务事权和支出责任,将公共文化服务经费纳入财政预算。通过转移支付等方式,扶助革命老区、贫困地区开展公共文化服务;通过购买服务等方式,鼓励社会力量参与提供公共文化服务;按照公共文化设施的功能、任务和服务人口规模,购买公共文化服务岗位,配备相应的专业人员。据统计,2017~2019年,全省文旅事业费分别为 22.25 亿元、23.35 亿元、28.23 亿元,人均文旅事业费分别为 60.10 元、62.80 元、75.70 元,两项指标均呈逐年上升态势。当前,全省公共图书馆从业人员 1670 人、群众文化机构从业人员 4385人、博物馆从业人员 4441 人。全省文化事业投入的稳定增长和从业人员结构的进一步优化,很好地保障了公共文化事业健康平稳发展。

科学统筹公共文化人才建设,服务能力稳步提升。按照存量优化、增量优选的原则,公共文化人才队伍围绕"三个并重"加强建设,完善机构编制、学习培训、待遇保障,建立起一支稳定灵活、高素质的公共文化服务人才队伍,服务能力和水平有了质的飞跃。

人员配置与服务开展并重。公共文化服务能否有效开展,人是关键。针对人员、编制不足问题,各级文旅部门以贯彻落实《公共文化服务保障法》

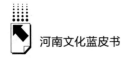

为契机，争取多方支持，长治市专门为 132 个乡镇文化站下达全额事业编制，3454 个行政村每村配备了村文化管理员。永济市每个镇（街道）核定专职人员编制 2 名，股级职数 1 名。基层文化工作者"一个人带动一支队伍，一支队伍活跃一个乡村的成效明显"。

业务骨干培养与后备人才建设并重。通过五级联动的文化惠民工程深入实施以及基层业务骨干常态化培训，骨干力量不断更新业务知识、完善工作方法、加强经验总结，同时又以老带新、以点带面，挖掘、充实后备人才。文化惠民工程的年度目标为以县域为单位，每年培育 4000 支乡村群众文艺队伍（文艺小分队），自发常年扎根基层开展群众文化活动，激发带动当地群众参与文化活动的热情和自信；每年发现挖掘 2000 名文化能人艺人，发挥自身文艺专长，通过口手相传，传播传统文化，扩大艺术普及受众面；每年培养培训 4000 名乡村文化带头人，发挥其带动性、示范性、群众性、本土性优势，管好阵地、管好队伍、管好活动。

三 标准化均等化，基本公共文化服务体现"山西作为"

以标准化促进均等化，填平补齐公共文化资源，推动城乡间公共文化服务均衡协调发展。

全面落实国家基本公共文化服务指导标准和地方实施标准，2016 年，省级出台《山西省基本公共文化服务指导标准（2015～2020 年）》（晋办发〔2016〕26 号），2020 年全省 117 个县基本公共文化服务目录全部建成。

率先在全国编制县级文化馆图书馆总分馆制建设及基层综合性文化服务中心建设计划，制订出台总分馆制建设及基层综合性文化服务中心建设评价指标，实现重点任务项目化、项目管理指标化。助力打赢脱贫攻坚战，明确行政村综合性文化活动场所（地）"四有"标准，将标准及覆盖率达 95% 以上的目标纳入全省脱贫退出评价指标体系，是全国为数不多制订了文化行业脱贫评价指标的省份。

充分发挥县级图书馆文化馆总分馆、基层综合性文化服务中心等机制、平台优势，推动书报阅读、戏曲表演、广播配送、群众性文化活动以及在线公共服务等内容、资源向贫困地区和基层倾斜，发挥公共文化在乡村振兴中的社会服务功能。创新服务方式，丰富服务内容，切实保障特殊群体基本文化权益。开展老年人、未成年人、农民工、残疾人等特殊群体服务和文化活动基层巡演巡展，推动群众文化活动进乡村、进军营、进学校、进厂矿、进企业、进景区，加大对老少边穷地区文化建设的帮扶力度。

与此同时，全省以平台建设、资源建设和服务推广三大板块为抓手，明确"统一称谓、统一标准、统一界面、统一平台"平台建设标准，推动全省公共文化资源数字化建设极具山西特色。

省图书馆建立以山西公共文化云为主平台，上接国家公共文化云，下接市、县级图书馆分平台的国家、省、市、县四级总分平台体系，实现服务互通、资源共享，为用户提供一站式的公共数字文化服务。目前，总平台山西省公共文化云已完成建设，平台与省内 8 个市级图书馆、13 个县级图书馆完成数据对接，新建县级分平台 53 个，共计实现 75 个馆（含山西省图书馆）总分平台联动互通。省文化馆建设完成的区域综合性、一站式公共数字文化服务平台——"山西公共文化超市"云平台暨山西省数字文化馆，于 2018 年底正式上线运行，成为全省文化馆（群艺馆）开展公共数字文化服务的总平台，推动全省市、县两级文化馆公共数字文化服务互联互通。

2020 年启动"山西故事·时代记忆"公共文化视觉档案工程。从老物件入手，通过微纪录片形式加以记载，跳出实物本身，解读其背后的历史记忆和时代变迁。面对智能时代和移动观看的习惯养成，项目组织专人拍摄、制作了快节奏的竖屏微视频版本，为新时代的年轻人回望历史、感知过去、触摸文化提供了平台。

在 2020 年疫情防控期间，公共数字文化服务异军突起、逆势上扬，线上资源推送约 600GB，访问量达 280 万人次，成为满足群众文化需求的重要路径。据统计，全省公共文化云平台累计浏览量近 300 万人次，云平台开展网络直播、在线培训、艺术普及、数字展览、网络赛事等一系列丰富多彩的

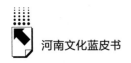

"点单式"线上群众文化活动，参与人数 200 余万人次。为 40 个贫困县数字平台打通国家公共文化云平台共享通道，《山西村落》、《凝固的音符——山西古建筑》、山西民歌广场舞、"鼓舞山西"锣鼓展演等一批特色数字文化资源在线上持续推广传播。山西博物院等省内文博单位利用 Skype 在线即时通信软件，采用即时宣讲、即时互动模式，开展了在全国尚属首例的"My Museum in Your Classroom"（博物馆进课堂）活动。

四 社会力量齐上阵，公共文化建设展现"山西力量"

五年来，山西省上下坚持政府主导，各行业协会、学会、群众自办组织、志愿服务者积极参与文化建设，持续营造全社会共建共享文化建设成果推动全省基本公共文化服务高质量提升的浓厚氛围。

出台《关于做好政府向社会力量购买公共文化服务工作的实施意见》，引入竞争机制，鼓励社会力量提供多元化的公共文化服务，如晋中图书馆率先在全省引入社会力量对图书馆进行全面运营管理，实施以理事会为核心的法人治理结构改革，实行理事会领导下的馆长负责制。推动实施"春雨工程""圆梦工程""阳光工程"，发挥全省文化志愿者团队及志愿服务项目作用，全省近 1 万名志愿者参加了活动。

在全省范围内开展基层综合性文化服务中心"两转四查三提升"专项行动、乡镇综合文化站专项治理，在全省公共文化服务机构中开展"五查"（查服务意识强不强、服务行为端不端、服务管理细不细、服务能力够不够、服务水平高不高）专项行动和服务规范创优工作，开展公共文化服务效能提升行动。

2020 年，经全省比选定，太原市图书馆"书香雅集"文化志愿者服务项目荣获全国文化和旅游志愿服务项目线上大赛二等奖，大同市图书馆"公共文化服务到一线，助力基层培育文明之花"、大同市浑源县澜芳网络服务有限公司"读书点亮生活"及太原市晋祠博物馆"晋心远扬"志愿宣讲服务三个项目获全国文化和旅游志愿服务项目线上大赛入围奖。

支持鼓励各行会协会等社会组织自办、承办公共文化服务。"舞动三晋"民歌广场舞展演活动，近300支广场舞队伍参与比赛，"天使之爱"慰问医护人员合唱展演，近40家合唱协会、400支合唱团参与其中，形成了全社会参与文化建设的良好氛围。以老带新、以点带面，开展基层文艺骨干队伍培训及人才培养工程，完善文艺人才结构，充实后备人才。通过政府购买服务方式补齐基层人才短缺、结构老化短板，推动政府服务与社会服务相辅相成，不断提升公共文化服务质量和效能。

回眸近年来山西省公共文化服务发展历程，人民在物质生活极大丰富之余，精神文化生活也愈加丰富多彩。公共文化服务的硕果是全省上下坚定文化自信，加强文化化人，繁荣文化事业的勠力结晶。山西公共文化服务的源头活水涌动在三晋大地的每个角落，滋润着生机勃发的山西在新时代的改革征程中蹚新路、开新局，更为"十四五"高质量转型发展蓄积起经验与力量。

B.11
广西壮族自治区公共文化服务发展报告

陈　赢　赵桂艳　吴熙威　熊健厚*

摘　要： 近年来，广西加强公共文化服务体系建设，在建设和完善覆盖城乡的公共文化服务体系方面取得了显著成绩，已基本建成现代公共文化服务体系。积极探索旅游公共服务的发展，组织开展县域公共文化机构和旅游服务中心服务功能融合。虽然广西文化和旅游公共服务体系建设取得了一定的成绩，但全区文化和旅游服务总体水平还不高，发展还存在不平衡不充分情况，基层专业人才相对比较缺乏，设施设备比较落后，还不能完全满足全区人民群众对美好生活的新期待。

关键词： 公共文化　公共服务　文旅融合　广西

一　公共文化服务基本情况

近年来，广西认真贯彻落实党的十九大精神和习近平总书记"加强公共文化服务体系建设，推动加快建设和完善覆盖城乡的公共文化服务体系，实施重点文化惠民工程，引导公共文化资源向城乡基层倾斜"，"推动公共文化服务标准化、均等化，坚持政府主导、社会参与、重心下移、共建共享，完善公共文化服务体系，提高基本公共文化服务的覆盖面和适用性"等关于文化建设的系列讲话精神，努力推动公共文化服务标准化、均等化、

---

* 陈赢、赵桂艳，广西壮族自治区图书馆；吴熙威、熊健厚，广西壮族自治区文化和旅游厅。

数字化，增强活力，提高效能，已基本建成现代公共文化服务体系。目前，广西共有 2 个省级、15 个市级和 98 个县级公共图书馆，1 个省级、14 个市级、109 个县级文化馆，1173 个乡镇综合文化站，251 个博物馆（纪念馆），3 个美术馆，12495 个村级公共服务中心，基本实现设区市有公共图书馆、群众艺术馆、博物馆，县（市、区）有公共图书馆、文化馆，乡镇（街道）有综合文化站，行政村（社区）有村级公共服务中心的目标。全区有 17000 余支群众业余文艺团队和 13000 余支文化志愿者服务队活跃在城乡基层，其中 12000 多支村（社区）文艺队和体育队丰富乡村文化体育生活，群众基本公共文化权益得到有效保障。

（一）突出政策引导，强化制度保障

按照党中央、国务院的决策部署，广西壮族自治区党委、政府于 2015 年制定出台了《关于加快构建现代公共文化服务体系的实施意见》。全区各市制定加快构建现代公共文化服务体系的实施方案，市、县公布了公共文化服务目录。近几年还陆续制定出台了广西壮族自治区贯彻落实国务院办公厅《关于做好政府向社会力量购买公共文化服务工作的意见》《关于推进基层综合性文化服务中心建设的指导意见》的实施意见；广西壮族自治区党委宣传部、自治区文化厅、自治区财政厅等部门先后出台《关于进一步加强村级综合性文化服务中心管理的通知》《关于开展广西边境地区"文化睦邻"示范带建设工作方案》；广西壮族自治区党委宣传部、自治区文化和旅游厅还制定出台了《广西村（社区）综合文化服务中心服务标准（试行）》，是西部地区为数不多的在全国率先出台省级服务标准的地区，积极推进了广西农村基层公共文化服务标准化建设。同时，加大对《公共文化服务保障法》《公共图书馆法》的宣传贯彻落实力度，开展公共文化服务保障工作调研已被列入自治区人大工作议程，积极推动制定出台"广西公共文化服务保障条例"或"广西壮族自治区实施《公共文化服务保障法》办法"，在全区营造共同推进公共文化服务体系建设的良好氛围，日趋完善公共文化服务体系建设政策保障体系。

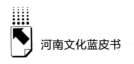

（二）加大财政投入力度，完善公共文化基础设施

全区各级政府加大资金筹措和保障力度，深入实施全区五级公共文化基础设施建设提升工程。自治区本级公共文化设施建设方面，广西图书馆地方民族文献中心已于2018年正式使用，广西群众艺术馆新扩建综合大楼在2020年已竣工投入使用，广西博物馆改扩建项目、广西民族剧院建设项目相继开工。市县方面，对未建成、未达标的县（市、区）公共图书馆、文化馆、博物馆、乡镇（街道）综合文化站逐步纳入自治区乡村振兴发展三年行动计划。2018~2020年自治区财政分别投入2.26亿元、2.20亿元和2.65亿元共计7.11亿元，新建、改扩建了26个县级图书馆、27个文化馆、21个博物馆和126个乡镇（街道）综合文化站。乡镇和村一级，2018~2020年，自治区财政筹集资金1.2亿元对全区没有达标的乡镇（街道）综合文化站开展达标改造工程。2009年以来，自治区本级财政共投入资金达31.24亿元，共补助建设14295个村级公共文化服务中心，全区行政村覆盖率达99.5%。广西基层综合性文化服务中心建设覆盖率排在全国第10位，创造了欠发达地区建设基层公共文化服务体系的广西经验，为推动国家层面出台加强基层综合性文化服务中心建设政策文件作出了贡献。

（三）提升服务效能，推进公共文化场所免费开放

目前，广西共有115个公共图书馆、124个县级文化馆、1174个乡镇（街道）综合文化站、251个博物馆（纪念馆）、3个美术馆向社会免费开放。广西每年将公共图书馆、文化馆、乡镇（街道）综合文化站、美术馆免费开放项目列入自治区党委政府对设区市的绩效考评指标，确保为民办实事文化惠民项目有效实施。目前，全区所有公共图书馆、文化馆、乡镇（街道）综合文化站、美术馆均向群众实施"零门槛"免费开放；其中2019年全区公共图书馆年流通2113万人次，2020年11部古籍入选第六批《国家珍贵古籍名录》。2019年群众文化机构举办文艺活动41910次，举办

各类培训班 14050 次，举办展览 3219 次，组织公益性讲座 1024 次，合计 60203 次，2019 年全区文化馆（站）年服务 2800 万人次。同时，指导各设区市文化和旅游行政管理部门，各级公共文化服务场馆严格落实《广西文化和旅游行业加快全面复工复产工作指引》，做好区域划分、预约限流、扫码测温、场馆消毒等疫情防控措施，全区各级公共文化服务场馆于 2020 年 9 月底全部恢复开放，运行良好，无安全事故发生。

（四）加强品牌建设，推进文化惠民

近年来，举办了"5·23 广西全民艺术普及日"系列活动、"魅力北部湾"系列活动、广西广场舞大赛、"戏曲进乡村"活动等群众文化品牌活动。全区各具民族地方特色的群众文化活动品牌不断涌现并影响广泛，形成了"壮族三月三"、南宁市"民歌湖大舞台"、柳州市"鱼峰歌圩"、桂林市"百姓大舞台"、广西（梧州）粤剧节、"百姓迎春"——文化志愿惠民演出活动、"啃下硬骨头·共同奔小康"扶贫故事走乡村巡演活动、"壮族三月三·八桂嘉年华"民俗展演活动、广西歌王大赛"灵水歌圩"、"唱响广西"全民艺术普及四季合唱音乐会等一大批地方群众文化活动品牌。承办的广西壮族自治区成立 60 周年庆祝大会群众文艺表演活动、国庆 70 周年"壮美广西"彩车游行展示得到上级领导的充分肯定和业界、媒体、群众的好评。广西壮族自治区图书馆在 2020 年"广西夜间文化旅游品牌"评选活动中获评"广西十佳夜读书店（屋）"，定期举办"八桂讲坛""悦心读书会""广图展览""光影树""广图筋斗云"等品牌活动，创新在市县文化旅游区建设"悦读驿站"。同时，通过开展全区"深入生活、扎根人民"艺术创作成果展演、广西戏剧展演、文艺精品进基层、春雨工程边疆行、发放文化惠民卡等文艺惠民、文化志愿品牌服务活动，全区建立了覆盖全面的文化志愿服务网络体系。全区组织文艺院团和文化志愿者开展下基层惠民演出活动每年达 1 万多场，让基层群众共享文化发展成果。

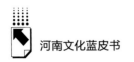

（五）强化示范引领，推进国家公共文化服务体系示范区（项目）创建

在"十二五"来宾市、河池市罗城仫佬族自治县成功创建第一批国家公共文化服务体系示范区（项目）的基础上，"十三五"期间，广西积极依托国家公共文化服务体系示范区和示范项目创建，密切结合公共文化服务标准化、法人治理结构和基层综合文化服务中心等试点工作，组织专家队伍，完善制度设计，加大了改革力度，切实抓好重点任务重点突破。玉林市、防城港市及柳州市鱼峰区、桂林市临桂区、柳州市柳南区、北海市分别被列为创建国家公共文化服务体系示范区和示范项目。玉林市积极引导社会力量参与公共文化建设，探索出"政府主导、社会参与、共建共享"的发展路径，成功创建第二批国家公共文化服务体系示范区。防城港市充分发挥沿海、沿边的区位优势，集中打造一批国门文化大院、国门文化驿站、国门书店等公共文化设施，成功创建第三批国家公共文化服务体系示范区。北海市创建的第四批国家公共文化服务体系示范区（项目）"北部湾图书馆联盟"2020年已通过正式验收，探索的不同行政区域同城化公共文化服务体系建设的"北部湾模式"得到了业界的好评和全国媒体的关注；2020年6月以来，在全国首创的公共图书馆"高铁读书驿站"相继在钦州东站、南宁东站、北海站、来宾北站启用。

（六）加强督导，全面完成公共文化领域重点改革任务

组织开展《自治区基本公共文化服务实施标准》落实情况评估验收工作，助推"十三五"公共文化服务体系建设圆满收官。广西村级综合性文化服务中心建设覆盖率达99.5%，超额完成国家村级综合性文化服务中心建设覆盖率≥95%的要求。委托第三方进行实地暗访，实施每月通报制度，督促和指导各市加快推进县级文化馆、公共图书馆总分馆制和市级以上法人治理结构改革等重点改革任务。总分馆制建设方面，全区县级文化馆总分馆制建设总任务数92个，公共图书馆总任务数83个；法人治理机构改革方面，全区市级以上群众艺术馆法人治理机构总任务数 15 个，公共图书馆总任务数 17 个，美术馆总任务数 3 个，均在 2020 年 12 月底全面完成。

（七）加强文艺创作演出，丰富文化产品供给

坚持以人民为中心的创作导向，为人民群众提供优质的精神文化食粮。坚持思想精深、艺术精湛、制作精良相统一，热情讴歌和生动展示广西改革开放和人民的伟大创新实践，讴歌党、讴歌祖国、讴歌人民、讴歌英雄，创作生产了民族舞剧《花界人间》、音乐剧《血色湘江》、壮剧《百色起义》、彩调剧《新刘三姐》、话剧《漓水烽烟》《花桥荣记》、儿童剧《鬼马小雀仔》、广播剧《青春之歌》等一批具有广西民族特色、壮乡风格的舞台艺术作品。2014～2019 年，广西获国家艺术基金资助项目 181 个。桂剧《七步吟》、舞剧《碧海丝路》、壮剧《牵云崖》等作品先后荣获文华奖、中宣部"五个一"工程奖、中国文化艺术政府奖、国家舞台艺术精品工程、全国少数民族文艺汇演金银奖等国家级奖项。儿童剧《鬼马小雀仔》荣获全国话剧专业最高奖项中国戏剧文化奖话剧金狮奖；2019 年广西报送的舞蹈作品《打扁担》《海的女儿》从全国 7905 个作品中脱颖而出，入围第十二届中国艺术节第十八届群星奖决赛，最终《打扁担》荣获全国群众文艺领域的政府最高奖项——群星奖。广西群众艺术馆音乐创作专家傅滔同志获国务院政府特殊津贴，美术创作专家黄华兆同志在中国美术殿堂——中国美术馆举办了个人水彩画展。加强扶贫文化精品创作和演出，涌现出现代壮剧《第一书记》、壮剧《我家住在铜鼓岭》、小品《懒汉脱贫》、歌曲《第一书记来山乡》《平安归来》《新的长城》《神秘河》《连心歌》《一路同行》等一批扶贫和抗疫主题精品力作，文艺创作演出百花齐放，人民群众精神文化生活不断丰富。

（八）助力脱贫攻坚，项目和资金重点向贫困地区倾斜

一是不断完善贫困地区文化和旅游公共服务基础设施建设。实施文化惠民工程，加大对贫困地区公共服务设施建设的支持力度，补助 1.72 亿元支

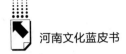

持建设 20 个县级以上公共图书馆、文化馆和乡镇综合文化站，现已开工 25 个，完工 5 个。补助 1.89 亿元支持建设 756 个村级公共服务中心，现已经完工 150 个。补助 2087 万元支持贫困地区建设旅游厕所，现已完工 82 座。积极推进易地扶贫安置点公共文化服务设施配套工作，会同自治区体育局制定印发《关于加快完善易地扶贫搬迁安置点文体服务功能的通知》，明确易地扶贫搬迁大型安置点（800 人以上）要因地制宜设置文体活动中心，上半年全区 146 个大型安置点文体活动中心均已完工。

二是积极开展文化和旅游志愿服务。积极响应文化和旅游部关于"以全国尚未脱贫摘帽的贫困县为重点服务区域开展形式多样的志愿服务活动"的工作部署，组织广西文化和旅游志愿服务队赴云南宁蒗县、红河州，宁夏西吉县，以及区内尚未脱贫摘帽的乐业、三江、罗城等 8 个贫困县，开展"春雨工程"系列活动，将文化志愿服务、旅游推介宣传与"扶贫扶志"有机结合。

二　旅游公共服务基本情况

近年来，根据《广西壮族自治区旅游业发展"十三五"规划》对旅游公共服务发展的安排和部署，扎实推进和提升全区旅游公共服务。

（一）旅游厕所建设数量质量同步提高

自 2015 年实施"厕所革命"以来，始终秉持"服务人性化"的建设思路推进"旅游厕所"建设。2018～2020 年实施旅游"厕所革命"新三年行动计划，计划建设旅游厕所 2000 座，累计已完工 2308 座，2020 年建设 578 座。旅游厕所第三卫生间建设工作扎实推进，便器、洗手池、挂衣钩、安全抓手等设施均配备配齐；目前全区 4A 级以上景区已基本覆盖旅游厕所第三卫生间，进一步提升了广西旅游公共服务水平和旅游形象。

（二）全区旅游交通标识系统和汽车旅游营地建设稳步推进

每年在全区范围内更新和布设《广西旅游导览图》，2019 年实现区内重点旅游场所和公共文化场馆的全覆盖。2020 年 3 月更新发布《广西旅游导览图》(2020 年版)之后,创新工作思路组织绘制《广西公共文化场馆导览图》(设区市免费开放版),并制作成轻巧便携的地图折页在全区各市公共文化场馆发放,系统展示了区内免费开放的市级以上公共文化场馆信息和区内精品景区景点,是提升公共文化设施服务效能,服务旅游发展的新尝试、新举措,在全国省级文化和旅游行政主管部门属于首例。

鼓励、指导各市、县自主建设旅游标识系统,完善全区旅游标识网络,为大众旅游特别是自驾车游客提供全面、准确的交通导向及景区信息服务。2019 年组织并完成《汽车旅游营地星级的划分与评定》修订工作。指导开展星级汽车旅游营地评定工作,2019 年新增四星级汽车营地 1 个、三星级 14 个。完成全区《广西旅游导览图》(2020 年版)更新安装,共更新区内 3A 级(含)以上景区导览图 288 块,旅游集散中心、高铁站、机场导览图 215 块,高速公路服务区导览图 123 块,并首次在全区各级公共文化场馆设置导览图 13732 张。

(三)探索文旅融合新路径

全新打造"走读广西"文旅融合活动品牌。以公共图书馆为依托,整合馆藏资源和地方旅游资源,结合自驾游、研学游、户外讲座直播、展览等多种形式开展内容丰富的线上线下阅读推广活动共 28 期,包括线上"走读广西"之旅 22 期、线下活动 8 次。在做好疫情防控工作的前提下适时有序开展了"走读广西·桂林之旅"文化体验自驾活动、"走读广西·畅游贵港"、"走读广西·书在旅途"钦州自驾采风行等活动,将"读万卷书"和"行万里路"有机融合,助力"广西人游广西"系列主题活动深度开展。

推动文旅公共服务机构功能融合。积极落实文化和旅游部工作部署,在全区范围内组织开展县域公共文化机构和旅游服务中心服务功能融合试点单位工作。南宁市青秀区图书馆、来宾市金秀瑶族自治县文化馆、灵川县大圩

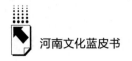

镇文化体育广播电视站、东兴市东兴镇竹山村村级公共服务中心、三江侗族自治县旅游集散中心5家单位获批文化和旅游部公共文化机构和旅游服务中心功能融合试点单位，桂林市荔浦市图书馆荔江湾景区分馆、北海市合浦县星岛湖镇文化站等20家单位为自治区试点单位。

三　面临的挑战和制约因素

虽然广西文化和旅游公共服务体系建设取得了一定的成绩，但我们也清醒地认识到全区文化和旅游服务总体水平还不高，发展还存在不平衡不充分情况，还不能完全满足全区人民群众对美好生活的新期待，同时也还存在一些具体的问题和困难。一是由于广西的历史欠账及财政财力所限，目前全区公共文化基础设施仍不够完善。如革命老区河池市的市级公共图书馆和群众艺术馆均为无等级馆，贺州市群众艺术馆、百色市群众艺术馆为无等级馆，贺州市、崇左市2个市级公共图书馆仍然还是2003年建市时划转的县级图书馆（三级馆）；全区尚有部分市县文化馆（26个无等级馆，占总数的20.9%）、市县公共图书馆（24个无等级馆，占总数的20.8%）、乡镇综合文化站（465个，占总数的39.6%）未达到国家建设标准，同时还有12个城区没有公共图书馆，2个城区没有文化馆。此外，还有16个博物馆（纪念馆）未能实现完全免费开放。二是旅游公共服务基础设施建设投入不足。如旅游集散中心建设、旅游厕所建设在自治区本级财政无专门资金补助，各地存在建设资金困难的情况。三是基层专业人才比较缺乏，设施设备比较落后，群众文化活动经费不足，服务效能有待进一步提高等。如基层群众文化人才队伍结构性问题较为突出。一方面是高水平人才短缺，另一方面是目前人才队伍（特别是县级）评职称难、晋升难。2020年全国文化馆评估定级广西因专业技术人员占比未达标被系统评定为无等级文化馆的有8个。四是公共文化数字化水平有待提升。如一些市县公共文化数字化投入较少，数字化人才缺乏，线上服务活动开展较少，数字资源利用率不高等。

四　主要指标分析

文化和旅游事业费：2019 年广西为 25.14 亿元，占财政支出的比重为 0.43%，在全国排第 21 位；人口相近的云南省为 38.88 亿元，占财政支出的比重为 0.67%，在全国排第 4 位。

人均文化和旅游事业费：2019 年全国为 76.07 元，广西为 50.79 元，在全国排第 25 位；人口相近的云南省为 80.03 元，在全国排第 13 位。

每万人公共图书馆建筑面积：2019 年全国为 121.4 平方米，广西为 95.4 平方米，在全国排第 22 位。

人均拥有公共图书馆藏量：2019 年全国为 0.79 册，广西为 0.59 册，在全国排第 20 位。

公共图书馆总流通人次：2019 年广西为 2113 万人次，在全国排第 14 位。

每万人群众文化机构建筑面积：2019 年全国为 322.7 平方米，广西为 157.6 平方米，在全国排第 30 位。

群众文化业务活动经费：2019 年广西为 4089 万元，在全国排第 26 位。

群众文化机构服务人次：2019 年广西为 2800 万人次，在全国排第 8 位。

博物馆实际房屋建筑面积：2019 年广西为 21.07 万平方米，在全国排第 24 位。

博物馆参观人次：2019 年广西为 1994 万人次，在全国排第 22 位。

从广西在全国排位来看，投入指标和设施建设水平指标均低于全国平均水平，且人均文化和旅游事业费、每万人公共图书馆建筑面积、博物馆实际房屋建筑面积、群众文化业务活动经费、每万人群众文化机构建筑面积在全国排位分别为第 25 位、第 22 位、第 24 位、第 26 位、第 30 位；但公共图书馆总流通人次、群众文化机构服务人次 2 项服务效能指标超过全国平均水平，以在全国排位靠后的设施水平创造了公共图书馆总流通人次在全国排第 14 位、群众文化机构服务人次在全国排第 8 位的成绩，确实来之不易。

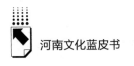

五　发展方向

（一）完善覆盖城乡的公共服务体系

坚持政府主导、社会参与，完善城乡公共文化服务体系，优化城乡文化资源配置；推动基层文化惠民工程扩大覆盖面、增强实效性，打通公共文化服务"最后一公里"；广泛开展群众性文化活动，增加优秀乡村文化产品和服务供给；健全支持开展群众性文化活动机制，鼓励社会力量参与公共文化服务体系建设；推动文化和旅游公共服务机构融合发展，服务设施综合利用；保障人民群众基本文化权益。

1.全面推进基本公共文化服务标准化均等化建设

全面落实《公共文化服务保障法》《公共图书馆法》《乡村振兴战略规划（2018～2022年）》，明确政府主导地位和保障底线。根据实施乡村振兴战略的意见和城镇化发展趋势及城乡常住人口需求，统筹规划各级公共文化服务设施的整体布局，加大对公共文化服务基础设施建设的投入，推动公共文化资源重点向乡村倾斜，完善城乡公共文化服务设施网络，提高公共文化服务网络的覆盖率。建立群众文化需求反馈机制，开展公共文化"菜单式"服务，更新公共文化服务目录，完善公共文化服务项目与内容标准化建设，增强实效性。深入开展送文化下基层和戏曲进乡村活动，促进城乡公共文化服务均衡发展。

2.增强基本公共文化服务供给能力

创新公共文化服务方式，推进政府购买公共文化服务，促进公共文化服务资源共建共享。继续深入推进公共图书馆、博物馆、文化馆（站）、美术馆等公共文化设施免费开放，提升免费开放服务水平。加强公共数字文化平台建设，提升完善广西公共文化云平台，利用信息技术拓展公共文化服务能力和传播范围，构建数字化、信息化、网络化环境下文化建设的新平台、新阵地，全面提升公共文化服务能力和服务水平。健全支持开展群众性文化活动机制，鼓励社会力量参与公共文化服务体系建设，提供公共文化产品和服务。

3. 健全公共文化管理运行机制

健全自治区公共文化服务协调机制，完善公共文化服务体系运行机制，统筹推进各类重大文化项目。保障财政对公共文化服务的投入。健全完善县级图书馆、文化馆总分馆制，促进资源共享和有效利用。县级以上公共文化机构按照职能和当地人力资源保障、编办等部门核准的编制数配齐配强工作人员，乡镇综合文化站每站配备编制人员 1～2 人，规模较大的乡镇适当增加，村（社区）公共服务中心设有由政府购买的公益文化岗位。建立公共文化服务绩效管理机制，开展公共文化服务第三方评价工作，发挥绩效评价对政府行为的导向作用，提升政府公共文化服务水平。

（二）实施文化基础设施建设工程

适应推进新型城镇化和乡村振兴的新要求，统筹规划、合理布局，以中心城市标志性文化设施建设为支撑，以城乡基层文化设施建设为重点，以数字文化阵地建设和流动文化设施为补充，大力加强公共文化基础设施建设，形成覆盖城乡比较完善的公共文化服务设施网络。

1. 推进自治区级公共文化设施建设

改扩建广西博物馆，建设广西民族剧院、广西少儿图书馆等文化设施，使自治区级公共文化设施达到国家建设标准。

2. 推进市、县（市、区）、乡镇（街道）公共文化设施建设

推动地市级公共图书馆、群众艺术馆、博物馆等公共文化设施新建和改扩建；对县（市、区）公共图书馆、文化馆等进行标准化建设；推动乡镇（街道）综合文化中心建设，开展综合文化站标准化建设和配套文化广场建设。到 2025 年，设区市建有达标的公共图书馆、群众艺术馆、博物馆，县（市、区）建有达标的公共图书馆、文化馆，乡镇（街道）建有达标的综合文化站。

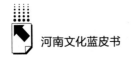

3. 推进村（社区）公共文化服务设施建设

总结村级公共服务中心建设的成功经验，有序引导公共文化设施向居住较集中、人口数量较多、群众文化需求旺盛的自然村屯延伸，结合乡村振兴开展村屯综合文化中心建设，因地制宜在自然村屯建设一个文化小广场、一个文化小舞台、一个文化小活动室等设施。根据《城市居住区规划设计规范》等标准和要求，新建商品房小区或其他居民小区配套相应规模的公共文化服务设施设备。开展社区综合文化中心试点建设，对群众文化需求旺盛、人口数量较多、周边文化设施配套不足的城市社区建设城市书屋、文体小广场等公共文化设施。

4. 推进数字文化服务云平台建设

提升完善广西公共文化云平台，对接互联国家公共文化云平台，提升完善文化信息资源共享工程、数字图书馆推广工程、公共电子阅览室服务效能，建设自治区基本公共数字文化资源库。

（三）实施文化惠民工程

统筹制订文化惠民工程发展规划和标准规范，建立完善的文化惠民工程组织实施机制，实现惠民工程基层布点更加均衡，惠民工程资源在基层有效统筹，服务方式有效创新，服务人群有效扩大，服务效能明显提升。

一是深入推进公共图书馆、博物馆、文化馆（站）、美术馆等公共文化设施免费开放，逐步提高免费开放经费补助标准，提升免费开放服务水平和效能。

二是加强村级公共服务中心管理和使用，提高服务效能。截至"十三五"期末，全区已实现行政村村级公共服务中心基本覆盖，并出台了试行服务标准。"十四五"期间，广西继续实施自治区为民办实事文化惠民工程，争取新增村级公共服务中心免费开放经费补助，落实配备村级公共文化专管员政策。

三是深入开展基层文化惠民活动。实施文化惠民品牌工程，继续打造"壮族三月三·八桂嘉年华"等节庆活动品牌、"艺术精品到基层"等惠民演出品牌、"魅力北部湾"和"5·23广西全民艺术普及日"系列活动等群众文化活动品牌，弘扬社会主义核心价值观，丰富人民群众的精神文化生活。深入开展送文化下基层活动，持续开展"我们的中国梦——文化进万家""送艺术精品下基层演出"等活动，繁荣社会主义文化。推动节假日文化活动、文化服务常态化，以国庆节、元旦、春节和"壮族三月三"等重要纪念日、民族传统节日为载体，以全区公共文化场馆为阵地，开展丰富多彩的群众性文化活动，让人民群众共享文化改革发展成果。

（四）实施旅游公共服务基础设施提升工程

全面落实《旅游厕所质量等级的划分与评定》标准，科学规划、合理布局、保护环境，新建和改建一批旅游厕所，打造一批3A级特色旅游厕所。推进厕所标准化建设，把旅游厕所革命纳入国家和自治区全域旅游示范区创建工作，纳入乡村旅游、民宿发展整体布局中统筹进行、协调发展。推进旅游服务中心建设，整合资源新建或提升改造旅游咨询服务中心和旅游集散中心，构建集咨询、接待、展示、预定、集散、调度等功能于一体的旅游服务中心。推进旅游引导标识系统建设，完善旅游交通干线旅游引导标识，完善旅游城市、特色旅游名县等旅游指引标识，完善景区景点旅游标识。

（五）加快文化和旅游公共服务融合

利用自治区、市、县（市、区）、乡镇、村健全完善的五级公共文化机构，结合文旅部开展的文化和旅游公共服务机构功能融合试点工作，在全区的公共图书馆、文化馆、乡镇文化站、村级综合性文化中心以及旅游服务中心中推出一批文旅融合有条件、基础好的示范试点，推动资源共享和整体效能提升，更好地为群众提供高品质的文化和旅游公共服务。

B.12
贵州省公共文化服务体系建设发展报告

杨　敏*

摘　要： 公共文化服务体系建设是国家重要的文化发展战略。贵州省以人民为中心，立足于破解制约公共文化服务体系建设存在的条块分割、资源分散、制度缺位、供给不足、创新不够、效能不高等问题，从大文化的视野加强顶层设计，强化制度保障，加大资金投入，强化基础保障，强化阵地建设，加强设施保障，实施惠民工程，强化服务保障，抓好试点建设，加强示范保障，探索公共文化助推乡村振兴战略，加强"智力"和"志力"保障，取得了显著成绩。这些成绩具体表现为公共文化服务体系建设基层设施网络初步形成，公共文化人才队伍逐渐壮大，公共文化产品供给日益增多，服务内容和形式更加多样，社会参与更加广泛。新时期贵州省公共文化服务高质量发展可围绕一个主线、两个抓手、三项举措开展。

关键词： 公共文化服务　文化产业　文化旅游　高质量发展

习近平总书记在党的十九大报告中指出："要完善公共文化服务体系建设体系，深入实施文化惠民工程，丰富群众性文化活动。""要推动公共文化服务体系建设标准化、均等化，坚持政府主导、社会参与、重心下移、共建共享，完善公共文化服务体系建设体系，提高基本公共文化服务体系建设

---

* 杨敏，贵州省文化和旅游厅办公室副主任。

的覆盖面和适用性。"公共文化服务体系建设是国家重要的文化发展战略，也是文化建设的重要内容，可以为经济社会高质量发展营造良好的软环境。

近年来，贵州省按照党中央、国务院的决策部署和发展要求，以高度的文化自觉、文化自信，创新的理念和扎实的举措，全面深入推进公共文化建设，着力建立健全公共文化服务体系建设体系，取得了可喜的成效。

一 贵州公共文化服务体系建设的主要做法

以人民为中心，立足于破解制约公共文化服务体系建设存在的条块分割、资源分散、制度缺位、供给不足、创新不够、效能不高等问题，从大文化的视野盘活存量、优化增量，以"六个保障"统筹推进各项工作。

（一）加强顶层设计，强化制度保障

近几年，贵州省出台了一系列政策文件，建构了从宏观到微观、从纲领性指导意见到具体实施细则的政策体系。省级层面出台了《关于加快构建现代公共文化服务体系建设体系的实施意见》（黔党办发〔2015〕45号）、《关于建设多彩贵州民族特色文化强省的实施意见》（黔党办发〔2016〕17号）、《贵州省政府向社会力量购买公共文化服务体系建设实施方案》（黔府办函〔2017〕116号）、《贵州省推进基层综合性文化服务中心建设实施方案》（黔府办函〔2017〕117号）等，并出台了《贵州省公共服务保障条例》《贵州省公共图书馆条例》。市（州）、县（区、市、特区）也结合实际出台了相应的配套文件，编制了与国家和省相衔接的基本公共文化服务体系建设目录，打好省、市、县三级互动的公共文化服务体系建设组合拳。

（二）加大资金投入，强化基础保障

据统计，2015~2019年，省级财政各年分别安排省级专项资金1.8亿元、2.1亿元、2.5亿元、2.04亿元、2.2亿元，5年支持贵州省公共文化服务体系建设资金共计10.64亿元。省级专项资金主要用于继续推进公益性文化体育设施免费开放，广播电视村村通组组通，文化信息资源共享，农村电影放映，农民文化家园、乡镇文化站及民族村镇建设，民族民间工艺美术保护与开发，非物质文化遗产保护开发，公共数字文化建设，公共文化示范区建设，现代传媒网络建设，文艺创作，央视播出贵州形象片，影视作品高端平台播出，农民体育健身工程，开展群众文化活动、送演出下乡、文化队伍建设等。省级公共文化服务体系建设专项资金的投入，为基础设施建设、活动开展、人才队伍培养等提供了坚强的保障。

（三）强化阵地建设，加强设施保障

2017 年 7 月 4 日，省政府印发了《贵州省推进基层综合性文化服务中心建设实施方案》，着力解决基层资源分散、条块分割、场地孤岛，不能形成合力的问题。贵州采取盘活存量、调整置换、集中利用等方式建设基层综合性文化服务中心。近年来，还着力实施了贫困地区村综合文化服务中心工程，包括"贫困地区百县万村综合文化服务中心示范工程""贫困地区民族自治县村综合文化服务中心覆盖工程""贫困地区民族自治州所辖县村综合文化服务中心工程"，三项工程分别得到中宣部补助经费 5.64 亿元，文化和旅游部、国家新闻出版广电总局、国家体育总局配套设施 6.44 亿元物资，省级财政安排配套资金 2.21 亿元，资金总量达 14.29 亿元。在实施三项村综合文化服务中心工程的基础上，从 2018 年起，协调省财政设立专项资金，每年在深度贫困县和极贫乡镇实施 100 个"农民文化家园"项目建设。省级财政每年列支 150 万元，支持贫困地区乡镇建设精神文明活动中心项目。目前，贵州省已实施乡镇精神文明活动中心项目 144 个，投入资金 1744 万余元。2011 年以来，争取中央和省专项彩票公益金支持贵州省建设乡村学校少年宫项目学校 1442 所（中央 822 所、省 620 所），共投资 4.47 亿元（中央 2.95 亿元、省 1.52 亿元）。目前，乡村学校少年宫项目已实现贵州省乡镇一级全覆盖。省、市（州）、县（市、区、特区）、乡（镇）、行政村五级公共文化网络初步建成。贵州省共有公共图书馆 99 个，其中省级馆 1 个、市级馆 10 个、县级馆 88 个；文化馆 99 个，其中省级馆 1 个、市级馆 9

个、县级馆 89 个；乡镇（街道）文化站 1599 个，其中乡镇文化站 1394 个、街道文化站 205 个。行政村（社区）共 17484 个，其中村 13295 个、居委会 4189 个。

此外，"十三五"期间，贵州省公共文化服务体系建设设施网络实现全覆盖。多彩贵州文化云已覆盖贵州省 9 个市州 1557 家文化场馆及旅游景区，平台注册总用户数达 38.7 万，2019 年新增注册用户共 120110 人，累计发布有效公共文化活动信息 1.5 万余条。贵州数字图书馆拥有数据库 26 个、资源总量 130TB 以上，实现了在贵州省任何能上网的地方都能免费获得服务，已累计服务达 1.5 亿人次。在乡镇综合文化站建成公共电子阅览室 1401 个，在社区文化活动中心（室）建成公共电子阅览室 428 个。建成各级"文化信息资源共享工程"服务点 20441 个，文化信息资源共享工程资源量达 150TB 以上。

（四）实施惠民工程，强化服务保障

一是实施贫困地区村文化活动室设备购置项目。"十三五"期间，中央下达贵州省项目经费 14980 万元，完成 7490 个贫困村的文化设备配置。二是实施中西部贫困地区公共数字文化服务提档升级项目。2016～2020 年，中央下拨贵州省提档升级项目经费 4013 万元，为 428 个乡镇、649 个数字文化驿站、100 个易地扶贫搬迁安置点配置公共数字文化设备。三是实施流动舞台车、流动文化车配置项目。2016～2020 年，中央下达项目经费 2100 万元，为贵州省配置流动舞台车 47 台；中央下达项目经费 1584 万元，为贵州省贫困地区配置流动文化车 66 台。各地充分利用流动舞台车、文化车便捷的特点，主动问需于民，变要我服务为我要服务，变被动为主动，在方便群众的同时，也有效扩大了服务半径。四是实施贵州省图书馆异地扩建项目。省图书馆异地扩建项目位于贵阳市观山湖区林城东路中段贵州省博物馆东北侧，2018 年 11 月 3 日正式开工，2020 年 12 月 31 日已开馆试运行，累计完成投资 7.5 亿元。五是针对贫困地区开展戏曲进乡村活动。2016～2020 年，中央补助贵州省戏曲进乡村专项资金 15196 万元，每年为贵州省 1206

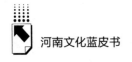

个乡镇演出 6 场；省级财政每年安排 700 万元专项资金，用于省级院团开展公益性演出。各地均广泛开展以广场舞、合唱、全民阅读等为主要形式的群众性文化活动。

此外，持续推进"厕所革命"。"厕所革命"以来，通过旅游厕所两个"三年行动计划"，贵州省已建成旅游厕所 5797 座，完成地图标注 5643 座。2020 年，贵州省计划新建和改扩建旅游厕所 651 座，其中，列入民生实事的 288 座。1～9 月，贵州省旅游厕所完工 566 座，列入民生实事的旅游厕所完工 271 座。

（五）抓好试点建设，加强示范保障

一是以创建国家公共文化服务体系建设体系示范区为契机，积极探索公共文化发展的路径。遵义市、贵阳市、毕节市成功创建第一、第二、第三批国家公共文化服务体系建设体系示范区。六盘水市正在创建第四批国家公共文化服务体系建设体系示范区。通过创建，基层公共文化设施明显改善，公共文化服务体系建设效能显著提升，为其他地区公共文化服务体系建设提供了可学习、可复制的经验。

二是以创建国家公共文化服务体系建设体系示范项目为突破口，破解公共文化服务体系建设中的难题。六盘水市、铜仁市、黔东南州、黔南州的示范项目创建工作取得可喜成绩。比如，黔南"幸福进万家"项目，探索了政府向社会力量购买公共文化服务体系建设的有效路径，将传统的送文化变成了群众点单，政府购买；铜仁市以提高基层公共文化服务体系建设均等化、标准化为目标，以设施种子、骨干种子、宣传种子、品牌种子四个农村文化种子为载体，以"有阵地、有器材、有书籍、有人员、有经费、有特色、有队伍、有影音"八有为标准，大力实施农村文化种子工程示范项目，打通了农村公共文化服务体系建设"最后一公里"。

三是开展公共文化服务体系建设专题试点。在 17 个县 20 个乡镇开展公共文化服务体系建设专题试点，积极探索合理规划布局公共文化设施、公共图书馆县乡村总分馆制改革、基层综合文化服务中心建设、政府向社会力量

购买公共文化服务体系建设、建立第三方评价及群众评价和反馈机制、政府公共文化服务体系建设考评制度等方面的改革路径和模式。

（六）探索公共文化助推乡村振兴战略，加强"智力"和"志力"保障

2016 年，"文化扶贫"一词被写进中共贵州省委出台的《关于建设多彩贵州民族特色文化强省的实施意见》中，2017 年，《贵州省"十三五"文化事业和文化产业发展规划》中又提出"大文化助推大扶贫"的主题。"扶贫先扶志"，贵州把"构筑精神高地、冲出经济洼地"作为"大扶贫"的战略之策，省级多部门协调联动，挖掘贫困地区特色文化资源，搭建工作平台，助推贫困地区群众脱贫致富。原省文化厅、省发改委等 5 家单位联合出台了《关于印发贵州省"十三五"时期贫困地区公共文化服务体系建设实施方案的通知》，省、市、县三级对照国家指导标准和省实施标准，大力加强文化设施网络建设，贫困地区文化基础设施逐步得到改善。目前，66 个贫困县公共图书馆、文化馆实现了全覆盖。66 个贫困县实现了流动图书车全覆盖，34 个贫困县配置了流动文化车，89 个乡镇公共电子阅览室提档升级，183 个村级文化活动室数字文化驿站建设完成。原省文化厅会同省工信厅、省人社厅、省民宗委、省妇联共同制订出台"十百千万"非遗传统手工技艺培训计划，对数十名大师级传承人和知名手工艺品设计师、数百名手工技艺传承名人、数千名传统手工技艺传承骨干和数万名传统村落贫困农户完成了在国内名校、省内培训基地和村寨现场等不同层次的培训，提升了贫困地区群众自主奔小康的能力。省住建厅、原省文化厅等部门联动，对贵州省民族特色的传统村落进行统一规划、集中打造，建设主题鲜明的生态博物馆，助推了文化遗产传承脱贫。大力支持贫困地区文艺人才培训，贵州文艺人才培训交流中心共建立 4 个文艺人才培训基地，自 2016 年以来共举办培训班 20 余期，培养基层文化工作者 2000 余名。

同时，根据省委省政府《关于加强和完善易地扶贫搬迁后续工作的意见》（黔党发〔2019〕8 号）文件精神，按照示范引领、坚持地方特色、坚

持共建共享工作要求，重点完善安置点公共文化设施、丰富安置社区文化活动、突出社区感恩教育、推进文明社区建设、加强民族文化传承与保护、抓好安置点文化队伍建设。贵州省共 946 个易地扶贫搬迁安置点、842 个管理单元，省文旅厅根据省易地扶贫安置工作领导小组确定的贵州省 18 个易地扶贫搬迁安置点后续扶持示范点建设名单和省文旅厅确定的易地扶贫搬迁安置点综合性文化服务中心试点建设名单，2019 年开展了 81 个省级示范点文化服务体系建设。截至 2020 年 11 月 30 日，贵州省 842 个易地扶贫搬迁安置点管理单元全部实现综合性文化服务中心全覆盖，其中新建综合文化服务中心 467 个，379 个管理单元与邻近乡镇文化站、村（居）综合文化服务中心共享覆盖。建成新时代文明实践中心 795 个、图书室 864 个、乡愁馆 378 间，配置文体活动设施 2040 个，842 个安置点全部建有宣传栏。开展感恩教育 11308 场次、普法教育 7927 场次、市民意识教育 11144 场次。开展文明家庭创建 16721 户，评选勤劳致富模范 7744 户、身边好人 22109 人。组建演出团队 1015 个、健身团队 912 个、电影放映队 530 个，组织社区演出 5274 场次。共培育文化志愿队伍 1012 支，发展培育民族传统手工业 313 项。

二 贵州省公共文化服务体系建设的主要成效

在省委省政府的坚强领导下，公共文化服务体系建设的一系列举措发挥了重大作用。

（一）公共文化服务体系建设基层设施网络初步形成

省、市（州）、县（市、区、特区）、乡（镇）、行政村五级公共文化网络初步形成。贵州省有省级图书馆、文化馆各 1 个，美术馆 1 个，市（州）级公共图书馆 10 个、文化馆 9 个、美术馆 3 个，县级公共图书馆 88 个、文化馆 89 个，乡镇综合文化站 1404 个，村级综合性文化服务中心 16859 个，各级"文化信息资源共享工程"服务点 20441 个。贵州省行政村农家书屋实现了全覆盖。所有学校均建有图书馆或图书室 1 个以上。

（二）公共文化人才队伍逐渐壮大

公共文化人才队伍在"量"上增加，在"质"上提升。每个乡镇综合文化站（社区文化中心）编制配备不少于 2 名，服务人口较多的乡镇综合文化站（社区文化中心）适当增加了编制。每个行政村（社区）设置不少于 1 个政府购买的宣传文化公益岗位。市（州）级公共图书馆平均编制数43 人、文化馆编制数 38 人，县（市、区）级公共图书馆平均编制数 6 人、文化馆平均编制数 12 人。目前，贵州省乡镇专职文化人员有 5000 余人，已建立县级以上文化志愿服务组织机构 80 余个，注册文化志愿者 2 万余人。通过培训，文化工作者的能力素质有了很大提升。

（三）公共文化产品供给日益增多

2016 年以来连续举办多彩贵州文化艺术节，坚持"多彩文化、共建共享"的原则，举办了近 400 场次高端公益文化惠民活动，剧场观看人数近200 万人次，网上关注上亿人次。贵州数字图书馆拥有数据库 26 个、资源总量近 100TB，累计为 1.7 亿人次提供服务。贵州省有艺术表演团体 53 个、博物馆 64 家、陈列馆 20 家、纪念馆 12 家、旧址 5 个、生态博物馆 10 余处。建设了 326 个乡镇农民文化体育健身工程、3440 个村级农民体育健身工程、1137 套全民健身路径工程和 36 个老年体育活动中心。

（四）服务内容和形式更加多样

按照"整体谋划、全面规划、具体策划、重点突破"的原则，充分运用移动互联网、大数据、人工智能等新兴科技，依托经验丰富、技术成熟的专业机构，研发部署符合贵州实际、凸显贵州特色的公共文化云平台。"多彩贵州文化云"于 2018 年 5 月 28 日正式上线运行。完成整合九个市（州）和贵安新区的文化场馆、文化活动、文博信息、非遗传承、文化交流等公共文化资源，提供全方位的公共文化信息服务。截至 2019 年 7 月，多彩贵州文化云平台累计注册用户数近 35 万，其中家庭亲子人群占比近六成，中老年用户近三成。平台日均浏览量达4.5万，平台活跃用户量近10万。平台现已覆盖贵州省9个市（州）1466家文化场馆及旅游景区（其中文化馆101家、图书馆112家、博物馆49家、陈列纪念馆42家、美术馆6家、社区乡镇文化站510家、旅游景区443家、文物保护单位66家、书店123家、剧场14家）。2016年以来，贵州省累计完成多彩贵州"广电云"村村通户户用工程项目投资49.09亿元，累计铺设通村、通组光缆干线和分配网光缆建设33.65万公里，新增多彩贵州"广电云"用户278.27万户，新建乡镇综合服务站504个。多彩贵州"广电云"村村通、户户用工程将大容量的光纤网络铺设到所有行政村，将科技知识、乡村振兴信息、远程医疗、远程教育等信息和功能应用传递到农村千家万户，充分利用基于广电网络的大数据手段，推动构建现代农业生产经营体系，助推智慧农、林、牧、副、渔等产业的更好更快发展壮大。

（五）社会参与更加广泛

2017年出台了《贵州省做好政府向社会力量购买公共文化服务体系建设工作实施方案》，明确了政府向社会力量购买公共文化服务体系建设工作的指导思想和基本原则，并以附件的形式推出《贵州省政府向社会力量购买公共文化服务体系建设指导性目录》，从11个方面对政府购买公共文化服务体系建设工作进行了规范，清晰界定了政府部门与服务提供方在购买公共文化服务体系建设实施工程中的责任。为拓宽社会力量参与公共文化服务体系建设的渠道，贵州省积极扶持个人和社会团体发展，提高政府向社会购买公共文化服务体系建设承接主体的承接能力。

一是通过发展志愿者队伍，培育参与公共文化服务体系建设的个人。贵州一直加强文化志愿者招募，在文化志愿服务工作的大力宣传下，越来越多的群众自愿加入文化志愿者队伍。打破以往文化志愿者仅限于文艺工作者或文艺从业人员的传统，着眼大文化，广泛吸收文艺骨干、广播影视骨干、社会体育指导员等具有一技之长的人员充实文化志愿者队伍；抓住"三区"人才支持计划机遇，从返乡大学生、文联、音乐家协会、舞蹈家协会、戏剧家协会等单位招募"三区"人才服务志愿者，进一步统筹推进文化志愿服务工作，进一步拓展文化志愿服务范围。二是通过扶持社会组织，培育参与公共文化服务体系建设的社会团体。通过国有文艺院团改革，引导院团走向市场，采用政府购买服务的方式，为人民群众提供反映现实生活喜闻乐见的文艺产品。

三　新时期贵州公共文化服务体系高质量发展的对策建议

尽管贵州省公共文化服务体系建设取得了较好成绩，但是与东部发达地区和周边省区市相比，仍然处于较低水平，无论是规模总量还是质量效益，无论是满足人民需求还是有效供给等方面，都还需要扎实做好补短板、强弱项的工作。

（一）一个主线：弘扬社会主义核心价值观

着力把弘扬社会主义核心价值观作为主线贯穿现代公共文化服务体系建设全过程，在基层公共文化服务体系建设中强化导向意识、阵地意识，发展先进文化，抵制有害文化，引领风尚、教化民众、服务社会。进一步巩固易地扶贫搬迁安置区公共文化服务体系建设，充分用好文化设施，进一步开展好各项文化活动、感恩教育、普法及市民意识教育等，帮助搬迁户增强脱贫致富的信心和本领，确实发挥基层文化阵地在易地扶贫搬迁工作中的文化教化和引领作用。力争"十四五"期间每年开展群众文化活动（公益性演出）不低于 500 场次。

（二）两个抓手：均等化和效能化

将推动公共文化服务体系建设均等化作为抓手。坚持政府主导、社会参与和体制机制创新，推进公共文化服务体系建设，促进城乡、区域基本公共服务一体化，进一步完善符合贵州省情、覆盖城乡、可持续的基本公共服务

体系，深入推进基本公共服务均等化。着力重心下移、资源下移、服务下移，补齐县以下公共文化设施短板。力争贵州省90%以上的公共图书馆、文化馆达到部颁三级以上评估（建设）标准，公共图书馆（含分馆）馆藏图书达到人均拥有0.6册。

将提升公共文化服务体系建设效能作为抓手。着力提升管理和服务效能。认真做好公共文化服务体系建设各项改革任务总结工作。着力推进公共文化服务体系建设效能提升，研究制定政府公共文化服务体系建设考核指标、考评制度，尤其是群众评价及反馈机制，完善基层人才激励和保障机制，全力推动公共文化服务体系建设标准化、均等化。加快特色文化资源的创造性转化和创新性发展，打造承载国家主流价值、彰显地域特色的公共文化产品和服务，丰富公共文化服务体系建设内容和方式。引导支持各县（市、区）开展未达标公共图书馆、文化馆标准化建设，力争到"十四五"期末，贵州省县级公共图书馆、文化馆和乡镇（街道）综合文化站（文化活动中心）设施建设基本达标。

（三）三项举措：文化惠民、队伍保障和产业融合

继续深入开展文化惠民工程。完善公共文化服务体系建设机构免费开放制度，面向群众免费提供基本公共文化服务体系建设。建立公益文化单位定期下基层制度，面向基层公共文化服务体系建设机构和基层群众开展总分馆服务、流动文化服务。引导县级文化主管部门统筹利用各类面向基层的文化惠民资金，拓宽政府购买公共文化服务体系建设领域，实现从送资金下基层到送服务下基层的转变。推动经常性送演出、送培训、送图书、送辅导下乡和高雅艺术、剧目进校园、进机关、进社区、进企业活动。

进一步强化队伍保障。着力破解基层文化队伍"专干不专""兼职不兼事"问题，鼓励大中专学生到基层从事文化服务，通过"三区"人才文化工作者专项支持文化人才到公共文化岗位工作，加强对基层公共文化人员的培训，推进文化和旅游志愿服务。

进一步推进深度融合。推进文化和大数据深度融合，推动公共数字文化

建设，着力建设"多彩贵州文化云"，加强文化信息资源共享工程、数字图
书馆等建设，力争"十四五"文化信息资源共享工程资源量达到200TB，
数字图书馆资源总量达到150TB。推进文旅融合，完成全国文化和旅游公共
服务机构功能融合试点各项工作任务，将融合试点取得的经验"十四五"
期间在贵州省逐步推广。加强旅游厕所的精品化设计、标准化施工，贵州省
旅游景区、旅游通道沿线、乡村旅游点、交通集散点、休闲步行街区等场所
的旅游厕所全部实现"数量充足、干净无味、实用免费、管理有效"的
目标。

Abstract

Promoting the high-quality development of public cultural services is an important task to further deepen the reform of the cultural system and develop advanced socialist culture. It is also an inevitable requirement to enable the people to enjoy a richer, richer and higher quality spiritual and cultural life, protect the people's basic cultural rights and interests and meet the new expectations for a better life. President Xi Jinping pointed out that we should improve the public cultural service system, deeply implement the cultural benefit project, and enrich mass cultural activities. The Fifth Plenary Session of the 19th CPC Central Committee held on October 29, 2020 proposed to build a socialist cultural power, prosper and develop cultural undertakings and cultural industries, and improve the national cultural soft power.

The Report on the Construction and Development of Modern Public Cultural Service System in Henan Province (2021 – 2022) is planned by Henan Public Culture Research Center of Luoyang Normal University. The whole book includes five parts: general report, sub-reports, special reports, case reports and reference reports. Through detailed follow-up investigation, data analysis, case comparison and other forms, it presents the overall situation of the construction and development of modern public cultural service system in Henan Province.

The general report introduces in detail the development achievements of public culture in Henan Province during the 13th Five Year Plan period from the aspects of public cultural system guarantee, facility network, service activities, demonstration projects, key work, digital construction, socialized development and think tank research, and puts forward the direction and trend of high-quality development of public cultural services in Henan Province.

The sub-reports consist of four reports: public cultural performance appraisal, public cultural venue construction and management, public culture and social governance, and the integration of public culture and tourism services. It combs the current situation and achievements of public cultural construction in Henan Province from four levels.

The special reports begin with the development of rural culture under the rural revitalization strategy, and proposes that we should adhere to both material civilization and spiritual civilization, improve the spiritual outlook of farmers, cultivate civilized local customs, and constantly improve the level of social civilization in rural areas.

The case reports focus on the role of rural cultural talents in rural cultural revitalization, and summarize the typical cases of the cultural volunteer service of "looking for village treasure" in Henan Province and the new model of rural cultural construction of "cultural cooperative" in Dongtou village, Dengfeng City.

Based on the reality of local public culture development and local conditions, the reference reports summarize the typical experience of public culture development in Shandong Province, Shanxi Province, Guangxi Zhuang Autonomous Region and Guizhou Province.

Keywords: Public Culture; High Quality Development; Cultural Undertakings; Henan Province

Contents

I General Report

Abstract: Accelerating the construction of a modern public cultural service system covering urban and rural areas, convenient and efficient, keeping basic and promoting fair is the main task of the construction of public cultural service system during the 13th Five Year Plan Period.

During the 13th Five Year Plan Period, focusing on this goal and focusing on meeting the people's cultural needs, Henan Province vigorously promoted the construction of public culture, gradually improved the public cultural policy system, rich and colorful public cultural service activities, fruitful public cultural demonstration projects, and orderly promoted the key work of public cultural services, forming a covering urban and rural areas at the provincial, municipal, county, township and village five level public cultural service network system has significantly improved the level of public cultural services. During the 14th Five Year Plan Period, in order to achieve high-quality development of public cultural services in Henan Province, we should promote from the aspects of deeply promoting the standardization of public cultural services, innovatively expanding urban and rural public cultural space, accelerating the digitization of public cultural services, promoting the socialization of public culture, and improving the public cultural security mechanism and so on. Promoting public cultural services achieve quality, balanced, accurate, diversified and efficient development.

Keywords: Public Culture; High Quality Development; Henan Province

Ⅱ   Sub-reports

B.2   Development Report on Performance Appraisal of
Modern Public Culture Service System Construction
in Henan Province

Li Huawei, Gu Gaoke, Zhai Xiaohui and Guo Qiang / 044

Abstract: The implementation of performance appraisal is an important starting point for promoting the construction of modern public cultural service system. From 2017, Henan Province has started performance appraisal based on the principles of promoting construction by evaluation, promoting reform by evaluation, combining evaluation with construction and focusing on construction. Performance appraisal adopts the combination of online data filling, expert on-site evaluation and third-party evaluation to comprehensively evaluate the public cultural construction of provincial cities and directly administered counties. The evaluation contents include four categories: public cultural facilities network,

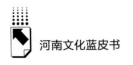
public cultural service supply, public cultural system guarantee and public cultural feedback evaluation. Through the performance appraisal of the construction of modern public cultural service system in 2018 and 2019, the construction of modern public cultural system in Henan Province has achieved good results.

Keywords: Public Culture; System Construction; Performance Assessment; Henan Province

B. 3 Development Report on Construction and Management of Public Cultural Venues in Henan Province

Ma Yanxia, Zhou Liyuan and Wang Qing / 098

Abstract: In order to understand the construction of public cultural venues in Henan Province, this report, based on the data of the performance appraisal system for the construction of modern public cultural service system in Henan Province from 2018 to 2019, adopts the basic statistical method and comparative method to make a quantitative and qualitative analysis on the public cultural service venues in provincial cities, directly administered counties and county urban areas of Henan Province, and summarize the innovation of public cultural management mode in Henan Province from seven aspects: national reading service innovation, local major cultural activities, construction of characteristic venues, cultural voluntary service, inheritance and display of intangible cultural heritage, cultural poverty alleviation and innovation of cultural service mode, and analyze the difficulties encountered in the development of public cultural service venues from these aspects: service network system, service talents, service efficiency and development speed and so on. Finally, based on the problems, it is proposed to improve the public cultural service venues from these aspects: rules and regulations, diversified investment, evaluation and supervision, talent training and service mode innovation and so on.

Keywords: Public Culture; Venue Construction; Henan Province

Abstract: The construction of modern public cultural service system is an
important link in realizing the modernization of national governance system and
governance capacity, and an important foundation for realizing the people's
yearning for a better life. Social collaborative governance emphasizes the joint
participation of multiple subjects and the benign interaction between subjects, so as
to realize the equalization of social public services. Henan Province has made great
achievements in the construction of public cultural services. For example, the
system has been gradually improved, the system has been continuously improved,
the brand has introduced the old and brought forth the new, and the assessment
effect is outstanding, forming a characteristic road of innovative development.
However, there are also some problems, such as the lack of government leading
role, the small role of market participation, and the insufficient main role of the
masses. So combined with the development reality of Henan Province, a more
sound public cultural service system will be formed through the establishment of
"cultural consultation and governance mechanism", strengthening standardization
construction, optimizing investment mode and implementing "external
introduction and internal education", so as to promote the modernization of social
governance capacity and governance system.

Keywords: Public Cultural Services; Social Governance; Multiple Subjects;
Henan Province

Abstract: During the 13th Five-Year Plan Period, under the strong

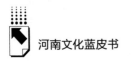

leadership of the Party Central Committee with President Xi Jinping, culture has played a significant role in leading fashion, promoting development, serving society, and educating the people. Tourism has become more prominent in the comprehensive driving function of national economic and social development. Based on the perspective of the integration and development of culture and tourism, the research conducted an investigation on the status quo of basic public cultural services and cultural and tourism integration in Henan Province through literature and field visits. It is found that the integration of regional public cultural services and tourism services is low and this phenomenon is even worse in the countryside. Tourism public information services are less available in public libraries, and the integration of museums, the cultural and creative experience stores, non-genetic learning venues and research travel is insufficient. Based on this, it is necessary to formulating basic public cultural and tourism service policy guarantees and development plans that are in line with the basic conditions of Henan's hometown in the new era; to building a standardized and efficient cultural and tourism integration system and education facility network; to establishing and improving the resource sharing and coverage of the "Cultural Yuyue" information service platform, as well as talent reserves, financial guarantees, technical support, information capacity, intellectual property rights. Because it is a new requirement for the integration of culture and tourism, culture creativity in Henan Province, and an important support for promoting the high-quality development of Henan Province's cultural undertakings and tourism industry.

Keywords: Public Culture; Integration of Culture and Tourism; Henan Province

III Special Report

Abstract: Rural cultural revitalization is an important part of the Rural Revitalization Strategy. We must adhere to the combination of material civilization and spiritual civilization by improving the spiritual outlook of farmers, cultivate civilized rural style, good family style and simple folk style to constantly improve the degree of rural social civilization. In the new era, rural cultural development must give full play to the overall coordination role of county-level Party committees and governments. Along the idea of "demonstration guidance, downward shift of focus, classified services and culture +", county-level Party committees and governments are responsible for the planning, coordination, training and resource allocation of rural cultural development within their jurisdiction, carry out the construction of "one museum and one station" in villages and towns, and promote the supply side reform of public culture, establish a "cultural consultation and governance mechanism", strengthen standardization construction, optimize investment mode, implement "external introduction and internal education", and expand the team of rural cultural talents, so as to finally win the battle of poverty alleviation and realize rural revitalization.

Keywords: Rural Vitalization; Rural Culture; Public Culture; Culture Vitalization

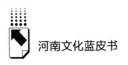

河南文化蓝皮书

Ⅳ   Case Reports

B.7   Volunteer Service Seeks Village Treasure and "Seed"

Culture in Beautiful Countryside: Innovative

Practice of "Seeks Village Treasure" Large Cultural

Voluntary Public Welfare Activities in Henan Province

Guo Qiang / 210

Abstract: Henan Provincial Department of Culture and Tourism launched the "village treasure search activity" in 2019. In order to achieve good results, they specifically clarified and refined each stage and process of treasure hunt; All departments attach great importance to treasure hunting activities, and fully mobilize public cultural institutions, social organizations, volunteer teams and other cultural organizations at all levels to participate in treasure hunting; This has effectively stimulated the enthusiasm and activity of farmers to participate in the revitalization of rural culture, and expanded the strength of public cultural services.

Keywords: "Seeks Village Treasure"; Rural Culture Vitalization; Public Culture; Henan Province

B.8   Singing Gathers the Hearts of the People and Culture

Prospers the Countryside: Innovative Practice of New

Model of Rural Cultural Construction in Dongtou Village

Zhou Xianfeng / 217

Abstract: In recent years, Dongtou village has prospered the village with culture, creating a road for Dongtou village to prosper the village with culture. Through singing activities, Dongtou village gathered the villagers together and established a choir, which was further upgraded to a cultural cooperative. The establishment and development of farmers' cultural cooperatives in Dongtou village has created a way to develop the countryside by relying on culture and revitalize the countryside without the support of natural resources and tourism resources. It is a typical case of grass-roots innovation for villagers to establish cultural self-confidence, carry out rural governance and realize rural cultural revitalization.

Keywords: Rural Culture; Culture Prospers the Village; Culture Revitalization; Dongtou Village

V Reference Reports

B.9 Practice of Promoting Precise Supply of Public Culture in Shandong   *Su Rui* / 224

Abstract: In recent years, Shandong has always adhered to the concept of accurate supply in promoting the construction of public cultural service system. Accurately focus on the spiritual and cultural needs of the people, and explore the collection, evaluation and feedback mechanism of cultural and tourism needs; Refine the public cultural service plan and adhere to the guidance of benefiting the people; Highlight regional characteristics and realize the high-quality supply of public cultural products in combination with local culture; By skillfully using limited resources and cooperating with social forces, the efficient use of financial funds has been realized.

Keywords: Public Culture; Precise Supply; Shandong Province

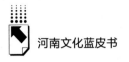
河南文化蓝皮书

B.10 Report on the Construction and Development of

Public Cultural Service System in Shanxi

Province in the New Era   *Guo Zhiqing* / 232

Abstract: In recent years, Shanxi Province adheres to the people-centered development thought, attaches great importance to the construction of public cultural service system, and the construction of public cultural service system has achieved remarkable results. The brand activities of the project are continuously carried out and create a "Shanxi Model" of cultural activities benefiting the people. They attach importance to the construction and management of public cultural facilities and built a number of public cultural facilities to high standards. They promote equalization through standardization, fill up public cultural resources, and promote the balanced and coordinated development of public cultural services between urban and rural areas. They insist on government leadership and social participation to continuously create the achievements of cultural construction jointly built and shared by the whole society.

Keywords: Public Culture; Service System; Culture Benefits the People; Shanxi Province

B.11 Report on the Development of Public Cultural

Services in Guangxi Zhuang Autonomous Region

Chen Ying, *Zhao Guiyan*, *Wu Xiwei and Xiong Jianhou* / 240

Abstract: In recent years, Guangxi has strengthened the construction of public cultural service system, made remarkable achievements in building and improving the public cultural service system covering urban and rural areas, and has basically built a modern public cultural service system. They actively explore the development of tourism public services, and organize the integration of service functions of county public cultural institutions and tourism service centers.

Although Guangxi has made some achievements in the construction of cultural and tourism public service system, the overall level of cultural and tourism services in the region is not high. The development is still unbalanced and insufficient. There is a relative lack of grass-roots professionals and the facilities and equipment are relatively backward. These can not fully meet the new expectations of the people of the region for a better life.

Keywords: Public Culture; Public Service; Integration of Culture and Tourism; Guangxi Zhuang Autonomous Region

B.12 Report on the Construction and Development of Public Cultural Service System in Guizhou Province

Yang Min / 254

Abstract: The construction of public cultural service system is an important national cultural development strategy. Guizhou takes the people as the center. And Guizhou Province is based on solving the problems that restrict the construction of the public cultural service system, such as segmentation, dispersion of resources, absence of system, insufficient supply, insufficient innovation and low efficiency and so on. In addition, Guizhou Province also strengthens the top-level design, system guarantee, capital investment, basic guarantee, position construction and facility guarantee, implements the project of benefiting the people, strengthens service guarantee, does a good job in pilot construction, strengthens demonstration guarantee, explores the strategy of public culture promoting rural revitalization and strengthening the guarantee of "intelligence" and "ambition" from the perspective of big culture. So remarkable achievements have been made. These achievements are reflected in the construction of public cultural service system, the initial formation of grass-roots facilities network, the gradual growth of public cultural talents, the increasing supply of public cultural products, more diversified service contents and forms, and wider social participation. In the

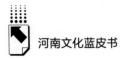

new era, the high-quality development of public cultural services in Guizhou Province can be carried out around one main line, two grasps and three measures.

Keywords: Public Cultural Services; Cultural Industry; Cultural Tourism; High Quality Development

皮 书

智库成果出版与传播平台

❖ 皮书定义 ❖

皮书是对中国与世界发展状况和热点问题进行年度监测，以专业的角度、专家的视野和实证研究方法，针对某一领域或区域现状与发展态势展开分析和预测，具备前沿性、原创性、实证性、连续性、时效性等特点的公开出版物，由一系列权威研究报告组成。

❖ 皮书作者 ❖

皮书系列报告作者以国内外一流研究机构、知名高校等重点智库的研究人员为主，多为相关领域一流专家学者，他们的观点代表了当下学界对中国与世界的现实和未来最高水平的解读与分析。截至 2021 年底，皮书研创机构逾千家，报告作者累计超过 10 万人。

❖ 皮书荣誉 ❖

皮书作为中国社会科学院基础理论研究与应用对策研究融合发展的代表性成果，不仅是哲学社会科学工作者服务中国特色社会主义现代化建设的重要成果，更是助力中国特色新型智库建设、构建中国特色哲学社会科学"三大体系"的重要平台。皮书系列先后被列入"十二五""十三五""十四五"时期国家重点出版物出版专项规划项目；2013~2022 年，重点皮书列入中国社会科学院国家哲学社会科学创新工程项目。

皮书网

（网址：www.pishu.cn）

发布皮书研创资讯，传播皮书精彩内容
引领皮书出版潮流，打造皮书服务平台

栏目设置

◆ **关于皮书**

何谓皮书、皮书分类、皮书大事记、
皮书荣誉、皮书出版第一人、皮书编辑部

◆ **最新资讯**

通知公告、新闻动态、媒体聚焦、
网站专题、视频直播、下载专区

◆ **皮书研创**

皮书规范、皮书选题、皮书出版、
皮书研究、研创团队

◆ **皮书评奖评价**

指标体系、皮书评价、皮书评奖

◆ **皮书研究院理事会**

理事会章程、理事单位、个人理事、高级
研究员、理事会秘书处、入会指南

所获荣誉

◆ 2008 年、2011 年、2014 年，皮书网均
在全国新闻出版业网站荣誉评选中获得
"最具商业价值网站"称号；
◆ 2012 年,获得"出版业网站百强"称号。

网库合一

2014年，皮书网与皮书数据库端口合
一，实现资源共享，搭建智库成果融合创
新平台。

皮书网

"皮书说"
微信公众号

皮书微博

权威报告·连续出版·独家资源

皮书数据库
ANNUAL REPORT(YEARBOOK)
DATABASE

分析解读当下中国发展变迁的高端智库平台

所获荣誉

- 2020年，入选全国新闻出版深度融合发展创新案例
- 2019年，入选国家新闻出版署数字出版精品遴选推荐计划
- 2016年，入选"十三五"国家重点电子出版物出版规划骨干工程
- 2013年，荣获"中国出版政府奖·网络出版物奖"提名奖
- 连续多年荣获中国数字出版博览会"数字出版·优秀品牌"奖

皮书数据库　　　　"社科数托邦"
　　　　　　　　　微信公众号

成为会员

　　登录网址www.pishu.com.cn访问皮书数据库网站或下载皮书数据库APP，通过手机号码验证或邮箱验证即可成为皮书数据库会员。

会员福利

- 已注册用户购书后可免费获赠100元皮书数据库充值卡。刮开充值卡涂层获取充值密码，登录并进入"会员中心"—"在线充值"—"充值卡充值"，充值成功即可购买和查看数据库内容。
- 会员福利最终解释权归社会科学文献出版社所有。

数据库服务热线：400-008-6695
数据库服务QQ：2475522410
数据库服务邮箱：database@ssap.cn
图书销售热线：010-59367070/7028
图书服务QQ：1265056568
图书服务邮箱：duzhe@ssap.cn

社会科学文献出版社　皮书系列
SOCIAL SCIENCES ACADEMIC PRESS (CHINA)

卡号：373919353576
密码：

S 基本子库
UB DATABASE

中国社会发展数据库（下设 12 个专题子库）

紧扣人口、政治、外交、法律、教育、医疗卫生、资源环境等 12 个社会发展领域的前沿和热点，全面整合专业著作、智库报告、学术资讯、调研数据等类型资源，帮助用户追踪中国社会发展动态、研究社会发展战略与政策、了解社会热点问题、分析社会发展趋势。

中国经济发展数据库（下设 12 专题子库）

内容涵盖宏观经济、产业经济、工业经济、农业经济、财政金融、房地产经济、城市经济、商业贸易等 12 个重点经济领域，为把握经济运行态势、洞察经济发展规律、研判经济发展趋势、进行经济调控决策提供参考和依据。

中国行业发展数据库（下设 17 个专题子库）

以中国国民经济行业分类为依据，覆盖金融业、旅游业、交通运输业、能源矿产业、制造业等 100 多个行业，跟踪分析国民经济相关行业市场运行状况和政策导向，汇集行业发展前沿资讯，为投资、从业及各种经济决策提供理论支撑和实践指导。

中国区域发展数据库（下设 4 个专题子库）

对中国特定区域内的经济、社会、文化等领域现状与发展情况进行深度分析和预测，涉及省级行政区、城市群、城市、农村等不同维度，研究层级至县及县以下行政区，为学者研究地方经济社会宏观态势、经验模式、发展案例提供支撑，为地方政府决策提供参考。

中国文化传媒数据库（下设 18 个专题子库）

内容覆盖文化产业、新闻传播、电影娱乐、文学艺术、群众文化、图书情报等 18 个重点研究领域，聚焦文化传媒领域发展前沿、热点话题、行业实践，服务用户的教学科研、文化投资、企业规划等需要。

世界经济与国际关系数据库（下设 6 个专题子库）

整合世界经济、国际政治、世界文化与科技、全球性问题、国际组织与国际法、区域研究 6 大领域研究成果，对世界经济形势、国际形势进行连续性深度分析，对年度热点问题进行专题解读，为研判全球发展趋势提供事实和数据支持。

法律声明

"皮书系列"（含蓝皮书、绿皮书、黄皮书）之品牌由社会科学文献出版社最早使用并持续至今，现已被中国图书行业所熟知。"皮书系列"的相关商标已在国家商标管理部门商标局注册，包括但不限于LOGO（▟）、皮书、Pishu、经济蓝皮书、社会蓝皮书等。"皮书系列"图书的注册商标专用权及封面设计、版式设计的著作权均为社会科学文献出版社所有。未经社会科学文献出版社书面授权许可，任何使用与"皮书系列"图书注册商标、封面设计、版式设计相同或者近似的文字、图形或其组合的行为均系侵权行为。

经作者授权，本书的专有出版权及信息网络传播权等为社会科学文献出版社享有。未经社会科学文献出版社书面授权许可，任何就本书内容的复制、发行或以数字形式进行网络传播的行为均系侵权行为。

社会科学文献出版社将通过法律途径追究上述侵权行为的法律责任，维护自身合法权益。

欢迎社会各界人士对侵犯社会科学文献出版社上述权利的侵权行为进行举报。电话：010-59367121，电子邮箱：fawubu@ssap.cn。

社会科学文献出版社